Das Magazin

Nicht nur das Herumliegen am Strand oder exzessives Shoppen machen Ihren Urlaub unvergesslich. Um wirklich alles herauszuholen, sollten Sie ergründen, was hier wie läuft. Das Magazin gibt Ihnen einen unterhaltsamen Überblick über soziale, kulturelle und natürliche Gegebenheiten, die den Charme dieser zauberhaften Stadt ausmachen.

Bummeln in
BOOTEN

Venedigs Stadtbild ist geprägt durch die Vielfalt an Booten, die alles und jeden durch die Kanäle befördern, bis an die entferntesten Zipfel der Stadt.

Für jeden Zweck gibt es geeignete Fahrzeuge: Warenboote und Abfallkähne, Lösch-, Rettungs- und Polizeiboote, schnelle Wassertaxis, private Vergnügungsschiffe und *vaporetti* für den öffentlichen Transport.

SCHWARZ, SCHNITTIG UND BEREIT ZUM ABLEGEN

Die Sahnehäubchen sind zweifellos die Gondeln, die wahrscheinlich seit 1000 Jahren schon so aussehen: lang, schmal und mit wenig Tiefgang, ideal für schmale und seichte Kanäle. Die Gondel ist asymmetrisch geschnitten, das Gewicht des Gondoliere erst bringt die Balance. Die Gondeln sind alle 10,87 m lang und messen an ihrer breitesten Stelle 1,42 m. Seit 1562 , als man die Luxusgesetze gegen allzu prunkvolle Dekoration verabschiedete, werden außer den Festbooten alle Gondeln schwarz gestrichen. Für die 280-teilige Konstruktion, zu der auch die *forcola* gehört, die aus Nussbaum gefertigte Riemengabel, werden 9 verschiedene Hölzer verwendet. Die *forcola* macht zusammen mit dem *ferro*, dem sechszackigen Bugschweif, den Charme dieses Fahrzeugs aus.

FAMILIENUNTERNEHMEN

Gondeln ist Familiensache. Boot und Betriebserlaubnis werden vom Vater an den Sohn weitergereicht. Ein Quereinstieg in dieses Geschäft ist ohne die richtigen Kontakte schwer, erst recht, wenn man seine venezianische Kindheit

Links: Die traditionelle Erkundung der Stadt
Rechts: Anlegeplätze am Canal Grande

VENEDIG

Inhalt

Autorin: Sally Roy
»Wohin zum ...?«: Carla Capalbo
Redaktion (USA): Tracy Larson

Aktualisierung: Sally Roy

© MAIRDUMONT GmbH & Co. KG, Ostfildern,
4., aktualisierte Auflage 2009

„NATIONAL GEOGRAPHIC" ist eine eingetragene Marke der
National Geographic Society. Deutsche Ausgabe lizenziert durch
NATIONAL GEOGRAPHIC DEUTSCHLAND
(G+J/RBA GmbH & Co KG), Hamburg 2009
www.nationalgeographic.de

Unsere Autoren haben nach bestem Wissen recherchiert.
Trotzdem schleichen sich manchmal Fehler ein, für die der Verlag
keine Haftung übernehmen kann. Hinweise, Verbesserungsvorschläge
und Korrekturen sind jederzeit willkommen. Einsendungen an:
E-Mail: spirallo@nationalgeographic.de oder
NATIONAL GEOGRAPHIC SPIRALLO-Reiseführer
MAIRDUMONT GmbH & Co. KG
Postfach 3151
D-73751 Ostfildern

Original 4th English Edition
© Automobile Association Developments Limited
Kartografie: © Automobile Association Developments Limited 2009,
City maps produced from map data © New Holland Publishing
(South Africa)(Pty) Ltd, 2008
© Communicarta Ltd, UK
regional maps © ISTITUTO GEOGRAFICO DE AGOSTINI S.p.A.,
Novara–2008

Druck und Bindung: Leo Paper Products, China

A04008

nicht mit Gondeln verbrachte.
Ganze 425 lizenzierte
Gondolieris gibt es hier.
Alexandra Hai aus Hamburg,
einst angehende Gondolieri
und unkundige Fremde,
brauchte fast 14 Jahre und
vier Anläufe, um ihr Gon-
delexamen zu bestehen.
2007 bekam sie die Lizenz,
arbeitet heute jedoch privat
für ein Hotel, da keiner der
offiziellen Gondelvereine eine
Frau einstellen wollte.

RUDERN IM STEHEN

Die Gondel ist verwandt
mit anderen traditionellen
Booten, die ebenfalls ste-
hend gerudert werden.
Das anmutige *sandolo* zum
Beispiel, das erstmals 1292
zu Wasser gelassen wurde,
oder das *mascareta*, das
seinen Namen den mas-
kierten Damen verdankt, die
damit im 18. Jh. zu ihren
Stelldicheins gelangten, oder
das pfeilschnelle *gondolino*,
ein leichtes, flinkes Boot,
das Geschick erfordert.
Venezianer lieben das
Rudern, organisieren sich in
Vereinen und trainieren das
ganze Jahr für die Sommer-
regatten. Erbittert wird rivali-
siert. Im September 2007
endete die Regatta Storica
dramatisch, als Gewinner und
Zweitplatzierter bei der Sieger-
ehrung aneinander gerieten.

Hinter den
KULISSEN
DIE ZUKUNFT SICHERN

Im ersten Jahrzehnt des 21. Jhs. steht Venedig vor enormen Schwierigkeiten. Und doch gibt es Anzeichen dafür, dass alles getan wird, um die Zukunft der Stadt zu sichern.

EINE LEBENDIGE STADT?

Ende des Zweiten Weltkriegs lebten 170 000 Menschen in Venedig. 2007 waren es 62 000. Die Population schrumpft und altert. Das liegt vor allem am Mangel an erschwinglichen Wohnungen in gutem Zustand. Das Leben in Venedig ist aufwändig und teuer. Das veranlasste viele zur Flucht in die komfortableren und preiswerten trockenen Landstriche. Doch mit der Entvölkerung beginnt der Teufelskreis: Läden schließen, Dienstleistungen entfallen und Venedig wird für Zuziehende weniger attraktiv.

Da städtischer Wohnraum knapp ist, plagen sich viele Venezianer mit dem Erhalt von Altbauten, deren Fundamente einzig aus in Schlamm getriebenen Holzpfählen bestehen. Jede Arbeit an Gebäuden ist nicht nur durch die verwirrenden italienischen Bestimmungen verklausuliert, sondern kostet – wie alles hier – zudem durch die notwendigen Transporte zu Wasser.

> »Städtischer Wohnraum ist knapp, viele Venezianer plagen sich mit dem Erhalt von Altbauten.«

DER SCHADEN

Venedig ist abhängig von Gezeiten und der Lagune, die Lagune wiederum wird von einem fragilen Ökosystem getragen. Nach dem Zweiten Weltkrieg litt dieses Gleichgewicht, als Tiefwasserkanäle ausgehoben wurden, um Mestre-Marghera, einem riesigen petrochemischen Industriekomplex am Rand der Lagune, Zugang zu gewähren. Andernorts ersetzte man fast ein Drittel der Auen durch künstliche Inseln und verschloss dabei unbedacht die Grundwasserleiter der Lagune. In den 1970ern, als täglich 3,5 Mio.

Rechts: Luftverschmutzung schädigt Gestein und Gebäude

Tonnen Abfall in die Lagune gepumpt wurden, stiegen Luftverschmutzung und Gesundheitsschäden immens.

Venedig, auf seinen Pfählen in fragiler Balance, sank mit der Veränderung der Lagune schneller als jemals zuvor. Heute steht Venedig 123 cm tiefer im Wasser als 1900, und das *aqua alta*, ein flutbedingtes Hochwasser, trifft die Stadt an 130 Tagen im Jahr und hinterlässt beträchtliche Schäden. Die von Mestre herüberwehenden Schadstoffe tun ihr Übriges. Luftfeuchtigkeit und Salz verbinden sich mit den Säuren und nagen an den steinernen Kunstschätzen der Stadt. Geschätzte 6 Prozent der Marmor- und Steinflächen, 5 Prozent der Fresken und 3 Prozent der Leinwandgemälde verschwinden jährlich auf diese Weise. Das Gesetz ließ nur noch 20 Prozent des Schadstoffausstoßes durch Mestre zu, aber die Industrie bleibt Venedigs Hauptverschmutzer.

Für Reparaturarbeiten abgeriegelte Kanäle

VENEDIGS RETTUNG

In den 1990ern wurde auch der Öffentlichkeit bewusst, dass der Verfall aufgehalten werden müsse, der durch das permanente *aqua alta* und den begünstigenden Klimawandel hervorgerufen wurde. 2003 stimmte die Regierung der Finanzierung einer Montage von 79 aufpumpbaren, flutregulierenden Schleusentoren auf dem Meeresboden der Laguneneingänge zu. Die Kosten des bis voraussichtlich 2014 andauernden Baus belaufen sich auf 4,3 Milliarden Euro. Trotz des Einspruchs von Ökologen hält man diese Schleusen für die einzige Chance zur Rettung der Stadt. Zur Eindämmung der Hochwasserschäden werden nun auch Gehsteige und Uferstraßen erhöht und Nebenkanäle ausgebaggert. Auch um die Holzpfähle ist man besorgt, auf denen die Stadt ruht; eine Geschwindigkeitsbegrenzung für Motorboote soll den Schaden begrenzen. Sanierungsmaßnahmen überziehen die ganze Stadt, überall werden Häuser verhüllt, um mit modernster Technik neue Stützbalken einzuziehen. Angemessenes und bezahlbares Wohnen gewinnt entscheidend an Bedeutung.

Ständig werden Kanäle ausgeschachtet und Pfeiler ersetzt.

BAUDENKMÄLER RESTAURIEREN

Alles wird daran gesetzt, um die Zerstörung der Gemäuer aufgrund der Luft- und Wasserverschmutzung durch Port Marghera und Mestre aufzuhalten, und vieles wurde durch nationale und auch internationale Bemühungen um Restauration und Konservierung wieder gerichtet, die seit der Flutkatastrophe 1966 unternommen wurden, als das Auge der Welt auf dem prekären Zustand dieser einstigen Herrlichkeit lag.

DAS RICHTIGE MASS

Doch die Stadt muss auch weiterhin funktionieren. Venedig hat jährlich mehr als 13 Millionen Besucher – das macht die Stadtwirtschaft zunehmend vom

> »Die Stadt Venedig zieht jährlich mehr als 13 Millionen Besucher an.«

Tourismus abhängig. Die meisten Besucher kommen nur kurz, geben wenig aus, belasten die Infrastruktur aber immens. Der Stadtrat muss eine Balance finden zwischen der Gewinnung von ständigen Bewohnern des historischen Zentrums und dem Erhalt der städtischen Substanz. Venedig allein muss entscheiden, ob es eine funktionierende, lebendige und florierende Stadt bleiben oder sein Dasein als bloßer Vergnügungspark und Fantasialand fristen will – als Zerrbild seiner eigenen Vergangenheit.

AUFSTIEG UND FALL
VENEDIGS

Mehr als 1000 Jahre lang war Venedig eine unabhängige Großmacht. Sein politischer und finanzieller Einfluss wurde überall in der bekannten Welt bewundert und gefürchtet.

Der Legende nach wurde Venedig am 25. März 421 gegründet. Fakt ist, dass der letzte Doge am 12. Mai 1797 abdankte. Dazwischen liegen fast 1400 Jahre, in denen die Stadt erbaut, geschmückt und schließlich zu einer Weltmacht wurde, dann aus dem Rampenlicht verschwand, um als eines der beliebtesten Touristenziele Europas wieder aufzuerstehen.

Nachbildungen der vier Bronzepferde in der Loggia der Basilica de San Marco.

ZUFLUCHT IM WASSER

Gegründet wurde Venedig aus Angst. Als das Römische Reich unter dem Ansturm der Barbaren zusammenbrach und das Ende der Zivilisation gekommen schien, flohen die Bewohner des Festlands vor den Hunnen und Westgoten an die Lagune und siedelten auf den kleinen sumpfigen Inseln. Sie verfestigten das vorgefundene Land, sodass es Gebäude trug, sie regulierten die Flüsse, durch die die Lagune zu verschlammen drohte, und auch die Gezeiten, welche die ersten Wohnbauten bedrohten. Vom Wasser beschützt genoss das frühe Venedig relativ friedliche Jahrhunderte, während für das übrige Europa die finstersten Zeiten anbrachen.

MACHT, REICHTUM, GIER

Als die Venezianer 697 ihren ersten Dogen als Schirmherren über die wachsende Stadt wählten, waren sie bereits meisterhafte Schiffbauer geworden.

Doge Leonardo Loredan (1501–21) und zwei Tetrarchen aus dem 4. Jahrhundert

Wenn man Schiffe bauen kann, kann man auch reisen; kann man reisen, kann man Handel treiben. Dabei war die Lage der Stadt zwischen Ost und West von großem Vorteil. Um die Schiffsrouten zu sichern und sichere Handelsstützpunkte zu schaffen, eignete sich Venedig Gebiete am Mittelmeer und im Nahen Osten an. Als der Handel Geld einbrachte, entwickelte sich, stets durch kaufmännischen Pragmatismus geprägt, politisches Denken. Die Stadt war Handelsmacht, Unternehmer, Bankier und Geldverleiher. Jede Unternehmung wurde durch Profitstreben motiviert, wie immer Diplomaten das auch zu verschleiern suchten.

1203 fand sich Venedig bereit, den Vierten Kreuzzug ins Heilige Land zu transportieren und zu versorgen. Im Gegenzug erhielt es Hilfe für ein örtliches Problem: Es war das christliche Konstantinopel, das mit Venedig im Streit lag und nun mit vereinten Kräften gebranntschatzt wurde. Nun kontrollierte Venedig die Handelswege nach Osten und bereicherte sich am Beutegut – die Bronzepferde in der Basilika Sankt Markus gehörten dazu.

DIE TAGE DES RUHMS

Ab dem 15. Jh. war das reiche, mächtige Venedig eine der größten Städte Europas. Glanzvolle Bauwerke zierten die Stadt. Ihre Bewohner waren berühmt für luxuriöse Kleidung, Juwelen und hedonistische Lebensweise. Das politische System, das auf komplizierten, gegenseitigen Kontrollen beruhte, die sicherstellen sollten, dass kein Teil der politischen Elite übermächtig wurde, funktionierte. Oberer Rat, Unterer Rat, Senat, Oberste Richter, Zehnerrat, aber auch Ausschüsse, Angestellte, Spione und Hinterzimmerleute hielten das fragile Gleichgewicht aufrecht. Über allen thronte der Doge, auf Lebenszeit gewählt und in alle Geheimnisse eingeweiht.

Die Aristokraten, nominell durch den Oberen Rat an der Regierung beteiligt, befassten sich eher damit, sich ihrem Kaufrausch und der verschwenderischen Lebensweise zu widmen. Das niedere Volk dagegen wurde mit einer ausgeklügelten Mischung aus staatlich finanzierter Unterhaltung und einem gesunden Respekt vor der Obrigkeit ruhiggestellt. Das reiche, stabile und angesehene Venedig wurde von aller Welt beneidet.

Doch rüttelten auch Verschwörungen und Komplotte am ehernen Staat. Regelmäßig trieb die Pest ihr Unwesen. 1348 starben gar 60 Prozent der Bevölkerung daran. 1450 kam die Syphilis, die später

> »Die Venezianer waren berühmt für reiche Kleidung und hedonistischen Lebenswandel.«

jeden fünften Venezianer traf. Schlimmer allerdings, weil unbemerkt, war die wachsende Macht der osmanischen Türken in Kleinasien.

EIN ZWEISEITIGES PROBLEM

1453 fiel Konstantinopel an die Türken und Venedig verlor den Zugang zu den östlichen Handelswegen, während 1497 Vasco da Gama das Kap der Guten Hoffnung umsegelte und den Seeweg nach Osten öffnete. Binnen 50 Jahren verlor Venedig Handelsmonopol und wirtschaftliche Basis, das Menetekel erschien an der Wand. Der Ernst der Lage wurde jedoch von den Wenigsten erkannt, denn man war verwöhnt durch die über Jahrhunderte angehäuften Beuteschätze. Als sich die Staatskasse leerte, erfand sich Venedig als Vergnügungshauptstadt Europas neu, als Mekka für Genießer. Diese konnten sich einen zweckmäßigen Bordellführer besorgen, bevor sie aufbrachen, um den täglichen Gondelparaden mit den lieblichsten Kurtisanen der Stadt auf dem Rio della Sensa zuzuschauen.

DAS ENDE DER REPUBLIK

1789 wurde Lodovico Manin zum 120. Dogen gewählt. Um den Karneval nicht zu stören, verlief seine Wahl fast unbemerkt. Acht Jahre später fegte der junge Napoleon in die Stadt und setzte Manin ab. Er ging wortlos, setzte seinen Dogenhut ab, das tausendjährige Symbol der Republik, und gab ihn seinem Diener mit den Worten: »Nimm ihn, ich werde ihn nicht mehr brauchen.«

KARNEVAL UND ANDERE FESTE

Der spektakulärste Karneval Italiens mit seinen üppigen, theatralischen Kostümen sowie ein umfangreiches Programm an traditionellen und Kunstfestivals machen Venedig heute zu einem Besuchermagneten.

DER KARNEVAL

Im Mittelalter feierte ganz Europa Karneval – wörtlich „Abschied vom Fleisch" – ein Spektakel vor der Fastenzeit, die letzte Gelegenheit für Spaß und Spiele vor den langen bußfertigen Wochen vor dem Osterfest. Venedig war dabei keine Ausnahme. Religiöse Prozessionen mischten sich mit Sport und Tanz. Mit der Zeit wurde der Karneval immer rauflustiger und länger, schließlich dauerte er den ganzen Winter. Es war die Zeit, da sich Bürger aller Schichten maskiert in prachtvolle Kostüme hüllten und auf Bällen und Festen mit Musik und Spielen vergnügten. Der Höhepunkt wurde im 18. Jahrhundert mit Casanova erreicht, dem legendären Liebhaber, der Verkörperung der Philosophie »Alles ist erlaubt«.

GIACOMO CASANOVA

Der 1725 geborene Casanova hatte nur ein Ziel, das er in seinen Memoiren so formulierte: »stets meinen Gefühlen nachzugeben. Nichts war mir je wichtiger«. Seine Lebensgeschichte besteht aus ständigen Liebesabenteuern, Trunksucht, Glücksspiel und Unverschämtheiten, stets auf der Flucht vor Gläubigern und wütenden Ehemännern. Sein Erfolg bei Frauen brachte ihn wegen Hexerei ins Gefängnis, er entkam jedoch aus den Zellen des Palazzo Ducale und machte weiter. Das hatte natürlich ein schlimmes Ende: Syphilis, Flucht und Tod in Armut. Seine Heldentaten machten ihn jedoch zu einem leuchtenden Vorbild für alle geselligen Knaben und Mädchen. Er verstarb 1797, ein Jahr nach dem Ende der Republik. Napoleon setzte dem Spuk ein Ende und der Karneval wurde zu einer wehmütigen Erinnerung.

Phantastisches Feuerwerk (links) und kunstvolle Masken (unten) gehören zum Karneval.

ZURÜCK ZUM ALTEN STIL

Ende der 1970er-Jahre besserte sich die Lage, als sich Geschäftsleute und *commune* (Stadtverwaltung) zusammenfanden, um den Karneval wiederzubeleben, um die Touristen in der Winterflaute zurückzuholen. Die Kombination von traditionellem Karneval und modernen Festen wurde ein enormer Erfolg. Drei Wochen vor Fastnacht beginnen die Feierlichkeiten. Auf der Piazza San Marco entsteht eine riesige Bühne und ein Lichtermeer erleuchtet den Höhepunkt der ersten Woche, den *volo dell'angelo* (Engelsflug), bei dem sich ein Artist an einem Drahtseil vom Campanile auf die Piazza herablässt. Täglich gibt es überall in der Stadt Konzerte und Shows, Kostümparaden und Partys auf der Piazza, Rockkonzerte in den Biennalegärten, Gondelparaden, Straßenfeste, Feuerwerke und Maskenbälle in den historischen Palazzi am Canale Grande. Die Besucher werfen sich in aufwändigen Kostümen ins Karnevalsgetümmel, posieren in jeder Calle

> »Venedig verbindet traditionellen Karneval erfolgreich mit modernem Partyfeeling.«

und jedem Campo und verschlingen Berge von *fritelle*, den traditionellen Karnevalskrapfen mit Früchten, Gewürzen und Sahne. Jedermann trägt die symbolische Maske mit Motiven aus der venezianischen Geschichte. Diese Masken sind zuweilen wahre Kunstwerke – haben aber auch ihren Preis.

Unten und rechts: Die Regata Storica beginnt mit einer Prozession geschmückter Boote

WEITERE FESTSPIELE

Wer es zum Karneval nicht schafft, für den gibt es das ganze Jahr über weitere Festspiele, von denen viele auf die große Zeit der venezianischen Republik zurückgehen.

Ganz oben stehen die Ruderregatten, die *vogalonga*, die im Mai stattfinden, am ersten Sonntag nach Christi Himmelfahrt, und die Regata Storica am ersten Sonntag im September. Die Festa del Redentore (des Erlösers) feiert Ende Juli die Erlösung von der Pest 1575-77. Eine Pontonbrücke wird über den breiten Giudecca-Kanal hinüber zur Kirche gespannt, und die Woche endet mit einer riesigen Party und Feuerwerk. Eine ebensolche provisorische Brücke überspannt den Canal Grande am 21. November anlässlich der Erlösung von der Pest 1630, bei der die Salute-Kirche zerstört wurde und der man mit Prozessionen, Kerzen und Souvenirs gedenkt.

WIE SIE AM KARNEVAL TEILNEHMEN

Der genaue Termin richtet sich nach nach der Osterwoche, meist liegen diese 10 Tage jedoch zwischen Mitte Februar und Anfang März. Informationen erhalten Sie bei der Touristeninformation **APT** (Piazza San Marco 71F, Tel. 041 529 8711) oder unter www.carnevale.venezia.it. Kostbare Kostüme können Sie sich im **Atelier Pietro Longhi** (San Polo 2580, Calle dei Saoneri, Tel. 041 714 478; www.pietro longhi.com) leihen, handgefertigte Masken kaufen Sie am besten bei **MondoNovo** (Dorsoduro 3063, Rio Terrà Canal, Tel. 041 528 7344) oder bei **Tragicomica** (San Polo 2800, Calle dei Nomboli, Tel. 041 721 102; www.tragicomica.it). Wenn Sie zum Karneval kommen, dann buchen Sie Ihre Unterkunft lange im Voraus!

STEIN UND FARBE
ÜBERWÄLTIGENDE ANBLICKE

Das Stadtbild Venedigs ist schön wie kein anderes. Es mag genügen, den Eindruck einfach aufzusaugen. Ein paar Hintergründe könnten dem Verständnis dennoch dienlich sein.

DIE GEBÄUDE

Die Venezianische Architektur ist geprägt durch das Wesen und die Geschichte der Stadt. Östliche wie westliche Stilelemente fanden Eingang, und so finden Sie frühe byzantinische Elemente in den Kuppeln des Markusdoms, die nach dem Vorbild der Apostelkirche Konstantinopels errichtet wurden. Spätere Bauherren verbanden Kuppeln und Spitzbögen mit westeuropäischen Elementen und fanden so eine eigene venezianische Gotik, den individuellsten Architekturstil, den die Stadt je

hervorbrachte. Erkennbar ist er an Kielbögen, aufwändigem Maßwerk und Fialen. Mehr davon sehen Sie, wenn Sie den Canal Grande hinunter fahren oder eine der himmelhoch aufstrebenden Kirchenhallen betreten.

KÜHLE ELEGANZ

Im 15. Jh. wurde Italien vom Fieber der Renaissance erfasst, die einen Baustil einführte, der sich am antiken Rom orientierte. Dabei adaptierte Venedig die Toskanische und die Lombardische Renaissance auf seine Weise. Einhundert Jahre später traf die römische Hochrenaissance auf Venedig und verband sich mit der innovativen Genialität eines Palladio zu einigen der rationalsten und einflussreichsten Gebäude. Das ist klassische Architektur vom Feinsten: harmonisch, ausgewogen, eine Augenweide! Lassen Sie sich über das Markusbecken zu San Giorgio Maggiore geleiten, dem Inbegriff dieses kühlen, eleganten Stils. Lange hielt er nicht an; binnen 50 Jahren hatte der Pomp des Barock Einzug gehalten mit seinen reich mit Schnitzereien, Bildhauerei und Schnörkeln verzierten Gebäuden.

Architektonisch konnte kaum mehr erreicht werden, aus dem 19. Jh., geschweige denn aus dem 20. oder 21. ist denn auch wenig zu finden. Eine Ausnahme ist die anmutige geschwungene Brücke über den Canal Grande,

Das Funkeln des Canal Grande bei Nacht

der den Piazzale Roma mit dem Bahnhofsplatz verbindet. Entworfen
wurde Venedigs Brücke ins neue Jahrtausend vom berühmten spanischen
Architekten Santiago Calatrava. 2008 wurde sie fertiggestellt.

VENEZIANISCHE MALEREI

Die ersten venezianischen Gemälde waren Mosaike – glitzernde Bilder
aus dem 11. und 12. Jh., die der analphabetischen Bevölkerung religiöse
Geschichten erzählten. Prächtige Farben leuchteten vor goldenem Hintergrund. Schillernde Stoffe, die aus dem Osten nach Venedig gelangten, inspi-
rierten die Künstler. Sie integrierten sie in ihre Bilder und legten so den
Grundstein für das Thema venezianischer Kunst – Farbe und Textur.

In der Renaissance, als Zentralperspektive und Komposition entwickelt
wurden, bekamen die Figuren der Gemälde einen räumlichen Bezug. Hun-
dert Jahre später ließen neu erfundene Ölfarben ein Diffenzieren von Licht
und Farben zu. Anatomische Menschenkenntnis und bessere Perspektiven-
techniken kamen dazu. Im 16. Jh. schließlich brachte diese Verbindung
aus Talent, Material und technischen Fertigkeiten die leuchtenden und
atemberaubend schönen Werke hervor, die wir heute als Venezianische
Malerei bezeichnen.

GROSSE MALER UND WO SIE SIE FINDEN

Paolo Veneziano (ca. 1300–62): Gallerie dell'Accademia

Antonio Vivarini (ca. 1415–84): San Zaccaria

Gentile Bellini (1429–1507): Gallerie dell'Accademia

Giovanni Bellini (1430–1516): Gallerie dell'Accademia, Frari, Santi Giovanni e
Paolo

Vittore Carpaccio (ca. 1460–1525): Gallerie dell'Accademia, Scuola di San
Giorgio degli Schiavoni

Giorgione (ca. 1476/8–1510): Gallerie dell'Accademia

Tizian (Tiziano Vecellis, 1487–1576): Frari, Santa Maria della Salute, Gallerie
dell'Accademia

Tintoretto (Jacopo Robusti, 1518–94): Scuola Grande di San Rocco, Madonna
dell'Orto, Gallerie dell'Accademia

Veronese (Paolo Caliari, 1528–88): Gallerie dell'Accademia, San Sebastiano

Giambattista Tiepolo (1696–1770): Scuola Grande dei Carmini, Ca' Rezzonico,
Gesuati

Canaletto (1697–1768): Gallerie dell'Accademia, Ca' Rezzonico

Francesco Guardi (1712–93): Gallerie dell'Accademia, Ca' Rezzonico,

Pietro Longhi (1702–1805): Fondazione Querini Stampalia

Ausschnitt aus Tintorettos Deckengemälde *Triumph der Venezia* im Dogenpalast

DIE VIER GROSSEN ARCHITEKTEN

Mauro Coducci (ca. 1440–1504) war ein Meister der Frührenaissance. Seine Arbeiten sind auf der Friedhofsinsel San Michele und in den Kirchen Santa Maria Formosa und San Giovanni Crisostomo zu sehen.

Jacopo Sansovino (1486–1570) wurde in der Toskana geboren. Er kam von Rom nach Venedig. Zwischen 1536 und 1537 entwarf er drei seiner wichtigsten Gebäude am Markusplatz: La Zecca (die Münze), die Biblioteca Marciana (Bibliothek) und die Loggetta am Fuße des Campanile.

Andrea Palladio (1508–80): Seine venezianischen Erfolge sind die Kirchen von San Giorgio Maggiore und des Redentore, entworfen jeweils 1566 and 1577.

Baldassare Longhena (1598–1682) ist Venedigs hauseigener Barockvirtuose, der sich hier ab 1620 einen Namen machte. Verpassen Sie nicht die Santa Maria della Salute oder den riesigen Palazzo Ca' Pesaro am Canal Grande!

DIE WICHTIGSTEN ARCHITEKTURSTILE

Byzantinik: San Marco, Santa Maria Assunta, Santa Fosca

Mittelalter: San Nicolò dei Mendicoli

Gotik: Palazzo Ducale, Ca' d'Oro, Frari, Santi Giovanni e Paolo

Frührenaissance: San Zaccaria, San Michele, Santa Maria dei Miracoli, Palazzo Loredan (ein Bürgerhaus am Canal Grande mit gebogenen, von schlanken Säulen gesäumten Obergeschossfenstern)

Hochrenaissance: Biblioteca Marciana, Procuratie Vecchie, San Giorgio Maggiore, Redentore, Rialto Bridge

Barock: Santa Maria della Salute, Santa Maria del Giglio, San Moisè

Neoklassik: La Pietà, Ala Napoleonica

Zauber-
haftes
GLAS

**Die venezianische Glasmanu-
faktur hat ihren Sitz seit
1291 auf Murano, wo heute
mit traditionellen Techniken
und Arbeitsverfahren Glas
von Museumsqualität
hergestellt wird.**

Seit dem Mittelalter war Venedig der
wichtigste Glasproduzent der westlichen Welt, Hüter des geheimen
Zaubers, welcher Sand und Quarz,
Natrium und Kalium in filigrane und
nützliche Erzeugnisse verwandelt.
Ihre Fertigkeiten verdankten
die Venezianer vermutlich den
Nachkommen der römischen
Flüchtlinge, die nach dem Fall
von Rom auf den Laguneninseln
Zuflucht fanden. Ihr Handel mit
dem Orient brachte weiteres Know-
how, der vorhandene Sand und
die Meeresvegetation lieferten die
Rohstoffe. Ende des 12. Jhs. hatten die ansässigen Glasbläser die
Technik der Fensterscheiben- und
Spiegelherstellung gemeistert und
der Staat witterte die wirtschaftliche

Eine Ausstellung von Murano-Glas

Bedeutung. 1291 wurden die Brennöfen auf die Insel Murano verlagert und die Glasmacher streng von der Staatsmacht bewacht. Flüchtige Arbeiter, die mit ihren Kenntnissen entkommen wollten, wurden gnadenlos verfolgt.

DIE GLASVERORDNUNG

Im 15. Jh. erlangte die glänzende Technik der Glasbläser von Murano Weltruf. Ihr Glas zeichnete sich durch komplizierte Muster und Farbgebungen aus. Zum Inbegriff wurde der venezianische Kronleuchter, der bis heute fester Bestandteil der venezianischen Glasmacherkunst ist. Nach 1600 konnten die Edelsteinimitationen von den echten Steinen kaum mehr unterschieden werden und ihre Herstellung wurde gesetzlich verboten. Im 19. Jh. gab es einen Niedergang, das 20. Jh. jedoch erlebte eine Wiedergeburt sowohl der Muster als auch der Technik. Heute produziert Murano große Mengen Glas, meist in kleinen Betrieben, in denen die Glasbläsermeister ihre Geheimnisse an ihre Lehrlinge weitergeben.

GLAS FÜR DIE MODERNE

Jedes Stück echten venezianischen Glases wird als Original gekennzeichnet und mit Garantie versehen. Die hohe technische und ästhetische Qualität erzielt vierstellige Preise. Seit der Pionierarbeit von Archimede Seguso in den 1950ern wurde das Spitzenglas von Murano eine eigenständige Kunstform. Designer arbeiten Hand in Hand mit Maestri, den Herstellern. Firmen wie Barovier e Toso, Venini, Mason und Frateli Toso zählen zu dieser Kategorie. Einige Designer sind in jeden einzelnen Produktionsschritt einbezogen, am meisten aber Luigi Camozzo und Michele Micheluzzi. Camozzo ritzt und ätzt seine großen Stücke derart, dass sie eher an Stein oder Marmor erinnern. Micheluzzi hingegen ist auf kaltes Ziselieren spezialisiert. Er ätzt gewundene, rhythmische Muster auf einfarbige, glatte Formen.

Ein Kunsthandwerker beim Glaspolieren

KOSTPROBE VENEDIG

Wer echt venezianisch essen und trinken möchte, muss die Orte aufsuchen, die die Einheimischen besuchen, und das hervorragende Obst und Gemüse der Rialto-Märkte testen.

APPETITHÄPPCHEN

Beginnen Sie Ihre Erkundung in einem *bàcaro*, einem traditionellen Weinlokal, in dem Sie auch Essen bekommen, ohne die Preise eines richtigen Restaurants zahlen zu müssen. Die *bàcari*, Bastionen echt venezianischer Küche, sind eine uralte Institution; selbst neue sehen aus, als bestünden sie schon seit Jahrhunderten. Sie können an der Bar stehen oder Pasta oder Risotto an langen Holztischen im hinteren Teil der *bàcara* genießen. Meist wird ein *spritz* gebracht, ein venezianisches Kultgetränk, eine Mischung aus Weißwein, Mineralwasser und Aperol mit ordentlicher Wirkung.

MUSCHELN, SCHUPPEN, FLOSSEN

Finden Sie ein gutes Fischrestaurant! Es lohnt sich, auch wenn Ihr Budget knapp ist! Die Vielfalt an Meeresfrüchten ist umwerfend. Es gibt Gerichte aus seltenen Krustentieren wie *granseola* (Seespinne), *capelonghe* (Schwertmuschel) oder *schie* (Zwerggarnele), die Sie kosten sollten. Alle sind frisch und flink zubereitet. Schauen Sie auch nach traditionellen Gerichten wie *sarde in saor*, eine alte, mittelalterlich gewürzte Sardinenspeise.

> »Sie können an der Bar stehen oder auch Risotto oder Pasta an langen Holztischen genießen ...«

DIE KÜCHE DES 21. JAHRHUNDERTS

Selbst im stockkonservativen Venedig fassen neue Kochtrends Fuß. Slow Food, eine weltweite Aktion für lokale Produzenten und Bio-Produkte, stammt aus Italien. Auch die venezianischen Restaurants sind auf diesen Zug aufgesprungen. Im heutigen Venedig können Sie wählen zwischen altmodischen, teuren Ristorante, die exzellentes, traditionell venezianisches Essen anbieten; modernen, hocheffizienten Lokalen, die das Anrichten der Speisen ebenso wichtig nehmen wie die Zutaten selbst, und dutzenden

Abendessen am Kanalufer im Stadtviertel San Marco

von unkomplizierten, in Familienbesitz befindlichen Trattorien, in denen
am laufenden Band Teller mit Pasta und frischem, gegrillten Fisch serviert
werden. Eine bestechende Kombination! Hüten Sie sich nur vor den
Etablissements mit den Touristenmenüs und den davor lauernden, Gäste
heischenden Kellnern!

EIN LÖFFELCHEN ZUCKER

Wie alle Italiener holen sich auch die Venezianer ihre Dosis Süßes in der
Pasticceria (Konditorei). Die Auswahl im Schaufenster der altmodischen
Läden lässt einen denken, dass sich seit dem Mittelalter wenig verändert
hat. Probieren Sie interessehalber die beiden klassischen Kekssorten *baicoli*
und *busolai*, harte Plätzchen mit Anis-, Vanille- oder Zitronengeschmack.
Möchten Sie sich etwas wirklich Gutes tun, dann gehen Sie in einen der
gehobeneren Läden, in denen Sie auch kaufen können, was auf keinem
Frühstückstisch fehlen sollte: *briosce*, delikate, federleichte Croissants.

Die Lagune –
EIN BINNENMEER

Die Lagune, eine sich wandelnde Landschaft aus Wasser, Inseln, Sumpf und Watt, gehört fest zu Venedig und hat eine einzigartige Lebensweise.

DIE LAGUNE UND IHRE WASSERWEGE

Die Lagune von Venedig ist die größte Italiens. Mit 50 km Länge und 8-14 km Breite bedeckt sie eine Fläche von 55 km² und ist mit dem Meer durch die drei Arme Lido, Pellestrin und Chioggia verbunden. Fliegen Sie Venedig am Tage an, sehen Sie die Untiefen, Inseln, Moore, Wattflächen und Wasserläufe zwischen den Inseln aus der Vogelperspektive. Was für eine Menge Wasser! Nur ca. 8 Prozent dieser Landschaft ist dauerhaft trocken. Das Wasser, mancherorts salzig, anderswo Brackwasser, unterliegt den Gezeiten und gibt bei Ebbe Schlamm und Schlick frei. Die Wassertiefe ist sehr unterschiedlich, die Schifffahrt ist nur entlang der Fahrwasser möglich. Diese müssen wegen der Versandung ständig ausgebaggert werden. Das gesamte Gebiet untersteht der Aufsicht des Consorzio Venezia Nuova, einer Vereinigung verschiedener öffentlicher und privater Körperschaften, die sich mit allen Aspekten der Lagune und ihrer Gewässer befasst.

DIE MENSCHEN

Viele Venezianer wohnen auf den Laguneninseln und pendeln in die Stadt oder arbeiten vor Ort. Es sind kleine, in jedem Wortsinne insulare Gemeinden. Fremden begegnet man mit ein wenig Misstrauen, traditionelle Werte und Gemeinschaftssinn zählen viel. Viele Inselbewohner, sofern sie nicht im Tourismus tätig sind, arbeiten als Glasmacher auf Murano, als Landwirte auf Sant'Erasmo oder als Fischer auf Burano. Bei Burano im Norden und Chioggia im äußersten Südwesten der Lagune sieht man viele Fischerboote, aber auch die Fischzucht ist wichtig, und das seit Jahrhunderten. Die Fischfarmen befinden sich in den sogenannten *valli di pesca chiuse* (geschlossenen Fischkanälen). Das sind dauerhaft mit Wasser bedeckte Flächen, die mit Dämmen vor den Gezeiten geschützt sind. Hier werden die besten Fische und Muscheln gezüchtet, ohne durch Verschmutzung gefährdet zu sein.

WAS GIBT ES DORT DRAUSSEN?

Fast jeder Besucher macht einen Ausflug auf die Inseln Murano, Burano und Torcello, aber es gibt viel mehr in der Lagune als diese Touristenfallen. Vom bequemen Sitz einer Inselfähre aus sehen Sie viel vom Leben der Vögel, während die Sumpfgebiete im Frühjahr in buntgetupfter Wildblütenpracht erstrahlen. Steht Ihr Sinn nach einem Landspaziergang, so fahren Sie nach Sant'Erasmo mit seinen Feldern und gewundenen Wegen. Zum Sonnen geht es zu den leeren Stränden von Pellestrina. Mieten Sie sich ein Boot und erkunden Sie selbst die einsamen Inseln und Wasserflächen!

Blick auf Burano vom Glockenturm der Basilica Santa Maria Assunta auf Torcello

Highlights auf einen Blick

Venedig hat viel zu bieten! Sollten Sie wenig Zeit haben, finden Sie hier Tipps für Ihren unvergesslichen Besuch.

Piazza San Marco

ROMANTISCHE PLÄTZE

- Ein Doppelsitz in einer Gondola
- Die Bank, von der aus Sie den Canal Grande wie von einer Tribüne aus überblicken können
- Die Fondamenta della Sensa in Cannaregio – perfekt zum Hand in Hand hinunterschlendern
- Die Uferpromenaden der Giudecca (➤ 135) – »glänzender« Blick auf den Giudecca-Kanal und die Skyline Venedigs
- Ein Tisch im Café Florian an einem Winterabend

DIE BESTEN UND REIZVOLLSTEN *VAPORETTO*-TOUREN

- Die Nr. 1 vom Bahnhof zum Markusplatz oder zurück
- Nr. 82 vom Bahnhof über die Giudecca zum Lido
- Nr. 42 von San Zaccaria nach Murano
- Nr. LN von San Zaccaria über den Lido nach Burano und Torcello

BESTE EINKAUFSADRESSEN

- Namhafte Designer in der Calle Vallaresso, Calle Larga 22 Marzo und den umgebenden Straßen
- Antiquitäten, Regionalia, Papierwaren, Perlen und Textilien in San Marco
- Beste Lebensmittel im Rialto-Markt und Umgebung
- Mittelklasseleder, Schuhe und Mode-Outlets in San Polo
- Masken, Kunst, Textilien, Bücher und Regionalia im Dorsoduro

DIE BESTEN *CAMPI* – VENEDIGS SCHÖNSTE PLÄTZE

- Campo Santa Margherita
- Campo San Polo
- Campo Santo Stefano
- Campo Santa Maria Formosa
- Campo San Giacomo dell'Orio

DAS BESTE EIS

- Paolin, San Marco 2962, Campo Santo Stefano
- Causin, Dorsoduro 2996, Campo Santa Margherita
- Nico, Dorsoduro 922, Zattere ai Gesuati
- Boutique del Gelato, Castello 5727, Salizzada San Lio

Erster Überblick

Ankunft

Aeroporto Marco Polo

Venedigs Flughafen (Tel. 041/260 61 11, Fax 260 92 60; www.veniceairport. it) wickelt Linienflüge aus dem In- und Ausland ab.

■ Von mehreren deutschen Flughäfen aus gibt es **Direktverbindungen** zum Flughafen Marco Polo.Fluggäste aus dem außereuropäischen Ausland müssen gegebenenfalls in Mailand oder Rom umsteigen.
■ Einige Charter- und Billigflüge landen auch auf dem **Angeli Airport in Treviso** (Tel. 0422/31 51 11), 30 Kilometer nördlich von Venedig.

Vom Flughafen in die Stadt

Der Flughafen Marco Polo liegt in Tessera, zehn Kilometer von Venedig entfernt. Die unten aufgeführten Fahrzeuge fahren direkt vor der Flughalle ab.

■ Die *Taxi acquei* **oder Wassertaxis** (Tel. 041/541 50 84), sind schnell, aber teuer. Die Fahrt ins Zentrum dauert ungefähr 25–40 Minuten und kostet ca. 100 Euro. Fordern Sie ein Wassertaxi im Büro links vom Ausgang des Ankunftsbereichs an und handeln Sie den Preis vor der Abfahrt aus.
■ **Die Boote der Gesellschaft Alilaguna** (Tel. 041/523 5775; www.alilaguna. it) fahren stündlich vom Flughafen ins Zentrum. Fünf Linien (Blu, Arancio, Giallo, Oro und Red) bedienen verschiedene Stadtteile und Laguneninseln, wobei Blu, Oro und Red den meisten Besuchern ausreichen. Möglich, dass Sie auf dem letzten Stück in ein ACTV-*vaporetto* umsteigen müssen. Die Linie Blu fährt ab 6.10 Uhr stündlich bis 23.10 Uhr; Oro von 9.30 bis 15.30 Uhr, Red von 9.15 stündlich bis 23.15 Uhr. Die Linien Arancio und Giallo befahren Murano und den Norden. Fahrkarten kosten 12 Euro und können an Bord gekauft werden. Die Fahrzeit beträgt 75–90 Minuten.
■ **Busse** fahren vom Flughafen über den Damm zum Piazzale Roma. Von hier können Sie zu Ihrem Hotel laufen oder mit dem Boot fahren. Busse der **ATVO** (www.atvo.it) verkehren zwischen 8.30 Uhr und Mitternacht. Die 25-minütige Fahrt kostet ca. 3,20 Euro. Zwischen 4.10 und 0.10 Uhr fährt die Buslinie 5 der **ACTV** (www.actv.it) halbstündlich vom Flughafen zum Piazzale Roma. Die 40-minütige Fahrt kostet ca. 1,50 Euro.
■ Vorsicht bei privaten Transferangeboten: Die *vaporetti* (► 33) sind sehr gut und zudem wesentlich günstiger.
■ Mit dem **Taxi** sind Sie in ca. 30 Minuten für rund 25 Euro am Piazzale Roma.

Flughafen Treviso Angeli

■ **Charter- und Billigflüge** landen auf dem Angeli-Flughafen in Treviso (www. trevisoairport.it). Auf den Flugplan abgestimmte Busse der **ATVO** (www. avto.it) fahren von hier zum Piazzale Roma. Linie 6 pendelt zwischen dem Flughafen und dem Zentrum von Treviso (inklusive Bahnhof).

Ankunft mit dem Zug

■ Venedigs **Bahnhof Santa Lucia** ist über einen Damm mit dem Festland verbunden. Steigen Sie keinesfalls in Venezia Mestre aus!
■ Einige Züge fahren allerdings nur bis Mestre, wo Sie für das letzte Stück **umsteigen** müssen. Die Lokalzüge verkehren in der Regel im Fünfminutentakt.
■ **Vor der Bahnhofshalle führen Stufen** zum Canal Grande und zum *vaporetto*-Anleger hinunter. Die Boote steuern von hier verschiedene Teile der Stadt an. Die Linien 1 und 82 fahren den Canal Grande hinunter, die Linien 51 und 52 umrunden die Stadt. Auch Wassertaxis und Gondeln legen hier an.

Ankunft mit dem Auto

- Am nächsten zum Zentrum und direkt am Canal Grande liegt der **Parkplatz am Piazzale Roma** (Autorimessa Comunale, Tel. 041/272 73 01; www.asmvenezia.it oder 041/523 22 13; www.urbislimen.it). Da er oft überfüllt ist, fährt man besser zu dem großen Parkplatz auf der Insel Tronchetto (Venezia Tronchetto Parking, Tel. 041/520 75 55; www.veniceparking.it), der mit vaporetti an die Stadt angeschlossen ist.
- **Billiger parken** kann man in Fusina auf dem Festland (Tel. 041/547 01 60; www.terminalfusina.it), von wo aus stündlich Boote ins Zentrum fahren.
- **Parkplatzgebühren** liegen bei 15–20 Euro pro Tag bzw. 5–7 Euro für 2 Stunden.
- Parkplätze sind rund um die Uhr geöffnet, man kann online vorbestellen.

Mietwagen

Wenn Sie von Venedig aus weiterreisen, können Sie am Flughafen Marco Polo oder am Piazzale Roma einen Wagen mieten.

Avis
- Piazzale Roma 496G 041/522 5825
- Ankunftshalle, Flughafen Marco Polo 041/541 5030

Hertz
- Piazzale Roma 496E 041/528 35 24
- Ankunftshalle, Flughafen Marco Polo 041/541 6075

Europcar
- Ankunftshalle, Flughafen Marco Polo 041/541 5654

Touristeninformationen
APT (Azienda di Promozione Turistica)
- Piazza San Marco 71f 041/529 8711 Mo–Sa 9:30–15:30 Uhr
- Flughafen Marco Polo 041/529 8711 Mo–Sa 9:30–15:30 Uhr
- Santa Lucia station 041/529 8711 Mo–Sa 8–18 Uhr
- Palazzina dei Santi, Calle della Sagriestia, San Marco 041/529 87 11 Mo–Sa 10–12, 14–16 Uhr
- Viale Santa Maria Elisabetta 6/a, Lido 041/526 5721 April–Sept. tägl. 10–13 Uhr

Unterwegs in Venedig

Innerhalb Venedigs müssen Sie entweder zu Fuß gehen oder mit dem Boot fahren. Um rasch von einem Ort zum anderen zu gelangen, kombinieren Sie am besten beides. Wenn Sie im Winter nach Venedig reisen, sollten Sie jedoch festes Schuhwerk mitbringen, denn oft herrscht Hochwasser, *acqua alta* (➤ 134).

Bootsverkehr

- Die **ACTV** (Azienda del Consorzio Trasporti Veneziano), Piazzale Roma, Roma, Tel. 041/528 76 86, www.actv.it, geöffnet 7.30–20 Uhr) betreibt **Boote** in der Stadt und der Lagune sowie **Busse** auf dem Lido und dem Festland. Sie fahren zwischen fünf Uhr früh und Mitternacht, danach verkehren stündlich **Nachtboote**.
- Es gibt **drei Bootstypen** – *vaporetti*: Die großen und recht langsamen *vaporetti* bieten Sitzplätze im Freien, viele Stehplätze und ausreichend Stauraum. Die kleineren und schnelleren *motoscafi* verfügen über wenige Sitzplätze auf dem Hinterdeck; die *motonavi* sind Doppeldecker und verkehren im Bereich der Lagune. Wundern Sie sich nicht, wenn die Venezianer diese Boote einfach alle als *vaporetti* bezeichnen. **Fahr- und Liniennetzpläne** erhalten Sie in jeder größeren ACTV-Verkaufsstelle.

- Alle *pontili* **(Anleger)** hängen Fahr- und Routenpläne aus. Die Liniennummer befindet sich auf den Seiten eines jeden *vaporetto*.
- Die meisten Touristen fahren **auf den Hauptstrecken,** entweder mit der Linie 1 (► 170ff), die vom Piazzale Roma den Canal Grande hinunter und bis zum Lido fährt, oder mit der Linie 82, die vom Piazzale Roma kanalabwärts bis zum Lido und zurück über Giudecca und Tronchetto führt
- Es gibt mehrere **Rundstrecken (***giro città***)**, die auch Ziele außerhalb der Stadt ansteuern. Die Linien 41 und 42 halten auf Murano, die Linien 51 und 52 am Lido. **Durch die Lagune** fahren die Linien LN und T (Burano und Torcello).
- Mit den *traghetti* **(Gondelfähren)**, die an verschiedenen Stellen die Ufer des Canal Grande miteinander verbinden, können Sie viel Zeit sparen. Die *gondolieri* setzen die Passagiere in der Regel von 8 bis 13 oder bis 18 Uhr über. Grüne Schilder markieren die Anlegestellen. Bezahlt wird beim Einsteigen 0,50 Euro), gewöhnlich bleiben die Passagiere stehen.
- Mehrere Gesellschaften betreiben die schnellen und sündhaft teuren **Wassertaxis**, die Sie telefonisch bestellen können (Tel. 041/240 76 11; 041/522 23 03). Der Grundtarif liegt bei 17 Euro für die ersten 7 Minuten, danach klettert das Taxameter alle 15 Sekunden um 35 Cent, zzgl. zahlreicher Zuschläge.
- Überall in der Stadt befinden sich Anleger. Sie können auch eine Gondel bestellen: **Calle Vallaresso** (Tel. 041/520 6120); **Ferrovia** (Tel. 041/718 543); **San Marco** (Tel. 041/520 0685); oder **Rialto** (Tel. 041/522 49 04). Eine 40-minütige Fahrt von 6 Personen kostet etwa 80 Euro; alle 20 Min. erhöht sich der Betrag um 40 Euro.

Inselbusse
- **Busse** fahren am Lido, und zwar die Route A im nördlichen Bereich und die Route B im südlichen Abschnitt. Die Linie 11 (stündlich ab Viale Santa Maria Elisabetta am Lido) setzt mit der Fähre nach Pellestrina über und fährt dort weiter zur Fähre nach Chioggia.

Behinderte Reisende
- Wenden Sie sich an **Informahandicap** (Ca' Farsetti, San Marco 4136, Erdgeschoss, Tel. 041/274 8144, geöffnet Do 9–13, 15–17 Uhr).
- **Routen für Rollstuhlfahrer** sind auf einigen Stadtplänen markiert.
- Einige Brücken verfügen über **Automatikrampen**; Schlüssel dafür erhalten Sie in den APT-Büros.

Fahrscheine
- Die ACTV bietet verschiedene **Fahrscheine** an: Einzel- und Gruppen- (bis 5 Personen) sowie Hin- und Rückfahrscheine. Darüber hinaus gibt es günstige **Tagestickets** *(bigletti a tempo)*, die für alle ACTV Wasser- und Landrouten gelten: 24-h-Tickets (21 Euro), 36-h-Tickets (26 Euro) und 72-h-Tickets (31 Euro). Alle Fahrkarten sind an den ACTV-Schaltern, im Büro des ACTV am Piazzale Roma und in den *tabacchi* (Tabakläden) erhältlich. Ggf. lohnt sich auch die **VENICE card** (www.hellovenezia.com), die Preisvorteile bei Transport und Sehenswürdigkeiten verspricht.
- In der Regel müssen Sie Ihren **Fahrschein** vor Fahrtantritt am gelben Kasten am Anleger *pontile* entwerten.

Eintrittspreise
Die Eintrittspreise für die im Text genannten Museen und Sehenswürdigkeiten sind nach Preiskategorien geordnet.
Preiswert: unter 3 Euro **Mittel:** 3–6 Euro **Teuer:** mehr als 6 Euro

Übernachten

Wenn Sie vom Blick auf einen ruhigen Kanal oder den blühenden Garten eines venezianischen *Palazzo* träumen, müssen Sie tief in die Tasche greifen. Wie alles in Venedig, so kosten auch Hotelzimmer deutlich mehr als auf dem Festland, und für Sonderwünsche wird ein saftiger Aufpreis berechnet.

Tipps

- Buchen Sie immer im Voraus, vor allem in der Hauptsaison (Karneval, Ostern, Juni–September, Weihnachten).
- Viele Hotels **senken ihre Zimmerpreise außerhalb der Hauptsaison** drastisch – fragen Sie beim Buchen nach oder auf www.hoteldiscount.com.
- **Möchten Sie günstiger wohnen**, sollten Sie ein Zimmer in Mestre (Festland) oder auf dem Lido reservieren. Mit dem Nachtbus und den *Vaporetti* kommen Sie jederzeit in die Stadt.
- **Zimmerpreise innerhalb eines Hotels variieren deutlich** abhängig vom Ausblick der Zimmer. Weisen Sie ggf. deutlich auf Ihre Wünsche hin.
- **Einige Hotels bieten** *mezza-pensione (Halbpension)* Frühstück oder Abendessen. Haben Sie die Wahl: Nehmen Sie das Abendessen in der Stadt ein!
- **Bestätigen Sie Ihre Buchung am besten per E-Mail oder Fax**. In der Regel müssen Sie eine Kreditkartennummer angeben, um ein Zimmer zu reservieren. Das erspart Ihnen, eine Rückbestätigung des Hotels anzufordern.
- Bedenken Sie beim Kofferpacken, dass Sie Ihr **Gepäck eventuell eine längere Strecke tragen** müssen. Es gibt keinen Taxidienst mit Haus-zu-Haus-Service.
- Sie können Ihr Gepäck auch einem Träger anvertrauen. Der Preis richtet sich nach der **Zahl der Gepäckstücke** und der Entfernung. Vorbestellungen bei: **Cooperativa Trasbagagli** (Tel. 041/713 719, geöffnet von 8–18 Uhr).
- Wenn Sie mit Kindern reisen oder abseits der Touristenströme im Herzen Venedigs wohnen möchten, sollten Sie ein Zimmer **am Lido**; in Erwägung ziehen. Hier gibt es schöne Hotels und Sie sind dicht am Strand.

Informationen

- Ein vollständiges Verzeichnis aller Unterkünfte in Venedig erhalten Sie im **venezianischen Fremdenverkehrsamt (APT)**: Azienda Promozione Turistica Venezia, Tel. 041/529 8711; www.turismovenezia.it
- **Infos zu privaten Frühstückspensionen**: Associazione Vacanze in Famiglia, via Orlanda 105, 30030 Venezia; Tel. 041/900 385, www.vacanzeinfamiglia.it
- **Private Apartments**: Mitwohnzentrale Venezia, Castello 5448 A, 30122 Venedig, Tel. 041/523 16 72, www.mwz-online.com
- Eine Liste aller Unterkünfte in **Chioggia**, **Padova**, **Verona** and **Vicenza** erhalten Sie in von den Fremdenverkehrsämtern (► 160, 161, 164, 166).

Hotels in Venedig

In Venedig stehen einige der schönsten Luxushotels der Welt, doch es gibt auch kleine, intime Unterkünfte in engen Gassen an stillen Seitenkanälen, die Ihren Geldbeutel nicht allzu sehr strapazieren.

Hotelpreise

- Die folgende Liste enthält einfache Unterkünfte ebenso wie Luxushotels. Bis auf die einfachsten Hotels haben fast alle ein eigenes Bad im Zimmer. Andererseits sind auch gute Hotels manchmal nur mit einer Dusche (*doccia*) und nicht mit einem Badezimmer (*vasca da bagno*) ausgestattet.
- Sehen Sie sich die Räume vorher an! Die schlechtesten wird man Ihnen wahrscheinlich zuerst zeigen.

Hotelpreise
Preise pro Nacht für ein Doppelzimmer mit Bad:
€ unter 85 Euro €€ 85–200 Euro €€€ 200–350 Euro €€€€ über 350 Euro

---

Ca' Pisani €€€

Das Ca' Pisani war Wegbereiter der Designerhotels, die seit Beginn des Millenniums in Venedig entstanden. Das elegante Hotel ist mit seiner stilvoll minimalistisch und klaren Einrichtung, die sich am Art-déco der 1930er und 40er orientiert, meilenweit von der prunkvollen Schwere manch traditioneller venezianischer Hotels entfernt. Jedes Zimmer ist individuell eingerichtet, das Badezimmer ein wahres Erlebnis, die Gesellschaftsräume sind elegant und bewusst schlicht; das Restaurant serviert leichte, zeitgenössische venezianische Küche.

198 A2 979/a Dorsoduro, Rio Tera dei Foscarini 041/240 1411; www.capisanihotel.it Accademia

Hotel Cipriani €€€€

Das Hotel, eine Oase der Ruhe im überfüllten Venedig, liegt inmitten üppigen Grüns mit Blick übers Wasser auf San Marco. Sobald Sie das Boot am privaten Anleger verlassen haben, befinden Sie sich in einer anderen Welt: Weitläufige Gärten, elegant ausgestattete Räume, perfekter Service, ein international bekanntes Restaurant und ein riesiger Pool kennzeichnen das Cipriani, in dem Sie sich in entspannter und zugleich intimer Atmosphäre erholen können.

197 bei F1 Giudecca 10, Fondamenta San Giovanni 041/520 7744; www.hotelcipriani.it Zitelle

Hotel Danieli €€€€

Das Danieli gehört zu den berühmtesten Hotels der Welt. Schon das aufwendig gestaltete Gebäude in phantastischer Lage ist ein Erlebnis! Üppig ausgestattete Räume, an den Wänden wunderbare Gemälde; der Service ist perfekt und diskret, die Aussicht einmalig und das Restaurant ausgezeichnet. Die internationale Gästeschar zahlt entsprechend (➤ 78).

200 B3 Castello 4196, Riva degli Schiavoni 041/522 6480; www.danieli.hotel-invenice.com San Zaccaria

Hotel Colombina €€€

Das hübsche kleine Hotel, das nach einer Figur der Commedia dell'Arte benannt wurde, liegt am Ponte del Remedio, nur 150 Meter von San Marco entfernt. 17 der 32 Zimmer blicken auf den Kanal und die Seufzerbrücke. Zum Hotel gehört ein Anleger. In dem alten, komplett sanierten und mit geschmackvollen venezianischen Möbeln, Murano-Lüstern und Damaststoffen eingerichteten Palazzo herrscht eine freundliche Atmosphäre. Alle Zimmer mit Klimaanlage und Bad.

200 A4 Castello 4416, Calle del Remedio 041/277 0525; www.hotelcolombina.com San Zaccaria

Hotel Concordia €€€–€€€€

Als einziges Hotel der Stadt bietet das Concordia in 20 seiner 57 Zimmer den Blick auf San Marco. Die Räume in dem Gebäude aus dem 17. Jahrhundert sind klein, dafür aber mit Antiquitäten und modernen Accessoires ausgestattet. Marmorbäder, Klimaanlage, Lärmschutz und professioneller Service verheißen Entspannung. Vom Frühstückssaal aus schaut man auf die Basilika.

199 F4 San Marco 367, Calle Larga San Marco 041/520 6866; www.hotelconcordia.com San Marco

Locanda Armizo €–€€

Das exzellente und erschwingliche Hotel kuschelt sich unter einen sottoportego in einer Ecke des Campo San Silvestro und ist nur einen Steinwurf vom Rialto entfernt. In diesem ehemaligen Kaufmannshaus bezahlt man pro Zimmer, nicht pro Person, und da einige der großen Räume bis zu fünf Betten haben, ist es eine gute Wahl für Familien. Die Wirte Giancarlo und Massimiliano bemühen sich intensiv um ihre

Gäste – was sich besonders in den tollen Badezimmern, dem herzlichen Empfang und dem reichlichen Frühstücksangebot, das auf den Zimmern serviert wird, zeigt.

✚ 198 C5 ✉ 1104 San Polo, Campo San Silvestro ☎ 041/520 6473; www.armizo.com 🚢 San Silvestro

Locanda San Barnaba €€–€€€

Das attraktive kleine Hotel in einem umgebauten palazzo aus dem 16. Jahrhundert liegt abseits der Touristenrouten, in einer schmalen Straße zwischen dem Campo San Barnaba und dem *Vaporetto*-Anleger Ca'Rezzonico. Jedes der 14 Zimmer steht unter einem Motto und ist individuell mit Antiquitäten, Fresken und Parkettboden ausgestattet. Alle Zimmer mit Klimaanlage und Bad.

✚ 197 F3 ✉ Dorsoduro 2785, Calle del Traghetto ☎ 041/241 1233; www.locanda-sanbarnaba.com 🚢 Ca' Rezzonico

Novecento €€€

Die Einrichtung des Novecento ist am Stil des frühen 20. Jahrhunderts, insbesondere des Designers Mariano Fortuny ausgerichtet: eine orientalisch angehauchte Mischung aus satten Farben, Texturen und antiquaren Möbeln. Es gehört zu den besten der neueren Designerhotels der Stadt und bietet von Philippe Starck gestaltete Badezimmer, einen hübschen Hof und einen bezaubernden Frühstücksraum. Das Ambiente ist entspannt, der Service sehr aufmerksam.

✚ 198 B3 ✉ 2683 San Marco, Calle delle Dose, Campo San Maurizio ☎ 041/241 3765; www.locandanovecento.it 🚢 Giglio

Pensione Accademia Villa Maravege €€€

Das alteingessene Hotel in einer Villa aus dem 17. Jahrhundert, in der früher die russische Botschaft ihren Sitz hatte, verfügt seit Jahrzehnten über einen treuen Kundenstamm. Gut versteckt in einer schmalen Gasse direkt am Canal Grande, ist das Hotel von schattigen Gärten umgeben und kann mit einer Frühstückterrasse mit Blick auf den Canal Grande

aufwarten. Die Zimmer sind gemütlich, die Gesellschaftsräume schön gestaltet und mit Antikmöbeln ausgestattet. Alles in allem eine Oase der Ruhe mitten im Stadtzentrum. Diese Vorzüge sind sehr gefragt, daher unbedingt lange im Voraus buchen

✚ 197 F2 ✉ 1058 Dorsoduro, Fondamenta Bollani ☎ 041/521 0188; www.pensioneaccademia.it 🚢 Accademia

San Zulian €€–€€€

Nur zwei Minuten von der Piazza San Marco entfernt liegt das Hotel. Die 23 Zimmer sind mit Parkettböden, Holzbalken unter der Decke, venezianischen Möbeln und Perserteppichen ausgestattet. Alle Zimmer mit Bad und Klimaanlage.

✚ 199 F4 ✉ San Marco 527, off Campo San Zulian ☎ 041/522 5872; www.hotelsanzulian.com 🚢 Vallaresso, San Zaccaria

Pensione La Calcina €€

Das Hotel mit Blick auf den Canale della Giudecca strahlt noch den Charme des 19. Jahrhunderts aus. Hier nächtigte bereits John Ruskin! Das Frühstück können Sie auf der Terrasse am Wasser einnehmen, auf dem Dach stehen Liegen für ein Sonnenbad. Die 29 Zimmer sind mit Originalparkettböden und -möbeln, aber modernen Bädern und Klimaanlagen ausgestattet. Ohne TV und Minibar.

✚ 197 F1 ✉ Dorsoduro 780, Zattere ai Gesuati ☎ 041/520 6466; www.lacalcina.com 🚢 Zattere

San Cassiano Ca' Favretto €€€

Der Stadtteil Santa Croce liegt jenseits der Touristenpfade und das San Cassiano ist die richtige Wahl, wenn Sie nach etwas Besonderem in einer ruhigeren Lage suchen. In einem gotischen Pallazo aus dem 14. Jahrhundert befinden sich geräumige Zimmer, eine elegante Empfangshalle und eine hübsche Terrasse mit Blick auf den Canal Grande. Das Hotel ist nicht einfach zu finden, lassen Sie sich beim Buchen direkt eine Wegbeschreibung geben.

✚ 193 D2 ✉ 2232 Santa Croce, Calle de la Rosa ☎ 041/524 1768; www.sancassiano.it 🚢 San Stae

Locanda Casa Querini €–€€

Die elf Zimmer mit Bad befinden sich in einem umgebauten Privathaus in einer ruhigen Gegend nahe des Zentrums. Die Zimmer sind klein und sauber, die Atmosphäre freundlich und familiär.

✚ 200 A4 ✉ Castello 4388, Campo San Giovanni Novo ☎ 041/241 1294; www.locandaquerini.com ⛴ San Zaccaria

Istituto Canossiano €

Bis heute bewirtschaften Nonnen das Gebäude in dem Wohnviertel hinter der Ca' Rezzonico. Der Flügel mit Privatzimmern mit Blick auf den Kreuzgang ist während der Schulferien geöffnet. Die Einzel-, Doppel-, und Dreibettzimmer sind schlicht (kein TV oder Klimaanlage), aber gemütlich und verfügen über Bad und Telefon. Es gibt kein Frühstück, dafür stimmt der Preis. Beachten Sie bei der Abendplanung, dass das Hotel zwischen 22 und 24 Uhr schließt.

✚ 197 E2 ✉ Dorsoduro 1323, Fondamenta de le Romite ☎ 041/240 9711; www.collegioca-nossave.it ⛴ Ca' Rezzonico

Molino Stucky Hilton €€€€

Die Hilton Gruppe hat die aus dem 19. Jahrhundert stammende Mühle auf Giudecca wunderbar verwandelt: in das raffinierteste internationale Hotel, das Elemente aus der industriellen Vergangenheit mit topmoderner Opulenz verbindet. Amerikaner und Geschäftsleute sollen sich in diesen überbordenden Räumen und den prächtigen Konferenzsälen wohlfühlen. Es gibt zwei Restaurants, Terrassen und Bars.

Auch hotelfremden Gästen sei ein Drink in der Skyline Bar empfohlen, ein Bad im Dachterassenpool und die wunderbaren Aussichten über Stadt und Lagune.

✚ 197 bei F1 ✉ Giudecca 810 ☎ 041/272 3311; www.hilton.com/venice ⛴ Palanca; das Hotel bietet private Bootsshuttle zum San Marco

Ai Tolentini €–€€

Suchen Sie ein schlichtes, preiswertes Hotel? Dann sind Sie im Tolentini richtig, das sich unweit vom Piazzale Roma befindet. Die makellos sauberen Räume sind zwar klein, die Betten dafür aber komfortabel und die Bäder ausreichend. Aus einigen Zimmern schaut man auf den Kanal. Frühstück wird nicht serviert, es finden sich aber genug Bars in der Nachbarschaft.

✚ 197 D5 ✉ Santa Croce 197, Calle Amai ☎ 041/275 9140; www.albergoaitolentini.it ⛴ Piazzale Roma

Al Ponte Mocenigo €€

Was Unterkünfte betrifft, ist Santa Croce ein friedliches Viertel: abseits des Touristenrummels und jeden Cent wert. Über die Privatbrücke des Mocenigo gelangen Sie in einen idyllischen Hof, eine schattig-grüne Oase im Sommer. Hier kann gefrühstückt oder abends etwas getrunken werden. Im Inneren finden Sie sich im Venedig des 18. Jahrhunderts, Zimmer mit hohen Decken, Terrazzoböden, bemalten Schränken und Murano-Leuchtern.

✚ 188 A4 ✉ Santa Croce 2063, Calle Mocenigo ☎ 041/520 5555; www.alpontemocenigo.com ⛴ San Stae

Essen und Trinken

Venedig bietet alles – vom Imbiss am Tresen einer Bar bis hin zu eleganten Nobelrestaurants. Zu den Spezialitäten gehören natürlich frischer Fisch und Meeresfrüchte aus der Lagune, aber auch Gemüse und typische Beilagen wie Polenta und Reis, die nach alter Tradition zubereitet werden. Selbst tiefgefrorenes Fastfood findet man hier – wie überall.

■ Typisch venezianische Atmosphäre erleben Sie in einem *bàcaro* (➤ 40).

■ Einige Restaurants bieten Einheimischen preisgünstigere Speisen als Touristen. Um dagegen anzugehen, haben sich 14 bekannte venezianische Lokale zur Gruppe der **Ristoranti della Buona Accoglienza**

(Gastfreundliche Restaurants) zusammengeschlossen, die jedermann gutes, frisches Essen zu angemessenen Preisen servieren. Sie wurden in diesem Buch hervorgehoben.

Essenszeiten und Menüs

■ Zwischen 12.30 und 14.30 Uhr servieren venezianische Restaurants Mittagessen, danach sind nur noch wenige Küchen geöffnet. Abendessen gibt es zwischen 19.30 und 21.30 Uhr. Tourismusbedingt bleiben manche Küchen mittlerweile länger geöffnet, meist treffen die Zeiten aber noch zu.

■ **Am Nachmittag** bekommen Sie höchstens in einer Bar ein einfaches Essen.

■ Die Italiener bestellen in der Regel **drei bis vier Gänge**: *antipasto* (*Vorspeise*), *primo* (Reis, Pasta oder Suppe), *secondo* (Fleisch oder Fisch) mit contorno (Beilage wie z. B. Gemüse) und *dolce* (Dessert). Bei Touristen akzeptiert der Kellner auch einen oder zwei Gänge.

■ Einige Restaurants bieten ein **menù degustazione**, **Probiermenü** an. In guten Restaurants können Sie auf diese Weise Spezialitäten eines jeden Gangs zu einem festgelegten Preis kostene.

Venezianische Spezialitäten

■ Seit dem 17. Jahrhundert kommt im Veneto Polenta auf den Tisch, ein grobkörniger, gelber oder weißer Maisbrei, der heiß und cremig oder gegrillt in Scheiben Gemüse, Fisch und Fleisch ergänzt.

■ **Der Veneto ist auch berühmt für seine *risotti*** mit Meeresfrüchten oder Gemüse. **risi e bisi**, ein typisch venezianisches Frühjahrsgericht, besteht aus frischen Erbsen und Reis.

■ Kosten Sie traditionelle Pastagerichte wie **pasta e fagioli**, eine kräftige Bauernsuppe mit Nudeln und getrockneten Bohnen, oder **bigoli in salsa**, hausgemachte Spaghetti in Anchovis- oder Sardinensauce!

■ Auf den Laguneninseln gedeiht **köstliches Gemüse**, darunter kleine bittere (*castraure*) oder große Artischocken, von denen nur das Herz serviert wird. Auch *zucca* (Kürbis) und *radicchio* kommen oft auf den Tisch.

■ Die Lagune, die Adria und das Tyrrhenische Meer bringen eine breite Auswahl an **Meeresfrüchten** hervor.

■ **Lokale Fische und Meeresfrüchte sind** *schie* (fingernagelgroße Garnelen), *sarde* (frische Sardinen, nicht die Kameraden aus der Büchse!), *gamberi* (größere Garnelen), *canocie* (Heuschreckenkrebse), *seppie* (Tintenfische), *calamaretti* (Kalmare), *capesante* oder *canestrelli* (Jakobs- oder Kamm-muscheln), *granseola* (Seespinne), am besten gekocht und mit Olivenöl beträufelt in ihrer Schale serviert; außerdem *moleche* oder *moeche* (Weich-schalenkrebse, wenige Wochen im Jahr); *caparozzoli* (Venusmuscheln), *capelonghe* (Schwertmuscheln), *peoci* (Miesmuscheln), *polipo* (Oktopus), *tonno* (Thunfisch), *san pietro* (Petersfisch), *gò* (Meergrundel); *branzino* (Seebarsch) und *sfogi* (Miniseezungen).

■ **Aus dem Norden stammt der beliebte *baccalà*** (**Kabeljau**, im Veneto steht der Name für Stockfisch), gern als *baccalà mantecato* (Sahnekabeljau) gegessen.

■ Typisch für die venezianische Küche sind ferner Gewürze, die einst die Kaufleute mitbrachten. So entstand eine **reiche Palette unverwechselbarer Gerichte** vom schlichten Eintopf bis zum exotischen Gourmetmenü.

Getränke – *ombra*, *spritz* und Wein

■ Unter einer **ombra** versteht der Venezianer ein einfaches Glas Wein (meist Landwein), wie es vor allem die *bàcari* servieren.

■ Der **spritz** ist ein beliebter Aperitif. Er besteht aus Wein, Mineralwasser und einem Schuss Likör (meist Aperol).

■ Wenn Sie die **besten Weine der Region** probieren möchten, sollten Sie Weine aus dem Veneto und Friuli-Venezia Giulia wählen. Dazu gehören Bardolino,

Bianco di Custoza, Breganze, Pinot Grigio, Prosecco di Conegliano-Valdobbiadene, Recioto, Ribolla Gialla, Soave, Tocai und Valpolicella.

Restauranttypen

Viele Urlauber sind verwirrt angesichts der vielen italienischen Restauranttypen. In Venedig gibt es neben den üblichen Lokalen auch noch den *bàcaro*.

Bàcari
- **Der *bàcaro* ist typisch für Venedig**: In diesen kleinen Bars bekommen Sie offene Weine (*un'ombra*) – meist *sfuso*, vom Fass – und dazu eine Auswahl an tapasartigen Häppchen (*cicheti*).
- **Die Italiener essen immer etwas zum Wein**. Der Trend in den *bàcari* geht hin zu qualitativ hochwertigeren Weinen aus Italien und dem Ausland.

Bars
- Bars bieten **Kaffee, Getränke und Snacks**, manche auch kleine Mahlzeiten.
- Hier bekommen Sie den **besten Kaffee**: vom einfachen *caffè* oder *espresso* über *caffè macchiato* (Espresso mit einem Schuss kalter oder heißer Milch), *caffè corretto* (Espresso mit einem Schluck Grappa oder Weinbrand), *caffè lungo* oder *americano* (Espresso mit heißem Wasser »verdünnt«) und natürlich Cappuccino (Espresso mit heißer, aufgeschäumter Milch).

Enoteche
- Eine *enoteca* ist eine Weinstube, **in vielen wird auch Essen angeboten**.
- Einige *enoteche* **verkaufen Flaschenweine zum Mitnehmen**.

Gelaterie
- Typische **Milcheissorten** sind *cioccolato* (Schokolade), *caffè* (Mokka), *nocciola* (Haselnuss), *gianduia* (Schokolade mit Haselnuss) und *crema* (Sahne) – und viele weitere Sorten.
- **Le frutte** ist **Fruchteis** aus Früchten der Saison. Manche Sorten enthalten Milchanteile – Naschkatzen mit Laktoseintoleranz sollten nachfragen.
- Die besten *gelaterie* führen den Zusatz **artigianale** und bieten Eis aus eigener Herstellung. In der Regel enthält es keine oder wenige chemische Zusätze.

Osterie
- Früher boten diese ältesten Trinklokale nur Wein, Bier und Spirituosen.
- Heute gibt es auch **einfache Hausmannskost**, meist an rustikalen Holztischen mit Platzdeckchen des liefernden Metzgers.

Ristoranti
- In beliebten Restaurants sollten Sie **rechtzeitig vorbestellen**! Viele Gaststuben und Küchen venezianischer Lokale sind außerdem sehr klein.
- Die Italiener **ziehen sich immer gut an**, erst recht, wenn sie schick essen gehen. Männer sollten beim Packen an Jackett und Krawatte denken!

Trattorie
- Die Trattoria ist der typisch italienische **Familienbetrieb**.
- Hier erhalten Sie **einheimische Gerichte**, meist in großen Portionen.

Preise
Pro Person und Mahlzeit (ohne Getränke) zahlen Sie etwa:
€ unter 30 Euro   €€ 30–50 Euro   €€€ über 50 Euro

Einkaufen

Einkaufen gehört in Venedig neben Sightseeing zu den beliebtesten Beschäftigungen der Touristen. An jeder Ecke warten Verkäufer auf Kunden, und viele versuchen natürlich, kitschige Souvenirs zu gepfefferten Preisen an den Mann zu bringen. Daneben gibt es aber auch echtes Kunsthandwerk und typisch venezianische oder italienische Geschenkartikel.

Typische Souvenirs

- **Karnevalsmasken:** Viele Pappmascheemasken werden noch von Hand bemalt.
- **Papierwaren:** Besonders schön sind Artikel mit farbenprächtigen, handbedruckten Papiereinbänden, von Notizbüchern bis zu Geschenkboxen.
- **Muranoglas:** Die Auswahl reicht von einfachen, preiswerten Glasperlen und Schmuck über Dekoläser in Museumsqualität bis hin zu zertifiziertem Antikglas. Die Produkte der Glasfabriken auf Murano sind in der Regel teuer. Informieren Sie sich vor dem Kauf über die Preise in anderen Läden!
- **Gondelaccessoires:** Strohhüte, Streifenhemden oder eine echte, handgefertigte Riemengabel sind im Angebot.
- **Haushaltswaren:** Espressokocher, Parmesanreiben aus Olivenholz, Nudelhölzer und italienische Tischtücher sind besonders beliebt.
- **Spezialitäten:** Als Mitbringsel eignen sich immer eine Flasche kalt gepresstes Olivenöl, ein Paket frisch geröstete Espressobohnen, ein Päckchen Kräuteroder Blumensamen, handgemachte Pasta, ein Stück vakuumverpackter Parmesankäse, ein Glas Honig oder eine Dose venezianischen Gebäcks.
- Halten Sie Ausschau nach den preiswerten, typisch venezianischen **Samtslippers** (*furlane*), der venezianischen Entsprechung für Espandrillos. Die rutschfesten Sohlen bestehen aus recycelten Fahrradreifen. Die farbenfrohen Modelle kosten etwa 23 bis 35 Euro und werden überall in Venedig verkauft, sogar auf der Rialto-Brücke.

Märkte

- In den Straßen rund um den Campo San Giacomo di Rialto und den Campo della Pescaria finden sich farbenprächtige und lebendige **Märkte für Fisch, Blumen, Obst und Gemüse**, (montags bis samstags von 7 bis 13 Uhr; Fischmarkt montags geschlossen). Nächstgelegene *Vaporetto*-Haltestelle: Rialto.
- Auf vielen venezianischen Plätzen, etwa auf dem Campo Santa Maria Formosa, dem Campo Santa Margherita und dem Campiello dell'Anconetta, sowie auf Booten, die am Ponte dei Pugni an der Fondamenta Gerardini und am Rio della Tana vertäut sind, finden weitere **Obst- und Gemüsemärkte** statt.

Lebensmitteleinkauf

- **Obst und Gemüse** werden nach Gewicht (*un chilo* = ein Kilo; *un etto* = 100g) oder zum Stückpreis (*il pezzo*) verkauft.

Haute Couture – Alta Moda

- Die meisten Läden der **bekannten italienischen Designerläden** befinden sich im Gebiet um die Piazza San Marco (Adressen ➤ 65).

Kaufhäuser

- Die **großen Kaufhäuser** befinden sich auf dem Festland rund um Mestre.
- **COIN** (Salizzada San Giovanni Crisostomo, nahe dem Campo San Bartolomeo) ist mit einer kleinen Filialen in Venedig vertreten.

Ausgehen

Venedig bietet kein rauschendes Nachtleben, doch besteht die Möglichkeit, ein Konzert zu besuchen oder den Abend nach dem Essen in einer Pianobar ausklingen zu lassen. Fast gratis können Sie Venedig erleben, wenn Sie durch die autofreien Straßen bummeln. Unvergesslich bleibt auch eine nächtliche Fahrt mit dem *vaporetto* über den Canal Grande oder zum Lido.

Informationen
- **Veranstaltungen** werden auf Plakaten oder in der Tagespresse **angekündigt**.
- Das Veranstaltungsmagazin *Venezia News* erhalten Sie an allen Kiosken. Auch die Beilagen der Zeitungen geben Auskunft über die *Spettacoli*.
- *Un Ospite di Venezia (Ein Gast in Venedig)*, die kostenlose Broschüre mit Veranstaltungshinweisen in Englisch und Italienisch, liegt in vielen Hotellobbys aus und kann online unter www.aguestinvenice.com eingesehen werden. *Events & Manifestazioni* von APT gibt es ebenfalls gratis.
- Das Internet bietet **viele Websites über Venedig** wie www.provincia.venezia. it/aptve; www.comune.venezia.it and www.turismovenezia.it.
- Karten können Sie bei folgenden Agenturen reservieren: **Intras City Service**, Santa Croce 13036, Tel. 041/275 0783; **Agenzia Kele & Teo**, San Marco 4930, Ponte dei Bareteri, Tel. 041/520 8722.

Veranstaltungen
- Die **Mostra Internazionale d'Arte Cinematografica**, das venezianische Filmfest, gehört zu den bedeutendsten Filmfestivals der Welt. Palazzo del Cinema (Lido), Tel. 041/526 0188. Infos am Palazzo Giustinian Lolin, San Vidal, San Marco 2893, 30124 Venedig, Tel. 041/521 8711; www. labiennale.org/en/cinema.
- In ungeraden Jahren findet zwischen Juni und November in den Giardini Pubblici die **Biennale Internazionale d'Arte** (www.labiennale.org) statt.
- In geraden Jahren wird stattdessen die **Biennale d'Architettura** veranstaltet (*vaporetto:* Giardini). Kontakt: siehe oben unter Filmfest.

Casinò Municipale
- **Das Kasino** im Palazzo Vendramin-Calergi (➤ 102) hat eine Dependance unweit des Flughafens (Via Pagliaga 222, Ca'Noghera, Mestre).

Theater und Konzerte
- Das 1996 fast komplett abgebrannte **Gran Teatro La Fenice** (1965 San Marco, Campo San Fantin, Tel. 041/786 511; www.teatrolafenice.it) öffnete 2004 wieder seine Pforten. Es ist der Hauptveranstaltungsort Venedigs und bietet Oper, Ballet und diverse Konzerte. Weitere Bühnen finden Sie in den **einzelnen Kapiteln**, eine nach Tagen geordnete Übersicht aller Kulturevents gibt es gratis in allen APT-Büros (*Events & Manifestazioni*).

Kinos
- Fast alle ausländischen Filme werden in italienischer Fassung gespielt.

Schwule und Lesben
Die Schwulenszene in Venedig ist eher klein; es gibt keine ausgewiesenen Schwulenbars, Restaurants oder Clubs. Informationen zu Veranstaltungen gibt's bei **Arcigay Dedalo** (Mestre, Via Andrea Costa 38/A, ex Scuola Silvio Pellico, 2. Stock, Zimmer 21, geöffnet Di 9–11 Uhr, E-Mail: venezia@ arcigay.it, www.arcigay.it/venezia).

San Marco und San Giorgio Maggiore

Erste Orientierung

San Marco, einst das politische Zentrum der Stadt, ist heute der Touristenmagnet Venedigs und deshalb der überlaufenste der sechs *sestieri* (Stadtbezirke). Die weiträumige Piazza San Marco, die Kuppeln und Mosaiken der Basilika und die hoch aufragende Silhouette des Campanile sind überall auf der Welt bekannt, und die meisten Venedigbesucher steuern den Platz zielstrebig an, um hier ihre Besichtigungstour zu beginnen. Manche Urlauber nehmen sich nur Zeit für die Hauptsehenswürdigkeiten und versäumen dabei die reizvollen Straßen, Brücken und Kanäle, Läden, Cafés und Restaurants hinter der Piazza, die das eigentliche Flair Venedigs ausmachen.

Touristengruppen versammeln sich stets auf der Piazza San Marco mit seinem Blick auf die Einfahrt des Canal Grande, der sich, von mächtigen *palazzi* gesäumt, westwärts am *sestiere* (Stadtteil) entlangzieht. Von der eigentlichen Piazza gelangt man zu Fuß nordwärts durch die kleinen *mercerie* (Einkaufsstraßen) zum Rialto oder in westlicher Richtung über die größeren Straßen und Brücken zur Accademia. Der Weg führt vorbei an einigen der eindrucksvollsten *campi* (Plätze) Venedigs, in deren Umfeld sich weitere Läden mit Antiquitäten, Glas, Porzellan und farbenprächtiger Keramik, handmarmoriertem Papier und natürlich eleganter Mode und Accessoires befinden. Wenn Sie dem Besucherstrom entkommen möchten, dann mieten Sie ein Boot, überqueren das viel befahrene Bacino di San Marco (Markusbecken) und genießen Sie Ruhe und architektonische Pracht der Insel San Giorgio Maggiore.

Seite 43: Basilica di San Marco; unten: Piazzetta San Marco

★ Nicht verpassen!

Nach Lust und Laune!

Blick über das Markusbecken am Morgen

An einem Tag

Sie wissen nicht genau, wo Sie Ihre Touren beginnen sollen? Nehmen Sie diesen Tourenführer und lassen sich durch San Marco und San Giorgio Maggiore geleiten, und zu ausgesuchten architektonischen Meisterwerken! Detailliertere Informationen finden Sie unter den jeweiligen Haupteinträgen.

9 Uhr

Kommen Sie zeitig zur ❶ **Piazza San Marco** (➤ 48f) um sie in ihrer ganzen Pracht zu erleben, bevor die Massen sie belagern. Genießen Sie von der Aussichtsplattform des **Campanile** (➤ 48f) den Blick über Stadt, Lagune und Inseln.

10 Uhr

Besichtigen Sie die ❷ **Basilica di San Marco** (oben; ➤ 50ff), eine der schönsten Kirchen Italiens im venezianisch-byzantinischen Stil. Steigen Sie zur Empore hinauf, denn von hier aus sehen Sie die berühmten Bronzepferde besonders gut.

11 Uhr

Schlendern Sie über die Piazzetta zum Ufer und zum Eingang des

3 **Palazzo Ducale** (Dogenpalast, ➤ 53ff), dem alten Machtzentrum der Stadt und Wohnsitz des Dogen.

13 Uhr

Wenn Sie nicht gerade die Traditionslokale Caffè Florian (➤ 59) oder Caffè Quadri (➤ 64), bevorzugen, sollten Sie zum Essen von der Piazza aus in Richtung Accademia gehen. In und um die Calle Larga XXII Marzo gibt es eine gute Auswahl an Lokalen. Testen Sie das Vino Vino (San Marco 2007a, Calle del Cafetier, Tel. 041/241 76 68), eine der schönsten Weinstuben Venedigs, die auch Snacks serviert.

14.30 Uhr

Laufen Sie gen Osten zurück und überqueren Sie mit dem *vaporetto* das Bacino di San Marco zur Insel **4** **San Giorgio Maggiore** (➤ 57f) mit der gleichnamigen, von Palladio errichteten schlichten Kirche, das perfekte Gegenstück zur architektonisch blendender Extravaganz vom Morgen.

16 Uhr

Kehren Sie nach San Marco zurück, und spazieren Sie an der **8** **Torre dell'Orologio** (unten, links; ➤ 60) vorbei zu den Läden der **9** **Mercerie** (➤ 60f). Wenn Sie eine der kleinen Straßen einschlagen, die nach Westen zum Campo Manin abbiegen, entkommen Sie den Touristenscharen. Wandern Sie von dort aus gemütlich zum **10** **Campo Santo Stefano** (unten; ➤ 61), vorbei an Antiquitätenläden, Boutiquen und Geschäften mit feinen Papierwaren.

18 Uhr

Auf dem Campo Santo Stefano, einem der schönsten Plätze der Stadt, sollten Sie sich Zeit für einen Aperitif nehmen oder bei Paolin ein Eis essen und dabei das Treiben auf der Piazza beobachten.

20 Uhr

Rund um den San Marco können Sie überall gut essen. Danach sollten Sie jedoch unbedingt auf die Piazza zurückkehren, die an lauen Sommerabenden Napoleons Beschreibung vom »elegantesten Salon Europas« überaus gerecht wird. An Winterabenden strahlt der dann leere und stille Platz eine ganz andere Atmosphäre aus.

❶ Piazza San Marco und Campanile

An der Piazza San Marco schlägt das Herz Venedigs. Architektonische Meisterwerke säumen den weltberühmten Platz, den jeder Venedigreisende aufsucht. Einheimische bahnen sich mühsam ihren Weg durch schnatternde Touristenscharen. Lassen auch Sie sich vom Charme der Piazza mit ihren berühmten Bauten aus unterschiedlichen Epochen verzaubern!

Am Ostrand der Piazza erhebt sich der prachtvolle Bau der **Basilica di San Marco** (➤ 50ff), an den nach Süden der **Palazzo Ducale** (➤ 53ff) angrenzt. Auf der anderen Seite liegt die Piazzetta dei Leoncini, ein kleiner Platz, der von der **Torre dell'Orologio** (➤ 60) beherrscht wird. Der Platz hat seinen Namen von den beiden dort stehenden Marmorlöwen, die besonders bei Kindern sehr beliebt sind. Arkadenverzierte Gebäude säumen den Platz. Den nördlichen Teil bilden die **Procuratie Vecchie**, gegenüber stehen die **Procuratie Nuove**. Erstere beherbergten ab dem 16. Jahrhundert die Prokuratoren San Marcos, die höchsten Verwaltungsbeamten der Republik. Ein Jahrhundert später entstanden die Neuen Prokuratien, deren Architektur sich am Stil der benachbarten Biblioteca Marciana an der **Piazzetta San Marco** (➤ 60) orientiert. Nach der Auflösung der Republik

Blick vom Campanile hinunter auf die Piazza San Marco

im Jahre 1797 dienten sie als kaiserliche Residenz. Dann ließ Napoleon einen weiteren Arkadenbau errichten, die Ala Napoleonica, um sie mit den Alten Prokuratien zu verbinden. Heute ist dort das **Museo Correr** (➤ 59) untergebracht. Auf drei Seiten kann man unter den Arkaden um den Platz schlendern, die schicke Läden und teure historische Cafés bergen.

Der **Campanile (Glockenturm)**, Venedigs bekanntestes Wahrzeichen, steht der Basilika genau gegenüber. Bereits im 9. Jahrhundert gab es hier einen Glockenturm, der Entwurf für die heutige Form mit Turmspitze und vergoldetem Engel stammt aus dem Jahre 1514. Im Juli des Jahres 1902 fiel der gesamte Turm plötzlich in sich zusammen. Zum Glück wurde außer Sansovinos Loggetta kein Gebäude beschädigt, als einziges Opfer war die Katze des Küsters zu beklagen. Man baute den Turm wieder auf und setzte die Loggetta wieder zusammen. Ein Aufzug fährt zur Plattform hinauf, die einen herrlichen Blick über die Stadt und die Lagune bis hin zu den Alpen freigibt.

Ein Besuch der Piazza lohnt sich besonders am Abend

KLEINE PAUSE

Legen Sie eine Pause in einem der schönsten Cafés am Platz ein – im **Florian** (➤ 59), im **Lavena** oder im **Quadri** (➤ 64).

✚ 199 F3 ✉ Piazza San Marco ☎ Campanile 041/522 40 64 🕐 Nov.–März tgl. 9.30–15.45 Uhr; April–Juni, Okt. 9–19 Uhr; Juli–Sept. 9–21 Uhr; 3 Wochen nach Weihnachten geschlossen 🚢 1, 82, San Marco ✋ Campanile: teuer

PIAZZA SAN MARCO & CAMPANILE: INSIDER-INFO

Top-Tipps: Besuchen Sie die Piazza morgens vor 9 Uhr vor **Ankunft der Tagestouristen**.

■ Fahren Sie an einem **klaren Tag** zur Aussichtsplattform des Campanile hinauf. Hitze und Nebel beeinträchtigen die Sicht.

■ Besorgen Sie sich in der **Touristeninformation** unter den Arkaden am Südwesteck der Piazza (Piazza San Marco 71f, Tel. 041/529 87 40, geöffnet Mo–Sa 9.30 bis 15.45 Uhr) einen Stadtplan und Veranstaltungsinfos

■ IIn den Cafés Florian, Lavena und Quadri zahlen Sie einen **Aufschlag**, wenn das Orchester spielt.

Geheimtipp: Besichtigen Sie die **meteorologischen Instrumente** an der Nordwand des Campanile. Zu sehen sind ein Chronometer, ein Thermometer und ein Messgerät zur Bestimmung der Gezeiten und des Pegelstands.

2 Basilica di San Marco

Die Markuskirche ist schummrig, überfüllt und erdrückend. Gleichwohl gehört das geistliche Zentrum Venedigs zu den schönsten mittelalterlichen Bauten der Welt. Errichtet wurde die Kirche für die Reliquie des hl. Markus, des Schutzpatrons der Stadt. Die heutige Basilika, die dritte an diesem Ort, entstand zwischen 1063 und 1094.

Fünf von Säulen gestützte Bögen bilden den Eingang zum **Atrium**, in dem Mosaiken aus dem 13. Jahrhundert Szenen aus dem Alten Testament zeigen. Der düstere **Innenraum** hat die Form eines griechischen Kreuzes; über jedem der fünf Teile wölbt sich eine Kuppel (11. Jahrhundert). Die Mosaiken in den Kuppeln und an den Wänden bedecken eine Fläche von insgesamt 4000 Quadratmetern, die im Laufe von fast 600 Jahren entstanden. Viele finden die ältesten venezianisch-byzantinischen Mosaiken am schönsten. Zu ihnen gehören die mit Engeln verzierte Pfingstkuppel, die Hauptkuppel mit der *Himmelfahrt* und Szenen aus dem *Leidensweg Christi* im westlichen Gewölbe. Der mächtige *Christus Pantokrator*, über der Apsis entstand im 16. Jahrhundert als Kopie des byzantinischen Originals. Spätere Mosaikarbeiten in der Tauf- und den Seitenkapellen entstanden nach Bildern von Tintoretto, Tizian und anderen Künstlern.

VENEDIG UND DER HEILIGE MARKUS

Das erstarkende Venedig wünschte sich einen bekannteren Schutzpatron als den hl. Theodor, der außerhalb der Stadt kaum bekannt war. Der Heilige wurde traditionell mit einem Krokodil dargestellt, was auch am Fuß einer Säule mit dem Heiligen auf der Piazzetta zu sehen ist. Im Jahre 829 stahlen zwei Venezianer die Gebeine des hl. Markus aus dessen Grab in Alexandria, verbargen sie unter einem Berg gepökeltem Schweinefleisch vor ihren muslimischen Verfolgern und brachten sie in ihre Heimatstadt. Um den Anspruch auf den Heiligen zu bekräftigen, erfand man die Geschichte eines Schiffbruchs und errichtete die Basilika als letzte Ruhestätte. Das Symbol des Evangelisten, der Löwe, wurde zum Wahrzeichen Venedigs; er findet sich überall in der Stadt und deren früherem Einflussbereich.

Links: Die prachtvolle Fassade von San Marco

Unten: Das einfallende Licht verleiht den Mosaiken erst den rechten Glanz

Der **Hochaltar** im byzantinischen Stil steht hinter der Ikonostasis, einer fein gearbeiteten Marmorschranke. Unter dem Hauptaltar befindet sich der Sarkophag mit den Gebeinen des hl. Markus, dahinter erhebt sich die **Pala d'Oro**, eine reich mit Gold, Edelsteinen und Email verzierte Altartafel aus Konstantinopel (976). Links davon gelangt man in die Kapelle der **Madonna Nicopeia** mit der gleichnamigen, hochverehrten byzantinischen Ikone aus dem 10. Jahrhundert. Im **Tesoro**, der Schatzkammer, kann man weitere byzantinische Beutestücke bewundern.

Den besten Überblick bietet die Empore, zu der man über eine steile Treppe vom Atrium aus gelangt. Betrachten Sie die Mosaiken aus der Nähe, von der Loggia aus die Piazza und natürlich das Replikat der berühmten Bronzepferde, die zusammen mit den Löwen zu den Wappentieren Venedigs gehören! Die Originale stehen heute im Kircheninnern.

Sie entstanden vermutlich im 2. Jh. in Rom und haben als einzige antike Quadriga die Zeiten überdauert. 1204 raubten die Venezianer sie aus Konstantinopel, zu Zeiten Napoleons standen sie einige Zeit in Paris auf dem Arc de Triomphe, ehe sie nach Venedig zurückgebracht wurden.

San Marco richtig kennenlernen

Die Schlangen vor dem Eingang und die Menschenmassen im Innern schrecken viele Besucher ab, zumal man im Sommer nach gut einstündiger Wartezeit innerhalb von zehn Minuten durch die Basilika geschleust wird. Lernen Sie daher die Stadt ein wenig kennen, ehe Sie die Kirche in Angriff nehmen! Besuchen Sie sie mehrfach, zu verschiedenen Tageszeiten! Oder kommen Sie zur Messe, wenn sie ihrem eigentlichen Zweck dient!

KLEINE PAUSE

Ganz gleich, welches Café an der Piazza oder der Piazzetta Sie wählen, gute Aussicht und hohe Preise sind garantiert.

✚ 199 F4 ✉ Piazza San Marco ☎ Basilica, Pala d'Oro, Tesoro und Loggia: 041/522 52 05 ⏱ Mo–Sa 9.30–17, So 14–17 Uhr 🚢 1, 82, San Marco ✋ Tesoro, Pala d'Oro und Loggia: preiswert

Die fünf Kuppeln der Basilica di San Marco

BASILICA DI SAN MARCO: INSIDER-INFO

Top-Tipps: Die Seitenpforte an der Piazzetta dei Leoncini wird für Gläubige, die beten möchten, **eher geöffnet** als der Haupteingang.

■ Gehen Sie im Sommer **sofort die Stufen zur Loggia** hinauf, der vorgegebene Weg für Besucher führt kein zweites Mal daran vorbei.

■ **Lassen Sie Ihren Augen Zeit**, sich an das Dämmerlicht zu gewöhnen.

■ Sie besichtigen eine Kirche. **Tragen Sie keine kurzen Hosen und Röcke oder ärmellose Tops!**

Nicht verpassen! Die **wunderbar gemusterten Fußböden** aus Marmor, Porphyr und Glasmosaiksteinen.

❸ Palazzo Ducale (Dogenpalast)

Im mittelalterlichen Europa erregte der Dogenpalast unerhörtes Aufsehen. Der imposante Komplex mit Höfen und Korridoren, Ratssälen und Geheimzimmern diente als Residenz des Dogen und als heimliche Schaltzentrale der venezianischen Macht. Noch heute zieht die reiche Ausstattung dieses prächtigen Gebäudes mit Gemälden, blanken Marmorböden und vergoldeten Holzpaneelen jeden Besucher unweigerlich in ihren Bann.

Die Seufzer-
brücke

Während die meisten italienischen Renaissancebauten mit ihren Türmen und dicken Mauern eher Festungen gleichen, wirkt der Dogenpalast **von außen** leicht und luftig. Die dem Wasser zugewandte Fassade entstand im 14., die zur Piazzetta gerichtete im 15. Jahrhundert. Beide umfassen eine Reihe schöner gotischer Säulen aus istrischem Stein, die das Dach der Arkaden im Erdgeschoss stützen. Direkt darüber befindet sich eine geschlossene Loggia mit reich verzierten Säulen. Der größte Teil des Palasts besteht aus rosafarbenem Marmor aus Verona, in den gotische Fenster gesetzt wurden. In den Jahren 1574 und 1577 richteten Feuersbrünste schwere Schäden an, doch wurde das **Innere** stets ähnlich dem Originalzustand restauriert, so dass der Palast heute durchaus noch so wirkt wie im 16. Jahrhundert. Der Haupteingang, die **Porta della Carta** aus dem 15. Jahrhundert, liegt rechts von der Basilika. Durch sie gelangen Sie gegenüber der **Scala dei Giganti (Treppe der Riesen)** in den Hof. Auf dieser von Antonio Rizzo zwischen 1484 und 1501 erbauten Treppe fand die Krönungszeremonie der Dogen statt. Über die Treppe gelangt man in die **Loggia** im ersten Stock, die rings um den Hof verläuft. Die Besucherroute führt über die reich verzierte **Scala d'Oro (Goldene Treppe)** von Jacopo Sansovino (➤ 23) zu den **Dogengemächern** im ersten Stock.

Der Doge wurde – wenn auch meist in hohem Alter – auf Lebenszeit gewählt und bezog dann die prachtvollen und dennoch gemütlichen Räume, in denen er auch wichtige Ratsmitglieder und ausländische Botschafter empfing. Am interessantesten ist die **Sala dello Scudo**, in der Karten aus dem 16. Jahrhundert die zu jener Zeit bekannte Welt zeigen.

Blick vom Wasser auf die Riva degli Schiavoni, den Dogenpalast und den Campanile

WUSSTEN SIE DAS?

Pro Jahr besuchen rund 13 bis 14 Millionen Menschen Venedig. Über 80 Prozent der Besucher verbringen weniger als acht Stunden in der Stadt und geben in dieser Zeit weniger als 15 Euro aus. Über 90 Prozent besichtigen ausschließlich die Piazza San Marco. Es verwundert also kaum, dass der Stadtrat die Zahl der Tagesgäste beschränken möchte.

In diesen Sälen werden häufig sehenswerte Ausstellungen gezeigt.

Im zweiten Stock folgen mehrere phantastisch verzierte Hallen, eine üppiger ausgestattet als die andere. Hier hängen Gemälde nahezu aller bedeutender Künstler, die im 16. Jahrhundert in Venedig wirkten. Die **Sala delle Quattro Porte**, der **Anticollegio** und der **Collegio** dienten zu verschiedenen Zeiten als Warteraum für Botschafter sowie als Sitzungssäle des Collegio,

der die inneren Angelegenheiten des Staates regelte. Veronese und Tintoretto hinterließen hier ihre Spuren und schufen Gemälde, die Venedig verherrlichten. Die Decke der **Sala del Senato** etwa, in der rund 300 Senatoren hitzig über die Geschicke der Republik debattierten, bemalte Tintoretto (➤ 22) besänftigend mit dem *Triumph der Venezia*.

Der Weg führt weiter zur **Armeria**, der herrlichen Sammlung von Schwertern, Rüstungen und Kriegsmaschinen, und zurück zur **Sala del Maggior Consiglio**, dem größten Raum des Palastes. An der Decke feiern allegorische Figuren den Ruhm Venedigs, die Ostwand des Saals gestaltete wiederum Tintoretto, der mit seinem *Paradies* eines der größten Gemälde der Welt schuf. In diesem Saal tagte der Große Rat der Republik, dem im 16. Jahrhundert über 2000 Mitglieder angehörten. An den Wänden sind 76 Dogen Venedigs porträtiert. Das geschwärzte Bild zeigte einst Marin Falier, der 1355 wegen Hochverrats hingerichtet wurde. An einer der Wände befindet sich ein Balkon, von dem aus man über das San Marco Becken blickt.

In der **Sala della Quarantia Criminal** fanden Gerichtsverhandlungen statt. In einem kleinen Raum hängen einige flämische Gemälde, darunter die surreal wirkende *Hölle* von Hieronymous Bosch (1450–1516). Nach dem Gerichtsurteil wurden die Verurteilten je nach Schwere ihrer Verbrechen sofort in die **Piombi** oder **Pozzi** geworfen. Seit dem 17. Jh. führte ein direkter Weg über die **Ponte dei Sospiri (Seufzerbrücke)** in die **Prigioni Nuove (Neuen Gefängnisse)**. Ihren Namen erhielt die Brücke aber erst während der Romantik, im 19. Jh., als man sich das Leid der Menschen auf dem Weg zum Kerker ausmalte. Die berühmten Bleikammern **Piombi** waren weit weniger schrecklich, als man lange Zeit annahm. Schwerverbrecher warf man denn auch in die Pozzi, die modrigen Kerker im Keller des Palasts. Der Rundgang führt zurück über die Seufzerbrücke und endet in der **Avogaria**, den Räumen der Beamten des Gerichtshofes.

KLEINE PAUSE

Im unteren Stockwerk des Palasts befindet sich ein hübsches **Café**, der ideale Ort für einen Snack.

✚ 200 A3   ✉ Piazzetta San Marco   ☎ 041/271 59 11   🕐 April–Okt. tgl. 9–19 Uhr; Nov.–März 9–17 Uhr; letzter Einlass 60 Minuten vor Schließung 🚢 1, 82, San Marco   ✋ teuer

PALAZZO DUCALE: INSIDER-INFO

Zugang: Haupteingang für Besucher ist die **Porta del Frumento**, an der Wasserseite des Palasts.
- Die **Eintrittskarte** für den Palast gilt auch für das Museo Correr (► 59), den Palazzo Mocenigo (► 116f), das Museo dell'Arte Vetraria auf Murano (► 144f) und die Scuola dei Merletti auf Burano (► 147).
- Während der Hochsaison sollten Sie den Palazzo **gleich morgens nach der Öffnung** – vor Ankunft der Reisegruppen – besichtigen.

Top-Tipps: Es lohnt sich, an der Kasse eine **Audio-Führung** auszuleihen, die wichtige Einzelheiten zu den Räumen erläutert und an der Kasse zu buchen ist.
- Überall im Gebäude hängen mehrsprachige Informationstafeln. Nehmen Sie sich Zeit, sie zu lesen.
- Im Sommer ist es im Palast heiß und stickig, im Winter feucht und kalt. Wählen Sie Ihre Kleidung entsprechend und ziehen Sie **bequeme Schuhe** an.
- Stellen Sie sich darauf ein, dass Teile des Palasts verhüllt sind. An diesem alten Gebäude finden fast immer irgendwo **Restaurierungsarbeiten** statt.
- Der **Buchladen** im Palast verkauft ausgezeichnete Reiseführer, Postkarten, Poster und hochwertige Souvenirs.

Geheimtipp: Im Rahmen einer 75-minütigen **Führung durch Geheimgänge** (*itinerari segreti*) erkunden die Besucher verborgene Kammern des Palasts und erfahren allerlei Wissenswertes über den geheimen Machtapparat des Staates. Melden Sie sich bei Interesse rechtzeitig (möglichst zwei Tage im Voraus) an der Kasse an oder buchen Sie direkt beim Ticketservice (Tel. 041/520 9070).

4 San Giorgio Maggiore

Dem Dogenpalast gegenüber steht auf der anderen Seite des Markusbeckens die mächtige Kirche San Giorgio Maggiore, ein Meisterwerk von Andrea Palladio. Die perfekt proportionierte Fassade, hinter der sich ein schlanker Glockenturm erhebt, gehört zu den beliebtesten Fotomotiven Venedigs.

Der Canal Grande von San Giorgio Maggiore aus gesehen

Mit San Giorgio entwarf Palladio 1565 erstmals eine gesamte Kirche und schuf zugleich einen deutlichen Kontrast zur in Venedig vorherrschenden byzantinischen und gotischen Architektur. Auf geniale Weise löste er das schwierigste Problem, das die Bauherren der Renaissance im Zusammenhang mit Kirchen beschäftigte: wie man einem Gebäudetyp, den es zur Zeit der Antike noch nicht gegeben hatte, klassische Formen verleihen könne. Palladio vereinte für die **Fassade** zwei Tempelfronten und baute ein **Hauptschiff** mit mächtigen Säulen, die sich über die korinthischen Pfeiler der niedrigeren Seitenschiffe erheben. Im Innern gelten die gleichen Formgesetze. Die Venezianer verwendeten als Erste weißen Stuck zur Ausschmückung ihrer Kirchen, ein Element, das die Architektur von San Giorgio Maggiore perfekt ergänzt. Die meisten Gemälde stammen aus der Werkstatt Tintorettos, eine Ausnahme bildet Jacopo Bassanos *Anbetung der Hirten* über dem ersten Altar auf der rechten Seite. Zwei bedeutende Arbeiten Tintorettos – Das *Letzte Abendmahl* und das *Mannawunder* – flankieren den Hauptaltar und betonen die Eucharistiefeier. Tintorettos letztes Gemälde, die *Kreuzabnahme*, hängt in der **Cappella dei Morti** hinter dem Altarraum. Angeblich porträtierte sich der Künstler mit dem Bild des bärtigen Christus selbst.

982 stiftete der Doge dem Benediktinerorden auf der Insel San Giorgio ein Kloster. Die Mönche erwarben Grundbesitz und kamen zu Reichtum und Ansehen. 1433 floh Cosimo de'

Die Kreuzgänge gehören zum ehemaligen Kloster

Medici (1389–1464) aus Florenz hierher und ließ während seines Exils eine Bibliothek einrichten, die der Barockarchitekt Baldassare Longhena 1641 durch einen eleganten Neubau ersetzte. Ende des 18. Jahrhunderts konfiszierten die Franzosen den Klosterbesitz; 1806 wurde der Orden aufgelöst, im 19. Jahrhundert nutzten österreichische Besatzer die Anlage. 1951 erwarb der italienische Industrielle Vittorio Cini das Kloster und ließ es restaurieren. Zum Gedenken an seinen 1949 bei einem Flugzeugabsturz ums Leben gekommenen Sohn richtete er dort die Fondazione Giorgio Cini ein. Zwei wunderbare Kreuzgänge – einen davon entwarf Palladio selbst – bilden das Zentrum, zu dem ein **Dormitorium**, 128m lang, Longhenas **doppellläufige Treppe** und seine Bibliothek sowie das ebenfalls von Palladio stammende **Refektorium** gehören. Die Stiftung befasst sich mit Kunst und Musik und unterhält ein Handwerksatelier. Vom Campanile bietet sich ein herrlicher Blick auf Kloster, Stadt und Lagune.

200 B1 Isola di San Giorgio Maggiore 041/522 7827 April-Sept. tgl. 9.30–12.30, 14.30–18.30; Okt.–März 9.30–12.30, 14.30–16.30 Uhr 82, San Giorgio preiswert

SAN GIORGIO MAGGIORE: INSIDER-INFO

Top-Tipps: Werfen Sie einen Blick auf die **Abfahrtszeiten der *vaporetti***, damit Sie nicht länger auf der Insel festsitzen als geplant.

- Im Teatro Verde auf der Insel finden wunderbare Sommerkonzerte statt. Erkundigen Sie sich bei der Touristeninformation von San Marco nach Terminen.
- Wenn Sie sich für Architektur begeistern, können Sie nach Vereinbarung die Räumlichkeiten der Fondazione Giorgio Cini in den Klostergebäuden besichtigen (geöffnet Sa, So 10–19, Führungen stündlich, Tel: 041/524 0119, teuer).

Geheimtipp: Schauen Sie sich das bereits beim Bau der Kirche um 1590 entstandene **Chorgestühl** genau an, es ist mit wunderschönen Holzschnitzereien und Szenen aus dem Leben des heiligen Benedikt verziert.

Nach Lust und Laune!

5 Museo Correr

Nach etlichen Jahren zäher Verhandlungen wurden die Türen geöffnet, die das Museo Correr vom Museo Archeologico (dem Archäologischen Museum) und der Biblioteca Marciana (Markusbibliothek) trennten. Heute können Besucher den gesamten Komplex besichtigen, der die oberen Stockwerke der Procuratie Nuove und des Bibliotheksgebäudes von Sansovino umfasst (➤ 60). Den Grundstock bildet Teodoro Corrers Sammlung aus dem 18. Jahrhundert. Sie dokumentiert die Stadtgeschichte Venedigs im 16. und 17. Jahrhundert. Zum Bestand gehören jedoch auch eine Gemäldegalerie im oberen Stock, ein Saal mit Skulpturen von Antonio Canova (1757–1822) und mehrere prachtvolle Räume mit Blick auf die Piazza. Die Ausstellung informiert über die Wahl des Dogen und die Arbeit der venezianischen Werft

(➤ 78f), präsentiert Bronzestatuetten, Münzen, Globen und Kleidungsstücke. Im Obergeschoss illustriert die Quadreria (Gemäldegalerie) die Entwicklung der venezianischen Malerei. Am bekanntesten ist *Zwei venezianische Damen* von Vittorio Carpaccio (1460–1525), das lange Zeit *Die Kurtisanen* hieß, obgleich

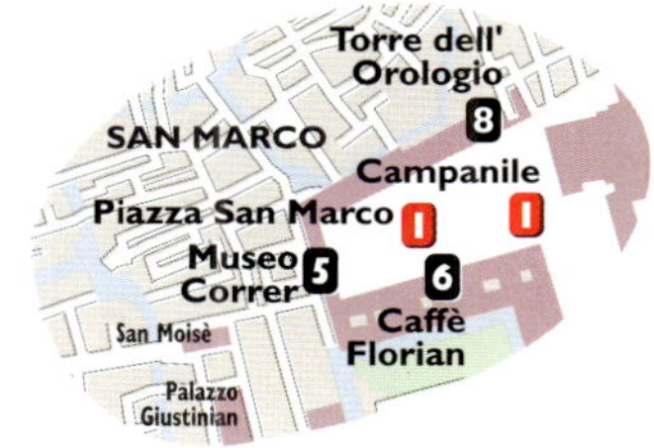

es sich um zwei Ehefrauen handelt, die ihre Gatten erwarten.

Es folgen die griechische und die römische Abteilung des Archäologischen Museums und die eindrucksvollen Räume der **Biblioteca Marciana**. Eine wunderschöne Decke mit allegorischen manieristischen Gemälden wölbt sich über alten Handschriften und Büchern.

Der Weg führt zurück ins Museo Correr, das im letzten Teil Exponate zu venezianischen Festen und Spielen sowie Informationen über die Kaufmannsgilden zeigt.

✚ 199 E3 ✉ Ala Napoleonica, Piazza San Marco ☎ 041/240 5211 (Museo Correr); 041/522 5978 (Museo Archeologico) 🕐 April–Okt. tgl. 9–19 (letzter Einlass 18), Nov.–März 9–17 (letzter Einlass 16 Uhr) 🚋 1, San Marco ✋ teuer

6 Caffè Florian

1720 eröffnete Floriano Francesconi unter dem Namen Venezia Trionfante das heutige Caffè Florian. Wäh-

Doge Giovanni Mocenigo von Gentile Bellini

rend der österreichischen Besatzung kehrten die Venezianer gerne hier ein, um nicht mit den feindlichen Offizieren im Caffè Quadria (➤ 64) auf der anderen Seite des Platzes an einem Tisch sitzen zu müssen. Ein Großteil der mit Fresken, hohen Spiegeln und blankem Holz ausgestatteten Räume stammt aus dem Jahr 1859. Marmortische und Polsterstühle stehen auch unter den Arkaden und auf der Piazza, wo ab dem späten Nachmittag ein Orchester aufspielt. Trinken Sie einen Aperitif,

Florian – Kaffeehauskultur vom Feinsten

einen Cocktail oder eine *cioccolata calda con panna* (heiße Schokolade mit Sahne).

✚ 199 E3 ✉ Piazza San Marco 56 ☎ 041/520 5641; www.caffeflorian.com 🕓 Mai–Okt. tgl. 10–24, sonst Do–Di 10–23 Uhr 🚤 1, 82, San Marco ✋ teuer

7 Piazzetta San Marco

Die Piazzetta liegt zwischen der Basilika und der Lagune. Auf dem Höhepunkt der venezianischen Macht gingen hier hochrangige Besucher an Land und erhielten einen ersten Eindruck vom Glanz und der Pracht der Republik. Dem Dogenpalast gegenüber erhebt sich die **Biblioteca Marciana**, die heute zum Museo Correr (➤ 59) gehört. Sie wurde 1537 nach Plänen Sansovinos errichtet, just zu der Zeit, da Venedig sich einen Namen als Druck- und Buchmetropole machte. Die Säulen am Wasser stammen aus dem 12. Jahrhundert, der geflügelte Löwe ist persischer oder syrischer Herkunft. Auf der anderen Säule steht eine Statue des hl. Theodor, des ersten Schutzpatrons der Stadt.

✚ 199 F3 ✉ Piazzetta San Marco 🚤 1, 82, San Marco

8 Torre dell'Orologio

Zu jeder vollen Stunde versammeln sich Menschenmassen unter dem Renaissance-Uhrturm, der den Eingang zu den Mercerie (➤ 61) bewacht. Der Hauptturm entstand zwischen 1496 und 1499, die Flügel kamen 1506 hinzu. Der Architekt Mauro Coducci platzierte eine Madonna und einen großen goldenen Löwen vor einem mit goldenen Sternen verzierten blauen Ziffernblatt mit Tierkreiszeichen. In der Regel schlagen zwei riesige Bronzestatuen die Stunde an, doch in der Woche um Himmelfahrt erscheinen aus den Seitentüren Engel und die Weisen aus dem Morgenland.

✚ 199 F4 ✉ Piazza San Marco ☎ 041/520 9070 (Rundgänge) 🕓 Führungen nur in Englisch Mo–Mi 10 und 11; Do–So 13, 14 und 15 Uhr 🚤 1, 82, San Marco/Vallaresso, San Zaccaria ✋ teuer

🄈 Mercerie

Seit dem Mittelalter verbindet eine Kette von fünf Straßen die Piazza mit dem Rialto (➤ 108f). Der gemeinsame Name »Mercerie« erinnert daran, dass hier einst Kurzwarenhändler ihre Güter feilboten. Bereits im 17. Jahrhundert beschrieb ein britischer Reisender die Mercerie als eine der herrlichsten Einkaufsstraßen der Welt. Heute reihen sich hier teure Boutiquen an kleine Läden mit Kitsch aller Art. In diesem Shoppingparadies kommt man nur mühsam voran, denn an der *Mélange* aus Nationen und Sprachen hat sich seit dem Mittelalter nichts geändert.

✚ 199 E4 ✉ Merceria dell'Orologio, Zulian, San Salvador, 2 Aprile 🚤 1, Rialto, 82, San Marco 🖐 frei

🄉 Campo Santo Stefano

Der Weg von San Marco zur Accademia (➤ 126ff) führt an einem lang gezogenen Platz mit mehreren Bars und Cafés vorbei, darunter das Paolin (➤ 63) mit der angeblich besten Eiscreme Venedigs. Früher diente der Platz als Stierkampfarena, im Jahre 1802 kamen jedoch mehrere Zuschauer beim Einsturz einer Tribüne ums Leben, und der Sport wurde verboten. Eine Statue erinnert an Niccolò Tommaseo, einen Vorkämpfer des Risorgimento. Am Ostrand des Platzes erhebt sich die Augustinerkirche **Santo Stefano**, aus dem 13. Jahrhundert, die im 14. erneuert und im 15. Jahrhundert erweitert wurde. Das Innere mit dem Dach in Form eines Kiels und den farbigen Marmorsäulen, -altären und -böden ist besonders schön. Eine Tafel gedenkt des Dogen Morosini, der die osmanische Pulverkammer in Athen in die Luft sprengen ließ.

✚ 198 B3 Chiesa di Santo Stefano ✉ Campo Santo Stefano, ☎ 041/275 0462; www.chorusvenezia.org, 🕐 Mo–Sa 10–17, So 13–17 Uhr 🚤 1, 82, Accademia, 🖐 preiswert

🄋 Harry's Bar

In einer schmalen Straße unweit der Piazza liegt eine der

Statue des hl. Theodor auf der Piazzetta

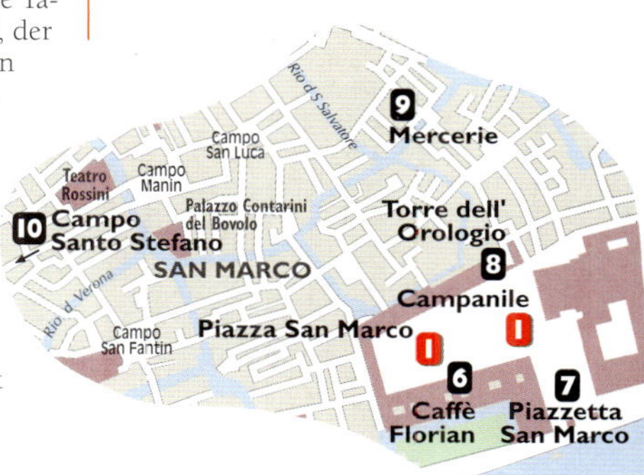

Sommer auf dem Campo Santo Stefano

Der unverkennbare Eingang zu Harry's Bar

berühmtesten Bars Venedigs. Von außen wirkt sie eher unscheinbar, und doch ist sie ein Muss. Die meisten Besucher kommen, um die Atmosphäre zu genießen. Wenn Sie schon mal da sind, sollten Sie den Hauscocktail, den berühmten Bellini aus geeistem Pfirsichmus und Prosecco kosten. Neben Snacks wie *polpette* (Frikadellen) steht auch ein Drei-Gänge-Menü auf der Karte. Ernest Hemingway verbrachte viel Zeit im Harry's. Heute geben sich Filmstars und andere Berühmtheiten hier ebenso die Klinke in die Hand wie unzählige Touristen.

✚ 199 E3 ✉ Calle Vallaresso, San Marco 1323 ☎ 041/528 5777 ◷ tgl. 10–23.30 Uhr 🚢 1, 82, San Marco ✋ teuer

VENEZIANISCHE ADRESSEN

Neue Briefträger sind in Venedig nicht zu beneiden. Wer ein Haus sucht, ohne das System zu kennen, ist zu bedauern. Die offizielle Adresse besteht lediglich aus dem Namen des *sestiere* (Stadtteils) und einer Nummer. Selten ist die Straße angegeben. Für das Wort »Straße« existieren verschiedene Bezeichnungen. Es gibt nur eine einzige Piazza in Venedig, die Piazza San Marco. Die übrigen Plätze heißen *campi* (Plural von *campo*), *cortile*, *campielli* (sehr klein) oder *piscine*, wenn sich dort ein Bootsanleger befindet. Straßen heißen *calle*, *ruga* (Einkaufsstraße) oder *salizzada* (Hauptstraße), jedoch *fondamenta*, wenn sie am Wasser entlangführen. Führt eine Gasse unter einem Gebäude durch, nennt man sie *sottoportego*, eine Promenade heißt *riva*, ein aufgeschütteter Kanal *rio terrà*. Ein *rio* ist ein Kanal (Fluss), ein *ponte* eine Brücke.

Wohin zum ...
Essen und Trinken?

Preise
Preise pro Person für ein Essen ohne Getränke
€ unter 30 Euro €€ 30–50 Euro €€€ über 50 Euro

BÀCARI, BARS UND GELATERIE

Acquapazza €€

Essen Sie hier auf den Terrassen dieses soliden Restaurants und lassen Sie die Welt an sich vorüber ziehen. Serviert wird vorrangig Fisch. Als Vorspeise gibt es z. B. Garnelen auf Rucola an Balsamico-Dressing, eine zitronenbeträufelte Meeresfrüchteplatte oder frische Anchovis. Bestellen Sie sich den Tagesfang oder einen vorzüglichen Fischrisotto und runden Ihre Mahlzeit mit einem der hausgemachten Desserts ab. Sie können auch Pizza bestellen. Achten Sie auf den Preis!

198 C4 ⊠ San Marco 3808, Campo Sant'Angelo ☎ 041/277 0688 ⊙ Di–So 12–14.30 und 19.30–21.30 Uhr, Jan. geschlossen ⛴ Sant'Angelo

Agli Assassini €

Der freundliche *bàcaro* ist prima geeignet für einen kräftigen Imbiss. Auf der Karte stehen neben einer großen Auswahl an *cicheti* tägliche Specials: Mo. – Suppen, Huhn, Kaninchen; Di. – geschmortes oder gebratenes Fleisch; Mi. – *pasta e fagioli* (Pasta mit Bohnen), *musetto* (Ochsenmaul), *bollito* (Fleischeintopf); Do. – *baccalà* (Stockfisch), Rindfleisch; Fr. und Sa. – Fisch.

198 C4 ⊠ San Marco 3695, Rio Terrà degli Assassini ☎ 041/528 79 86 ⊙ Mo–Fr 11.30–15, 18.45–23.30, Sa 7–24 Uhr ⛴ Sant'Angelo

Caffè Florian €–€€ (➤ 59)

Centrale €€

Das kleine Restaurant, in dem man bis spät an mit venezianischem Glas eingedeckten Tischen speist, zählt zu den elegantesten Venedigs. Schlichte Umgebung, tadellose Bedienung, innovative Meeresfrüchte- und Fischkreationen.

199 D3 ⊠ 1659 San Marco, piscina Frezzeria ☎ 041/296 0664; www.centrale-lounge.com ⊙ Die–So 6.30–14 Uhr ⛴ San Marco

Do Forni €€

Das beliebte Restaurant bietet Gästen zwei verschiedene Speisezimmer: die klassische Variante mit gestärkten Leinentischdecken und eleganter Einrichtung oder den rustikalen Charme von Holztischen. Eine der Spezialitäten sind Scampi in Champagner an Tagliatelle.

199 F4 ⊠ 457 San Marco, Calle dei Specchieri ☎ 041/523 0633 ⊙ Tägl. 12–15 und 18–23 Uhr ⛴ San Zaccaria

Paolin Gelateria €

Eine der ältesten und besten *Gelaterie* mit kleiner, feiner Auswahl. Das Fruchteis – Aprikose, Melone, Erdbeere, Zitrone – schmeckt erfrischend und nicht zu süß.

198 B3 ⊠ San Marco 2962/A, Campo Santo Stefano ☎ 041/522 55 76 ⊙ 9–23 Uhr im Sommer; Di–So 8–20.30 Uhr im Winter ⛴ Accademia, San Samuele

Pasticceria Rosa Salva €

Im Rosa Salva trinken die Venezianer morgens ihren Cappuccino und essen ein *Briosche* (Croissant) dazu, ein Stück Kuchen oder ein *Tramezzino* (Dreieck-Sandwich). Leckere Kuchen und venezianisches Gebäck gibt es aber auch zum Mitnehmen (mehrere Filialen).

199 E4 ⊠ San Marco 951, Ponte Ferai, Calle Fiubera ☎ 041/521 0544 ⊙ Mo–Sa 8–20 Uhr ⛴ Rialto

OSTERIE, PIZZERIE, TRATTORIE UND RISTORANTI

Antico Martini €€€

Lange Zeit galt das exklusive, teure Antico Martini als Geheimtipp der venezianischen *Alta Società* (High Society), heute kommen auch ausländische Gäste in das Restaurant mit dem Buona-Accoglienza-Gütesiegel. Sie können Ihr Essen *à la carte* zusammenstellen oder ein Festpreismenü wählen und dazu einen Wein aus der außergewöhnlich guten Auswahl bestellen. Es gibt regionale Gerichte wie *fegato alla Veneziana con polenta* (venezianische Leber mit Polenta), aber auch internationale Küche. Exzellenter Käse und Desserts runden das Menü ab. Ein Buona-Accoglienza-Restaurant (➤ 38f).

✚ 199 D3 ✉ San Marco 1983, Campo San Fantin ☎ 041/522 4121; www.anticomartini.com ☻ Do–Mo 12–14.30, 19–23.30, Mi 19–23.30 Uhr. Im Winter kein Mittagstisch ⛴ San Marco

Caffè Quadri €–€€€

Das Quadri, ein weiteres berühmtes venezianisches Café an der Piazza San Marco, wurde originalgetreu hergerichtet. Von den Räumen im Obergeschoss blicken Sie auf die Piazza. Das elegante Restaurant trägt das Buona-Accoglienza-Gütesiegel ➤ 38f).

✚ 199 F4 ✉ San Marco 120, Piazza San Marco ☎ 041/522 2105; www.quadrivenice.com ☻ Caffè: Di–So 9–24 Uhr; Restaurant: Di–So 12–14, 19.15–22 Uhr ⛴ San Marco

Da Fiore €–€€

Das Fiore bietet eine hervorragende Auswahl an *cicheti* (frittierten Sardinen), *baccalà* (Stockfisch), Wurst und Gemüse –, die man bei einem Glas Wein am Tresen verzehrt. Sie können natürlich auch an einem der Tische Platz nehmen.

✚ 198 B3 ✉ San Marco 3461, Calle delle Botteghe ☎ 041/523 5310 ☻ Mi–Mo 11.30–14.30, 18.30–21.30 ⛴ San Samuele, Accademia

Harry's Bar €€€ (➤ 62)

Teamo €

Diese schnittige Café-Weinbar besticht mit klaren, modernen Linien und einer Mischung aus alten und neuen Materialien. Entspannen Sie sich hier mit einem Getränk und einem Snack, wenn Ihnen nach einer Mittagspause oder einem Aperitif am frühen Abend ist! Mittags können Sie aus *cicchetti* oder einfachen Gerichten wählen oder sich einen Teller aus verschiedenen Sorten Rauchfleisch und Käse der Gegend zusammenstellen.

✚ 198 C4 ✉ San Marco 30124, Ria Terà della Mandola ☎ 041/277 0850 ☻ Tgl. 8–22 Uhr ⛴ Sant'Angelo/Giglio

Vini da Arturo €€

Das schmale, getäfelte Restaurant wird von Einheimischen *il vagone* (der Eisenbahnwaggon), genannt und ist oft ebenso voll. Hier geht man hin, um exzellente Fleischgerichte zu genießen, u. a. das vermutlich beste Filet der Stadt. Als *antipasti* gibt es interessante Salatkombinationen, von den hausgemachten Desserts empfiehlt sich Tiramisu und die göttliche Schokoladenmousse. Keine Kreditkarten.

✚ 199 D4 ✉ 3656 San Marco, Calle di Assassini ☎ 041/528 6974 ☻ Mo–Sa 12.30–14.30, 19.30–22.30; die letzten 2 Wochen im Feb. und Aug geschlossen ⛴ San Angelo/Rialto

Vino Vino €–€€

Die Weinstube zieht besonders zur Mittagszeit viele Gäste an, denn hier kann man rasch eine Kleinigkeit essen und dazu ein Glas oder eine Flasche Wein trinken. Es gibt ein bis zwei *primi* (erste Gänge; Nudeln oder Reis) und einige *secondi*, Gemüse und Salat. Die Desserts sind sehr lecker. Das Vino Vino hat lange auf, viele Gerichte sind dann aber nicht mehr zu bekommen.

✚ 199 D3 ✉ San Marco 2007/A, Ponte delle Veste ☎ 041/241 7688; www.vinovino.co.it ☻ Mi–Mo 10–24 Uhr ⛴ San Marco

Wohin zum ... Einkaufen?

Die Straßen um San Marco bieten alles: von weltbekannten Modelabels über venezianisches Kunsthandwerk hin zu den klassischen Touristenfallen. Starten Sie Ihre Shoppingtour bei San Marco (wenn nicht anders angegeben).

Kunst, Kunsthandwerk und Antiquitäten

In den Giardini ex-Reali, am Ufer direkt hinter der Piazza San Marco gelegen, finden Sie Buden, in denen Künstler ihre Kohle- und Aquarellskizzen oder Ölbilder feilbieten. Etwas höherwertigere Kunst bekommen Sie in den Antikläden in der Calle delle Botteghe, auf der Nordseite des Campo Santo Stefano. Hier befindet sich **Antiquus** (San Marco 313, Calle delle Botteghe, Tel. 041/520 6395), eine wahre Fundgrube voller Antiquitäten und altem Schmuck, wie den bekannten Haarspangen und Ohrringen in Form des Venezianischen Mohrs. Ganz in der Nähe verkauft **Gaggio** (San Marco 3441–3451, Calle delle Botteghe, Tel. 041 522 8574) Kleidung, Kissen, Taschen, Hüte und Schals aus handbedrucktem Seidenbrokat und -samt. In der San Samuele finden Sie **Livio de Marchi** (San Marco 3157/Λ, Calle San Samuele, Tel. 041/528 5694), wo man Dinge des alltäglichen Lebens wie Bücher, Bleistifte oder zerknitterte Jeans in Form handlicher Holzskulpturen erstehen kann. Strickkünstler zieht es zu **Lellabella** (San Marco 3718, Calle della Mandola, Tel. 041/522 5152) und deren großem Angebot an Garn aus Wolle, Kaschmir und Angora oder auch mit Fell oder Flitter besetzt. Farbenprächtig geht es auch bei **Venetia Studium** (San Marco 2403, Calle Larga XXII Marzo, Tel. 522 9281) zu, wo sich plissierte Seide im Fortuny-Stil und gemusterte Samtschals stapeln (mehrere Filialen in der Stadt). In derselben Straße befindet sich **Petra** (San Marco 2424, Calle Larga XXII Marzo, Tel. 041/523 18125) mit einem Schatz an seltenen Büchern, alten Drucken und Karten.

Bücher und Papier

Legatoria Piazzesi (San Marco 2551, Campiello della Feltrina, Tel. 041/522 1202) und **Ebrû** (San Marco 3471, Campo Santo Stefano, Tel. 041/523 8830, www.albertovallese-ebru.com) verkaufen Gegenstände, die mit Papier bezogen sind. Letztere führen auch Bücher, Alben und Rahmen aus handmarmoriertem und geprägtem Papier. Für ausgefallenes Design eignet sich die **Carteria Tassotti** (San Marco 5472, calle de la Bissa, Tel. 041/528 1881), für Alltagsbedarf die **Cartoleria Testolini** (San Marco 1744–8, Fondamenta Orseolo, Tel. 041/522 9265), in der **Libreria Studium** (San Marco 337/C, Calle Canonica, Tel. 041/522 2382) finden Sie Karten, Reiseführer und andere Literatur in Englisch, z. B. die Straßenkarte *Calli, Campielli e Canali*, die die Nummern der *sestiere* verzeichnet.

Mode

Haute-Couture-Shopping macht immer Spaß – hier eine Auswahl an großen Modelabels rund um San Marco. **Emporio Armani** (San Marco 9989, Calle dei Fabbri, Tel. 041/523 7808); **Laura Biaggiotti** (San Marco 2400, Calle Larga XXII Marzo, Tel. 041/520 3401); **Fendi** (San Marco 1474, Campo San Moisè, Tel. 041/277 8532); **Gucci** (San Marco 2413, Calle Larga XXII Marzo, Tel. 041/522 9119); **Bruno Magli** (San Marco 1302, Calle Vallaresso, Tel. 041/522 7210); **Mandarina Duck** (San Marco 193, Mercerie dell'Orologio, Tel. 041/522 3325); **Prada** (San Marco 1469, Salizzada San Moisè, Tel. 041/528 3966),

Botteghe Veneta (San Marco 1337, calle Vallaresso, Tel. 041/522 8489), **Gianni Versace** (San Marco 1462) Campo San Moisè, Tel. 041/520 0176), **J B Guanti**, für Handschuhe, (San Marco 4821, Salizzada San Giovanni Crisostomo, Tel. 041/522 8633).

Glas, Perlen und Schmuck

Pauly (San Marco 1468, Piazza San Marco, Tel. 041/520 3118) kreiert einzigartige, handgefertigte Glasobjekte, bei **Venini** (San Marco 314, Piazzetta dei Leoncini, Tel. 041/522 4045), ebenso eine Topadresse, bekommen Sie Glas in modernen Formen. Venezianische Perlen können Sie bei **Perle e Dintorni** (San Marco 3740, Calle della Mandola, Tel. 041/520 5068) als Ketten und einzeln kaufen, oder Sie lassen sich eine individuelle Kette vor Ort fertigen. Antike Perlen gibt es bei **Costantini** (San Marco 2627, Campo San Maurizio, Tel. 041/521 0789), das nahe gelegene **Ethnos** (San Marco 2958, Tel. 041/528 9988) bietet Ketten aus Glaskugeln und Quartz oder Amethyststücken.

Haushaltwaren, Tisch- und Bettwäsche

Elegante italienische Bett- und Tischwäsche finden Sie bei **Frette** (San Marco 2070/A, Calle Larga XXII Marzo, Tel. 041/522 4914). Genauso schön, aber billiger shoppen Sie bei **TSL Venezia** (San Marco 3324, Salizzada San Lio, Tel. 041/277 77641), die auch Filialen am Rialto und der Strada Nuova haben. Alles fürs kuschelige Heim – Kissen und Stoffe aus Samt und Brokat – bietet **Bevilacqua** (San Marco 2520, Campo S Maria del Giglio, Tel. 041/528 7581), bei **Domus** (San Marco 4746, Calle dei Fabbri, Tel. 041/522 6259) bekommen Sie Utensilien für Küchen und Esszimmer im italienischen Stil. Hübsche Dekokeramik aus ganz Italien gibt es bei **Rigattieri** (San Marco 3535/36, Calle dei Frari, Tel. 041/277 1223).

Wohin zum ... Ausgehen?

Die Piazza San Marco ist abends der ideale Ort, um entspannt im Freien zu sitzen. Die Bands der wunderbaren Cafés wetteifern miteinander, die schönen Gebäude sind in ein sanftes Licht getaucht.

Im Winter lohnt sich ein Besuch im **Teatro la Fenice** (San Marco 1965, Campo San Fantin, Tel. 041/786 511, www.teatrolavenice.it; ▶ 42) der fabelhaften Opernproduktionen als auch der Ausstattung des Hauses wegen. Im Sommer sollte man sich eine Aufführung im Open-Air-Theater **Teatro Verde** auf San Giorgio Maggiore (tel: 041 528 9900, www.cini.it) ansehen.

Venezianische Orchestermusik aus dem 18. Jh. kann man in der **Scuola Grande di San Teodoro** (San Marco 4810, Salizzada San Teodoro, Tel. 041/521 0294, www.imusiciveneziani.com) und der **Ex-Chiesa di San Vidal** (San Marco 2862/B, Campo San Vidal, Tel. 041/277 0561, www.interpretiveneziani.com) erleben – manchmal tragen die Musiker sogar historische Kostüme. Buchen Sie Ihre Karten für **Fenice**, **San Teodoro** und **San Vidal** online!

Wer lieber Jazz oder zeitgenössische Musik mag, geht für einen Drink ins **Bàcaro Jazz** (San Marco 5546, Salizzada del Fontego dei Tedeschi, Tel. 041/528 5249), oder trinkt im **Torino@Notte** (San Marco 459, Campo San Luca, Tel. 041/522 3914) zu Jazz und lateinamerikanischen Rhythmen sein Bier.

Castello

Erste Orientierung

Castello, der größte *sestiere* (Stadtteil) Venedigs, zieht sich von San Marco und Cannaregio im Westen bis zu den Inseln San Pietro und Sant'Elena im Osten. Der Name leitet sich von *castello* ab, der alten Festung, die einst auf San Pietro stand. Bis 1807 bildete die Insel mit ihrer Kathedrale das religiöse Zentrum der Stadt, seitdem ist jedoch San Marco die Hauptkirche Venedigs. In Castello standen hingegen Industrie und Handwerk im Mittelpunkt, denn auf der großen Werft, dem Arsenale, liefen jahrhundertelang Kriegs- und Handelsschiffe vom Stapel. Heute bietet Castello interessante Sehenswürdigkeiten, historische Kirchen und Museen sowie versteckte Ecken, die einen guten Eindruck vom venezianischen Alltag vermitteln.

An der Riva degli Schiavoni drängen sich Touristen und Souvenirstände. Hier beginnt der lange Kai Castellos, an dem man bis zur ruhigen, grünen Insel Sant'Elena entlangwandern kann. Im östlichen Abschnitt liegt – nach wie vor im militärischen Sperrgebiet – der Arsenale, der nach Osten hin von schmalen Gassen, gen Westen vom Arbeiterviertel rund um die Via Giuseppe Garibaldi begrenzt wird, einem der authentischsten Gebiete Venedigs. Nördlich der Riva führen enge Gassen über Brücken und belebte *campi* (Plätze) zur großen Kirche Santi Giovanni e Paolo und den Fondamente Nuove. Von dort

Beschützer des Arsenale

★ Nicht verpassen!

Nach Lust und Laune!

Rechts: Am Eingangstor zum Arsenale

aus schaut man auf den nördlichen Teil der Lagune. Die Museen und übrigen Kirchen in Castello blicken auf eine lange Geschichte zurück, und noch immer gibt es viele alteingesessene Handwerksbetriebe, die einen Erkundungsgang lohnen. Abends können Sie in einem der guten Restaurants essen und danach von der Riva aus den Blick auf die Stadt genießen.

An einem Tag

Sie wissen nicht genau, wo Sie Ihre Touren beginnen sollen? Nehmen Sie diesen Tourenführer und lassen sich durch Castello geleiten und zu ausgesuchten architektonischen Meisterwerken! Detailliertere Informationen finden Sie unter den jeweiligen Haupteinträgen.

9 Uhr

Beginnen Sie Ihren Rundgang an der breiten **❶ Riva degli Schiavoni** (links, ➤ 72f) mit einem herrlichen Panoramablick über das Markusbecken. Die Seufzerbrücke (➤ 72) lässt sich am besten am frühen Morgen fotografieren, bevor sie zu voll ist.

10 Uhr

Spazieren Sie von der Riva aus nordwärts über den Campo Bandiera e Moro mit der Kirche **❺ San Giovanni in Bràgora** (➤ 78), und bewundern Sie die Carpaccio-Gemälde in der **❷ Scuola di San Giorgio degli Schiavoni** (➤ 74f).

11.15 Uhr

Gehen Sie zurück zur Riva, und dann nach Osten zur Via Giuseppe Garibaldi, einer Straße aus dem 19. Jahrhundert im Herzen Castellos. Schauen Sie sich auf halbem Weg die Garibaldi-Statue an der gleichnamigen Straße an, und schlendern Sie weiter zu den Marktständen und Gemüsebooten am Kai.

12 Uhr

Halten Sie es wie die Einheimischen: Essen Sie in der Trattoria dai Tosi (Castello 738,Secco Marina, Tel. 041/ 5237102) zu Mittag. Die Pizzeria mit Ristorante im Arbeiterviertel bietet eine willkommene Abwechslung zu den üblichen Touristenlokalen.

13.30 Uhr

Legen Sie in den **8 Giardini Pubblici** (oben, ➤ 79) eine kleine Pause ein. In Teilen des Parks findet im Zweijahresabstand (jeweils in den ungeraden Jahren) die Biennale Internazionale d'Arte statt (➤ 42), eine Ausstellung zeitgenössischer Kunst.

14.30 Uhr

Fahren Sie mit dem *vaporetto* von den Giardini um die Ostspitze Castellos herum an den Inseln Sant'Elena und San Pietro vorbei, zwei Orte, die durchaus einen Erkundungsgang wert sind. Steigen Sie am Ospedale Civile aus, und gehen Sie nach Süden.

15.30 Uhr

Nehmen Sie sich Zeit für die Dominikanerkirche **3 Santi Giovanni e Paolo** (➤ 76f), einen imposanten Sakralbau, in dem immerhin 25 Dogen bestattet wurden. Große Grabmäler erinnern an bedeutende venezianische Persönlichkeiten wie Pietro Mocenigo. Auf dem **Campo**, auf dem Verrocchios Reiterstandbild (➤ 76) steht, können Sie sich bei einem Cappuccino entspannen.

17 Uhr

Gehen Sie über den Campo Santa Maria Formosa, den **9 Campo San Zaccaria** (➤ 80) und **10 San Giorgio dei Greci** (➤ 81). zurück zur Riva. Wenn Sie Labyrinthe mögen, werden Sie im Gewirr der Gässchen Ihren Spaß haben.

20 Uhr

Essen Sie in einem der besten Fischrestaurants Venedigs zu Abend, im Corte Sconta (Castello 3886, Calle del Pestrin, Tel. 041/522 7024).

Riva degli Schiavoni

Der breite Uferstreifen der Riva degli Schiavoni führt vom Dogenpalast am Markusbecken entlang zum Rio Ca' di Dio und weiter bis zur Insel Sant'Elena. Nach Osten hin ändert die reizvolle Promenade ihren Namen und wird nacheinander zur Riva di Ca' di Dio, zur Riva San Biagio und Riva dei Sette Martiri. Einheimische und Urlauber frequentieren den Kai, der zu den Verkehrsknotenpunkten der Stadt gehört. Hier legen *vaporetti* ab, die in andere Teile Venedigs oder zu weiter entfernten Inseln fahren. Schlendern Sie an den Souvenirständen vorbei, schlecken Sie ein – ziemlich überteuertes – Eis, oder genießen Sie einen der besten Panoramablicke auf die Stadt.

Der Name der Riva erinnert an Slawen (*schiavoni*), die hier in den frühen Tagen der Republik landeten. Bis 1780 befand sich an der Stelle der heutigen Promenade ein schmaler Kai, an dem zahlreiche Boote und Gondeln anlegten. Nachdem man ihn verbreitert und mit istrischem Stein gepflastert hatte, wurde er rasch zu einer der beliebtesten Flaniermeilen

Beginnen Sie Ihren Rundgang an den Stufen des **Ponte della Paglia** (Strohbrücke), an dem einst schlichte, aus Binsen gefertigte Boote ankerten. Von hier aus blicken Sie genau auf die **Ponte dei Sospiri** (Seufzerbrücke), die seit ihrer Erbauung 1602 den Dogenpalast mit den Neuen Gefängnissen verband (► 53ff).

Passieren Sie zwei weitere Brücken, so erreichen Sie die Kirche **Santa Maria della Visitazione**, besser bekannt als La Pietà oder auch »Vivaldi-Kirche« (► Kasten gegenüber). Nach dem Tod des Komponisten begann man mit dem Bau, der jedoch erst im Jahre 1760 fertig gestellt wurde. Die Fassade wurde

Unten: Geschäftiges Markttreiben in der Riva degli Schiavoni

1906 hinzugefügt. Heute ist die Kirche in erster Linie ein Veranstaltungsort für Barockkonzerte. 2007 wurde sie wegen notwendiger Restaurationarbeiten geschlossen und wird es auch einige Jahre bleiben.

KLEINE PAUSE

Lassen Sie die überteuerten Bars an der Riva links liegen und gehen Sie in die traditionelle Trattoria **Alla Rivetta** (Castello 4625, Ponte San Provolo, Tel. 041/528 7302).

Santa Maria della Visitazione (La Pietà) ✚ 200 C3–201 D3
✉ Riva degli Schiavoni ☎ Wegen Restaurierung geschlossen

VIVALDI UND DIE VENEZIANISCHE MUSIK

Die Musik Antonio Vivaldis (1678–1741) ist untrennbar mit der Geschichte Venedigs und der Kirche La Pietà verbunden. Der kränkliche Knabe wurde dort für das Priesteramt ausgebildet und erhielt später wegen seiner roten Haare und seines roten Gewandes den Spitznamen *il prete rosso* (der rote Priester). Ab 1703 arbeitete er im Ospedale della Pietà, einem Findel- und Waisenheim, als Geigenlehrer. Er schrieb eine Reihe von Stücken, welche die dort lebenden Mädchen während der Messen vor einem begeisterten Publikum aufführten. Vivaldi wurde dadurch berühmt und konnte sich fortan ganz dem Komponieren widmen. Er starb 1741 in Wien, blieb der Pietà jedoch bis zu seinem Tod stets verbunden.

RIVA DEGLI SCHIAVONI: INSIDER-INFO

Top-Tipps: Den Touristenscharen entkommen Sie nur, wenn Sie die Riva **frühmorgens oder spätabends** aufsuchen.

■ **Prüfen Sie sorgfältig Fahrtrichtung und Nummer**, bevor Sie einen *vaporetto* besteigen – viele Linien legen hier an und es geht oft hektisch zu.

2 Scuola di San Giorgio degli Schiavoni

Von den drei venezianischen *scuole* (➤ 114f) mit ihren noch erhaltenen Kunstschätzen ist die Scuola degli Schiavoni mit Sicherheit die schlichteste und zieht vielleicht gerade deshalb so viele Besucher an. Das kleine, innen etwas schummrige, aber sehr anheimelnde Gebäude liegt versteckt neben einer Brücke an einem Seitenkanal. Es birgt einige der schönsten Bilderzyklen des berühmten Renaissancemalers Carpaccio.

Ab 1420 beherrschte Venedig die Region Dalmatien (heute Kroatien). Seit jener Zeit lebten viele *schiavoni* (Slawen) in der Lagunenstadt, und schließlich bildeten sie eine so große und wohlhabende Gemeinde, dass sie den Rat baten, eine eigene Bruderschaft gründen zu dürfen, die einzige, der nur Menschen gleicher Herkunft angehören durften. 1451 entstanden die Scuola und ein Versammlungssaal neben der Kirche San Giovanni in Malta. Im Jahre 1502 beauftragte man Vittore Carpaccio (➤ 22), der bereits mit seinem Zyklus zum Leben der hl. Ursula (➤ 127) Berühmtheit erlangt hatte, das Gebäude mit Szenen aus dem Leben der dalmatischen Schutzpatrone, der Heiligen Georg, Trifon und Hieronymus, zu verzieren.

Drei Bilder widmete der Maler dem **hl. Georg**. Das Erste von links zeigt ihn, wie er inmitten einer von grausig verstümmelten Leichen übersäten Landschaft den Drachen tötet. Vom rechten Bildrand aus schaut die Königstochter zu, die dem Drachen hatte geopfert werden sollen. Vor den Toren der Stadt macht Georg im zweiten Bild der Bestie ein Ende, ehe er die Eltern der Prinzessin durch Taufe zum Christentum bekehrt. Das **Tryphonswunder** hinter dem Altar stellt den hl. Tryphon dar, der seinerseits eine Fürstentochter aus den Klauen eines Dämons in Gestalt eines Basilisken befreit. ***Die Berufung des hl. Matthäus*** und ***Jesus auf dem Ölberg*** haben keinen Bezug zur dalmatischen Geschichte. Die rechte Wand der Halle widmet sich dem Leben des hl. **Hieronymus**, der zu den Kirchenvätern zählt und die Bibel ins Lateinische übersetzte. Auf dem ersten Bild führt Hieronymus einen Löwen, der sich die Pfote an einem Dorn verletzt hat, ins Kloster, während die übrigen Mönche entsetzt fliehen. Der Legende nach wurde der Löwe zum treuen Gefährten und ständigen Begleiter des Heiligen, nachdem dieser ihn verarztet hatte. Das trauernde Tier ist auch auf dem nächsten Gemälde zu sehen, das den

Die harmonische Renaissancefassade der Scuola di San Giorgio degli Schiavoni

SCUOLA DI SAN GIORGIO DEGLI SCHIAVONI: INSIDER-INFO

Top-Tipps: **Lassen Sie Ihren Augen Zeit**, sich an das gedämpfte Licht in der Scuola zu gewöhnen.

■ Gehen Sie ins **Obergeschoss**, um das emsige Treiben einer Bruderschaft einmal von innen zu beobachten.

Außerdem: Die Bilder hingen ursprünglich im oberen Stockwerk und befinden sich erst seit 1551 an Ort und Stelle. Sie sind nicht chronologisch in der Reiherfolge ihrer Entstehung geordnet. Die beiden ersten Bilder auf der linken Seite (1507) und das Bild links hinter dem Altar (1508) sind dem hl. Georg gewidmet. Dann folgt das *Triphonswunder* (um 1508). Es schließen sich die beiden ältesten Gemälde (1501–02) an, die Jesus auf dem Ölberg und den hl. Matthäus zeigen. Ganz rechts befindet sich der Hieronymuszyklus (1502).

Oben: *Der hl. Georg im Kampf gegen den Drachen* **von Vittore Carpaccio (Ausschnitt)**

Tod des Heiligen zeigt. Auf dem letzten Bild wird Augustinus, der inmitten typischer Symbole der Renaissancekultur mit seinem kleinen weißen Hund in seinem Studierzimmer sitzt, die Vision vom Tod des hl. Hieronymus zuteil.

Besonders beeindrucken die zahlreichen Details, die jedem Zentimeter der großflächigen Darstellungen eigene Bedeutung und eigenen Charme verleihen. Wer die Bilder einmal gesehen hat, erinnert sich meist noch lange Zeit danach an Einzelheiten.

KLEINE PAUSE

Gönnen Sie sich einen leckeren venezianischen Snack im nördlich der Scuola gelegenen **Alle Alpi da Dante** (Castello 2877, Corte Nuova, Tel. 041/528 5163).

✚ 200 C4   ✉ Castello 3259/A, Calle dei Furlani   ☎ 041/522 8828
🕐 Mo 14.45–18, Di–Sa 9.15–13 und 14.45–18, So 9.15–13 Uhr
🚢 1, 41, 42, 51, 52, 82, San Zaccaria   ✋ preiswert

3 Kirche und Campo Santi Giovannie e Paolo

Die große gotische Kirche Santi Giovanni e Paolo steht auf einem der weitläufigsten Plätze Venedigs. Von dem wunderbaren, L-förmigen *campo* aus können Sie die Architektur der Kirche und die prachtvolle Renaissancefassade der Scuola Grande di San Marco in Ruhe auf sich wirken lassen. Auch das Reiterstandbild des Söldnerkommandanten Colleoni (unten), die Läden und Bars am Platz und der Kanal, der an einer Seite entlangführt, haben ihren Reiz.

Neben der Frari (➤ 112f) ist Santi Giovanni e Paolo die größte gotische Kirche Venedigs. Sie entstand zwischen 1246 und 1430 für den Dominikanerorden und wird auch »Pantheon Venedigs« genannt, weil hier jahrhundertelang die Totenfeiern für die Dogen stattfanden. Viele Dogen und weitere bekannte Persönlichkeiten wurden hier beigesetzt. Der Blick auf den großen, nur von einigen Säulen untergliederten **Innneraum** ist völlig unverstellt. Grabmäler bedeutender venezianischer Renaissancekünstler säumen die Wände, viele stammen aus der Werkstatt Lombardo. Maler wie Giovanni Bellini (1430–1516), Lorenzo Lotto (1480–1556) und Veronese (1528–88) hinterließen ihre Spuren.

Reiterstandbild von Colleoni

Der *condottiere* (Söldnertruppenführer) Bartolomeo Colleoni (1400–76) vermachte der Republik Venedig seinen gesamten

Andrea Verrocchios Reiterstandbild des Bartolomeo Colleoni

LEBEND GEHÄUTET

Schauen Sie sich das Marcantonio-Bragadin-Denkmal an. 1571 musste sich der Venezianer bei Famagusta den Türken ergeben. Sie häuteten ihn bei lebendigem Leibe und trugen die mit Stroh ausgestopfte Hülle seiner Haut durch die Stadt, ehe sie den Leichnam nach Konstantinopel brachten. Schließlich wurde er nach Venedig überführt, wo seine Urne heute steht.

Gedämpft fällt das Licht ins Innere von Santi Giovanni e Paolo

Besitz, forderte dafür jedoch ein Reiterstandbild seiner Person vor der Basilica di San Marco. Die Venezianer freuten sich über das Geld, dachten aber gar nicht daran, einen Ortsfremden auf ihrem Hauptplatz zu würdigen, und stellten die Statue 1496 deshalb nicht vor der Kirche, sondern vor der Scuola Grande di San Marco auf. Das Standbild des stolz und kriegerisch wirkenden Condottiere stammt von dem Florentiner Andrea Verrocchio (1435–88) und gilt als eines der schönsten Norditaliens.

Scuola Grande di San Marco

Die Familie Lombardo schuf den größten Teil der berühmten Fassade der Scuola Grande di San Marco, einer der bedeutendsten *scuole* (➤ 114f) Venedigs. 1495 entstanden die mächtigen *trompe-l'oeil*-Tafeln aus Marmor mit Szenen aus dem Leben des Hl. Markus. In den Gebäuden hinter der Fassade befindet sich heute ein Krankenhaus, weshalb permanent Besucher, Patienten, Pfleger und Ärzte ein- und ausgehen.

KLEINE PAUSE

Die Bars am Campo Santi Giovanni e Paolo empfehlen sich.

Santi Giovanni e Paolo

🕂 194 C2   ✉ Campo Santi Giovanni e Paolo
☎ 041/523 5913   🕐 Mo–Sa 7.30–19, So 15–18 Uhr   🚊 41, 42, 51, 52, 13, Fondamenta Nuove; 41, 42, 51, 52, Ospedale   preiswert

SANTI GIOVANNI E PAOLO: INSIDER-INFO

Top-Tipp: Das Innere ist düster, kommen Sie daher lieber an einem **sonnigen Tag**.

Ein Muss: Pietro Mocenigo-Grabmal ■ Morosini-Grabmal ■ Vendramin-Grabmal ■ Marcello-Grabmal ■ Eck-Grabmal ■ *Der Hl. Vinzenz Ferrer* von Giovanni Bellini
■ Deckengemälde von Veronese in der Cappella del Rosario ■ *Der hl. Antonius Pierozzi verteilt Almosen* von Lorenzo Lotto

Nach Lust und Laune!

4 Hotel Danieli

Tausende von Touristen gehen täglich am Luxushotel Danieli (➤ 36), vorbei, doch einen Aufenthalt können sich nur wenige leisten. Die Zimmer sind mit Antiquitäten möbliert, spiegelglatter Marmor bedeckt die Böden, Fortuny-Gobelins hängen an den Wänden. Das Hotel wurde im 19. Jahrhundert. im gotischen Palazzo Dandolo eröffnet, an den sich der Name des Hotels anlehnen könnte. Vielleicht bezieht er sich aber auch auf Giuseppe dal Niel, der im 19. Jahrhundert illustre Gäste anzog. Dickens, Proust, Georges Sand, Balzac und Wagner übernachteten hier, natürlich auch Staatsgäste und berühmte Persönlichkeiten aus aller Welt. 1948 entstand an dieser Stelle – erstmals seit dem 12. Jahrhundert – ein nüchterner Anbau aus Stein.
✠ 200 B3 ✉ Castello 4196, Riva degli Schiavoni ☎ 041/522 6480 🚆 1, 41, 42, 51, 52, 82, San Zaccaria

5 San Giovanni in Bràgora

An einem ruhigen Platz steht San Giovanni in Bràgora, ein schlichter gotischer Sakralbau, der 1475 an der Stelle einer älteren Kirche entstand.

Die gotische Fassade des Hotels Danieli

Bekannt wurde San Giovanni als Taufkirche des Komponisten Antonio Vivaldi (➤ 73), dessen Name im Taufregister zu lesen steht. Werfen Sie einen Blick auf die Bilder von Alvise und Bartolomeo Vivarini und die zwei Gemälde von Cima da Conegliano (um 1460–1508) – besonders dessen *Taufe Christi* über dem Altar mit Landschaftsdetails aus der Heimat des Künstlers.
✠ 201 D3 ✉ Campo Bandiera e Moro ☎ 041/520 5906 🕓 Mo–Sa 9–11, 15.30–17.30, So 9–11, 15.30–17 Uhr 🚆 1, 41, 42, Arsenale 🎫 frei

6 Arsenale

Der Arsenale, die große Werft Venedigs, bildete lange Zeit den ökonomischen Mittelpunkt der Stadt. Hier wurden ab dem 12. Jahrhundert die berühmten venezianischen Langschiffe gebaut, ausgestattet und repariert. Das Wort *Arsenale* leitet sich vom arabischen Begriff *Dar Sina'a* (Arbeitsplatz) ab. Während der Blütezeit waren hier 16 000 Arbeiter tätig, die innerhalb ganzes

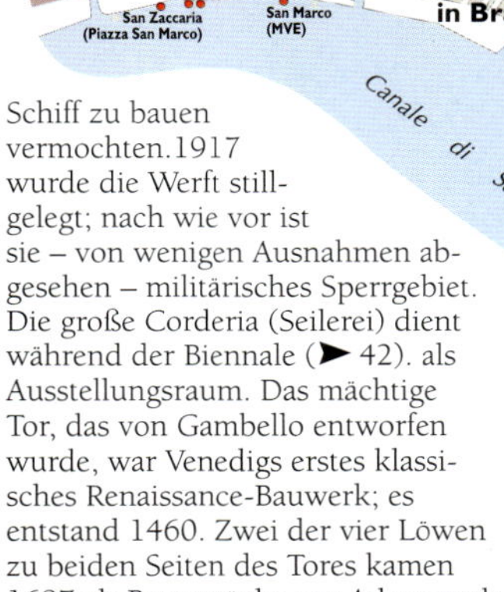

Schiff zu bauen vermochten. 1917 wurde die Werft stillgelegt; nach wie vor ist sie – von wenigen Ausnahmen abgesehen – militärisches Sperrgebiet. Die große Corderia (Seilerei) dient während der Biennale (➤ 42). als Ausstellungsraum. Das mächtige Tor, das von Gambello entworfen wurde, war Venedigs erstes klassisches Renaissance-Bauwerk; es entstand 1460. Zwei der vier Löwen zu beiden Seiten des Tores kamen 1687 als Beutestücke aus Athen nach Venedig. Beachten Sie die seltsamen

Glänzendes Beispiel eines Festkahns

Schriftzeichen an der Flanke des größeren Tieres: Es handelt sich um Runeninschriften norwegischer Söldner aus dem 11. Jahrhundert.

✝ 201 E3 ✉ Campo dell'Arsenale
🕐 Seilerei: während der Biennale für Ausstellungen 🚤 1, 41, 42, Arsenale
✋ Seilerei: je nach Ausstellung

7 Museo Storico Navale

Nirgendwo sonst erfahren Sie so viel über die einstige Seemacht wie in diesem Museum (Bild oben). Die Sammlung präsentiert Modellschiffe, nautische Instrumente, Uniformen, Kanonen, Torpedos und vieles mehr. Den Grundstock des 1815 eröffneten Museums bildeten die Schiffsmodelle des Arsenale, hinzu kamen Erinnerungsstücke der venezianischen Flotte und andere Objekte. Zu den Glanzstücken gehören die Gondeln, darunter ein Bucintoro (jene Festgondel, von der aus der Doge am Himmelfahrtstag die Verbindung Venedigs mit dem Meer feierte) und die letzte Privatgondel Venedigs, die Peggy Guggenheim gehörte (➤ 130f).

✝ 201 E2 ✉ Castello 2148, Campo San Biagio ☎ 041/520 0276 🕐 Mo–Sa 8.45–13.30 Uhr 🚤 1, 41, 42, Arsenale ✋ preiswert

8 Giardini Pubblici

Bei den Giardini Pubblici, dem Stadtpark Venedigs, sollten Sie den Maßstab etwas niedriger ansetzen als bei den Grünanlagen anderer Städte. Napoleon ließ für den Park ein Sumpfgebiet trockenlegen und einige Kirchen abreißen. In

FÜR KINDER

Wenn Ihre Kinder sich austoben wollen, sind Sie in den **Giardini Pubblici** und im Parco delle Rimembranze genau an der richtigen Adresse. Die Modellschiffe und Gondeln im **Museo Storico Navale** sind bei fast allen Altersgruppen beliebt. Aufopferungsbereite Eltern können mit ihren fußballbegeisterten Sprösslingen am Sonntagnachmittag ein Heimspiel auf dem **Campo Sportivo** auf Sant'Elena besuchen.

DEKADENTES KLOSTER

Zu **San Zaccaria** gehörte ein Benediktinerkloster, in das viele reiche Venezianer ihre Töchter steckten, um die Mitgift zu sparen. Entsprechend wenig fromm ging es dort zu, denn die jungen Damen dachten gar nicht daran, ihren Lebenswandel zu ändern. Besonders berüchtigt waren die Salons, die sie während der Besuchszeiten abhielten. Einen Eindruck davon vermittelt Guardis Bild *Der Nonnensalon* in der Ca'Rezzonico (► 134).

der Anlage stehen mehrere große Pavillons der Biennale (► 42), doch bleibt genügend Platz, um sich unter schattigen Bäumen auf dem Rasen oder den überall verstreuten Bänken niederzulassen und bei einem Picknick die wunderbare Aussicht zu genießen.

➕ 202 B2 ✉ Giardini Pubblici
🚤 1, 41, 42, 51, 52, 82, Giardini
✋ frei

9 Museo Diocesano d'Arte Sacra

Die Sammlung des Museo Diocesano d'Arte Sacra (Diözesanmuseum für Sakralkunst) bietet bei jedem Besuch etwas Neues, denn sie umfasst Kunstwerke, die ihrer Restaurierung harren, Stücke aus geschlossenen Kirchen und wieder aufgefundene Kirchenschätze. Im Untergeschoss sind Skulpturen, Silber und ähnliche Objekte, im oberen Stockwerk wechselnde Ausstellungen zu sehen. Viele Besucher kommen auch, um den schönen Kreuzgang aus dem 14. Jahrhundert, den einzigen romanischen der Stadt, zu bewundern.

➕ 200 A4 ✉ Castello 4312, Ponte della Canonica ☎ 041/522 9166
🕐 Mo–Sa 10–16 Uhr 🚤 1, 41, 42, 51, 52, 82, San Zaccaria ✋ frei

10 San Zaccaria

Nur wenige Schritte von der belebten Riva entfernt, steht die Kirche San Zaccaria, ein besonders schönes Beispiel für die typisch venezianische Verschmelzung der Architektur der Gotik und Renaissance. Die Kirche entstand im 9. Jahrhundert für die sterblichen Überreste des hl. Zacharias, des Vaters von Johannes dem Täufer. Im Laufe der

Zeit wurde die Kirche mehrfach umgebaut – zum letzten Mal 1440

Giovanni Bellinis berühmte Madonna mit Kind und Heiligen spielt mit Licht und Farben

-- und erweitert. Sie vereint deshalb Elemente unterschiedlicher Epochen, vom gotischen Innenraum bis hin zur überwiegend im Stil der Renaissance gehaltenen Fassade. Im Innern bedecken Gemälde aus dem 17. und 18. Jahrhundert nahezu jeden Zentimeter Wand. Über dem zweiten Altar auf der linken Seite hängt Giovanni Bellinis heitere *Madonna mit Kind und Heiligen* (1505). Durch das rechte Querschiff gelangt man in die Athanasius- und die Tarasiuskapelle, in der ein früher Tintoretto Tintoretto und drei schöne Altarstücke von Antonio Vivarini (1415 bis 76) und Giovanni d'Alemagna aus dem 15. Jahrhundert hängen. An der permanent überschwemmten Krypta sieht man eindrucksvoll, wie stark der Wasserpegel in den vergangenen Jahrhunderten gestiegen ist.

✠ 200 B4
✉ Campo San Zaccaria
☎ 041/522 1257
◷ Mo–Sa 10–12, 16–18; So 11–12, 16–18 Uhr
🚊 1, 41, 42, 51, 52, 82, San Zaccaria
✋ preiswert

11 San Giorgio dei Greci

Seit dem 11. Jahrhundert lebten Griechen in Venedig, darunter viele Gelehrte, Schriftsteller und Kaufleute. Nach der Eroberung Konstantinopels durch die Türken im Jahre 1453 nahm ihre Zahl stark zu, und 1526 erhielten sie die Erlaubnis, eine eigene Kirche mit Kolleg zu errichten. Auf diese Weise entstand an einem Seitenkanal San Giorgio dei Greci, deren schiefer Glockenturm heute zu den Wahrzeichen Venedigs gehört. Mit dem *matroneo*, der

Empore für Frauen, und der Ikonostasis, die den Chor vom Kirchenschiff trennt, besitzt das Gebäude zwei typische Elemente eines griechisch-orthodoxen Sakralbaus. Ikonen zieren die Innenwände, viele stammen von dem Kreter Michael Damaskinos, einem Zeitgenossen El Grecos. Links von der Kirche stehen zwei von Baldassare Longhena (➤ 23) erbaute Häuser.

✠ 200 C4
✉ Fondamenta dei Greci
☎ 041/523 9569
◷ Mi–Mo 9–11 und 14.30–16.30 Uhr
🚊 1, 41, 42, 51, 52, 82, San Zaccaria
✋ frei

Der schiefe Turm von San Giorgio dei Greci

Wohin zum ...
Essen und Trinken?

Preise
Preise pro Person für ein Essen ohne Getränke
€ unter 30 Euro   €€ 30–50 Euro   €€€ über 50 Euro

Al Giardinetto €€

Familie Bastianelli ist zu Recht stolz auf ihr kleines Restaurant, das klassische venezianische Küche aus saisonalen und frischen Zutaten hübsch angerichtet serviert. Probieren Sie *sarde in saor* (süßsaure Sardinen), *granseola* (Seespinne), *canestrelli* (Jakobsmuscheln) und köstliche Meerestier-Antipasti an Zitrone und Sellerie, bevor Sie sich Risotto, Pasta und Grillfisch oder -fleisch munden lassen. Der weinberankte Hof ist im Sommer ein echtes Plus!

✚ 200 A4 ✉ Castello 4928, Ruga Giaffo ☎ 041/528 5332 ◷ Fr–Mi 12.30–15, 19.30–22 Uhr ⛴ San Zaccaria

Enoteca Mascareta €

Die beliebte Weinstube gehört zum Mascaròn (Nr. 5525 am Ende der Straße), eine der besten Osterie Venedigs. Sie können Ihren Wein im Stehen trinken und dazu leckeren Käse und *salumi* (italienische Wurst) aus verschiedenen Regionen Italiens oder *crostini* mit *lardo* und Radicchio (geröstetes Brot mit Radicchio und Speck) probieren. Die Venezianer nehmen hier gern einen Aperitif ein.

✚ 200 B5 ✉ Castello 5183, Calle Lunga Santa Maria Formosa ☎ 041/523 0744 ◷ Mo–Sa 6–13 Uhr. Geschl. 24. Dez. bis 15. Jan. ⛴ Rialto

Da Bruno €€–€€€

Ein freundliches Restaurant und zugleich *bàcaro*, das für jeden Geschmack etwas bietet: Jede Menge leckere Fleisch- und Fischhappen *cicheti*, die mit einem Drink bestens munden. Als Hauptgang gibt es u. a. saftiges Röstfleisch oder leckeren frischen, gegrillten Fisch.

✚ 200 A5 ✉ Castello 5731, Calle del Paradiso ☎ 041/522 1480 ◷ Mi–Mo 12–15, 18.30–22 Uhr ⛴ San Zaccaria

Dal Pampo (Osteria Sant'Elena) €–€€

Mischen Sie sich unter die vielen Einheimischen, die sich hier Pasta und diverse Fleisch- und Fischgerichte schmecken lassen. Fragen Sie nach dem Tagesspecial und trinken Sie einen roten *sfuso* (Fasswein) dazu. Im Sommer können Sie im Freien essen.

✚ 200 bei C1 ✉ Castello 24 , Calle Generale Chinotto ☎ 041/5208419 ◷ Fr–Mi 12–14.30, 19.30–21 Uhr ⛴ Sant'Elena

Al Covo €€–€€€

Das Al Covo ist in Venedig eines der erfolgreichsten Restaurants, ein Mecca für italienische wie ausländische Gourmets. Es verfügt über mehrere kleine Räume und Tische im Freien. Serviert werden leichte Versionen der traditionellen venezianischen Fischgerichte und Meeresfrüchte, z. B. *baccalà mantecato* (Stockfisch in Sahne) mit watteweicher weißer Polenta oder *fritto misto* mit Lagunenfisch, Polenta und Gemüse. Die Pasta ist hausgemacht wie auch die köstlichen Desserts. Dazu gibt es Weine aus dem Veneto, Friaul und dem Trentino.

✚ 201 D3 ✉ Castello 3968, Campiello della Pescaria ☎ 041/522 3812 ◷ Fr–Di 12.45–14, 19.30–22 Uhr (Küche).

Geschlossen zwei Wochen im August und 15. Dez. bis 15. Jan ▥ Arsenale

Alle Testiere €€–€€€

Das Alle Testiere gehört zur Gruppe der Buona-Accoglienza-Restauants (➤ 38f). Es hat nur 25 Plätze und bietet täglich wechselnde Gerichte (keine feste Karte), in erster Linie frischen, schnörkellos zubereiteten Mittelmeerfisch und Meeresfrüchte wie *canastrelli* (Jakobsmuscheln), *cozze* (Muscheln), *coda di rospo* (Seeteufel), *granseola* (Seespinne) und – während der Saison – *moeche* (Taschenkrebse). Ergänzt werden die Speisen mit frischen Kräutern und verschiedenem Gemüse. Eine gute Weinkarte rundet das Mahl ab.

✚ 200 A5 ✉ Castello 5801, Calle del Mondo Nuovo ☎ 041/522 7220 ◷ Di–Sa 12–14.30, 19–22.30 Uhr. Geschl. Ende Juli bis Mitte Aug., Neujahr ▥ Rialto

Corte Sconta €€€

Es gibt kaum etwas Schöneres, als an einem warmen Sommertag ein ausgedehntes Mittagessen im schattigen Garten dieses wunderbaren Restaurants einzunehmen. Zu Recht ist das Corte Sconta für seine *antipasti* berühmt, ein wahrer Reigen sorgfältig zubereiteter Köstlichkeiten, die überwiegend auf Fisch basieren. Kosten Sie Krabben und Muscheln, frische Anchovis und winzige Garnelen, allesamt auf venezianische Art zubereitet. Die leichte, aromatische Pasta und die Gnocchi sind hausgemacht, der Fisch wird frittiert, gegrillt oder pochiert. Fragen Sie nach Weinen und den Empfehlungen des Hauses.

✚ 201 D3 ✉ Castello 3886, Calle del Pestrin ☎ 041/522 7024 ◷ Di–Sa 12.30–14, 19.15–21.30 Uhr. Geschl. 7. Jan.–7. Febr., Mitte Juli bis Mitte Aug. ▥ Arsenale

Hostaria all'Ombra €–€€

Die Speisekarte mag vielsprachig sein, die Gäste ein Mix aus Einheimischen und Touristen, aber die Küche ist echt venezianisch! Hier gibt es hausgemachte Pasta, frischen Fisch, federleichte Polenta, und eine üppige Auswahl an *cicchetti*. Die Atmosphäre in diesem Familienbetrieb ist eher licht und schlicht als stimmungsvoll. Schnappen Sie sich im Sommer einen Terrassentisch und schauen Sie dem Straßenleben zu.

✚ 202 B3 ✉ Castello 1252/A, Via Garibaldi ☎ 041/523 1179 ◷ Di–So 12–15, 19–22.30 Uhr ▥ Arsenale/Giardini

Osteria Oliva Nera €€€

Die schlichte Osteria mit ihrer lockeren Atmosphäre ist ein Paradebeispiel für eine neue Generation venezianischer Restaurants. Traditionsgerichte werden hier zeitgemäß und innovativ gekocht, zu den Spezialitäten gehören Venusmuscheln mit wilden Steinpilzen und mit Thymian geschmortes Lamm *porcini*. Der Service ist freundlich und ist Ihnen bei der Menü- und der Weinauswahl behilflich.

✚ 200 C4 ✉ Castello 3417/18, Calle della Madonna ☎ 041/522 21 70 ◷ Fr–Di 12–14.30, 18.30–22 ▥ San Zaccaria

Wohin zum ...
Einkaufen?

Castello vereint geschäftiges Treiben in den Läden für den alltäglichen Bedarf der Anwohner rund um San Lio und eigenwillige Kunsthandwerks- und Geschenkeläden – einige davon im Osten des *sestiere*. Bummeln Sie vom *vaporetto*-Anleger am Rialto gen Osten oder steigen Sie am Arsenale aus gehen Sie nach Norden und Westen.

Die Salizada San Lio ist eine der Haupteinkaufsstraßen in Castello. Hier befindet sich **Ratti** (Castello 5825, Tel. 041/240 4600), *der* Laden Venedigs für Haushaltswaren und Küchenausstattung, Porzellan und Geschirr aller Art. Ein Stück die Straße hinauf verkauft **Silvia** (Castello 5540, Tel. 041/5238568) jede Menge Lederwaren und -schuhe zu guten Preisen. Wolle und Kurzwaren im Überfluss hat **Resmini Passamanerie** (Castello 5784, Tel. 041/523 51 41). Die Calle della Banda am Fuß der Salizada beherbergt eine Filiale von **Il Papiro** (Castello 5275, Tel. 5223648), wo Sie eine wunderbare Auswahl an marmorierten und geprägten Papierwaren wie Gäste- und Notizbücher, Rahmen und Ordner in leuchtenden Farben erwartet.

Ganz in der Nähe (in der 5370) befindet sich das beste Spielwarengeschäft der Stadt: **Lanterna Magica** (Tel. 041/528 1902). Hier können Sie pädagogisch wertvolle Spiele und Spielzeug aus aller Welt und knuffige Plüschtiere erstehen.

Nicht weit von hier ist **Filippi Editore Venezia** (Castello 5284, Calle della Casselaria, Tel. 041/523 6016), der älteste Verlag Venedigs, der mehr als 400 Titel zur Stadt im Programm hat und wunderbare Drucke anbietet. Gehen Sie von hier aus über den Campo Santa Maria Formosa zu **Papier Mâché** (Castello 5175, Calle Lunga Sta Maria Formosa, Tel. 041/5229995) die moderne Masken nach traditioneller Herstellung fertigen. Weiter nach Süden geht es zu **Anticlea Antiquariato** (Castello 4719/A, Calle San Provolo), eine winzige Fundgrube antiker Perlen und Stoffe, in der der Besitzer Ketten und Ohrringe direkt für Sie und nach Ihren Wünschen anfertigt. Noch ein Stück südlich bietet **Paolo Rossi** (Castello 4685, Campo San Zaccaria) schöne Replikate von römischen und antiken Glaswaren an. **Arabesque Barbieri** (Castello 3403, Ponte dei Greci, Tel. 041/5228177) ist ein Paradies für Schals und Stolen in schönen Stoffen und Farben. Östlich entlang der Riva kann man morgens die irdischen Genüsse des Markts an der Via Garibaldi genießen, wo man frische und preiswerte Ware erstehen kann.

Wohin zum ...
Ausgehen?

In Castello bieten sich zwei besonders schöne Orte voll Atmosphäre, die sich für einen Abendspaziergang und einen Drink eignen – der Campo Santa Maria Formosa, auf dem im Sommer oft Livekonzerte stattfinden, und die Riva degli Schiavoni mit ihren Bars, von denen man die Lagune überblickt.

Musik aus dem 18. Jahrhundert vor einer bezaubernden Kulisse aus dem 17. genießen Sie in der **Fondazione Querini Stampalia** (Castello 5252, campiello Querini Stampalia, Tel. 041/272 1411, www.querini stampalia.it). Barocke Musik hören Sie regelmäßig in der Kirche **Santa Maria Formosa** (campo Santa Maria Formosa; Tel. 041/984 252, information). Vivaldi wird montags, mittwochs und freitags gespielt – von Januar bis August.

Eine andere Art venezianischer Musik kann man bei **Giorgione** (Castello 1533, via Garibaldi, Tel. 041/ 522 87 27) hören, wenn Lucio Bisutto traditionellen Folk spielt. Direkt am Ufer liegt das **Melograno** (Castello 1643, Riva VII Martiri, Tel. 041/241 41 96) wo samstagabends exzellente Jazzbands auftreten.

Zum Tanzen geht es zu **Floridita** (Tel. 041/419 69 63), bei der Via Garibaldi gelegen, wo lateinamerikanische Rhythmen erklingen. Das **L'Olandese Volante** (Castello 5658, Campo San Lio, Tel. 041/ 528 93 49), ist eine typische Studentenkneipe mit einer guten Bierauswahl und Tischen draußen auf dem Campo.

Cannaregio und San Michele

Erste Orientierung

Der Name des Canale di Cannaregio kommt entweder von *canne* (Schilf), das an den Ufern wuchs, oder der Wasserlauf galt früher als *canal regio*, als »Königskanal«, weil er zu den Hauptkanälen Venedigs gehörte. Bis zum Bau des Eisenbahndamms, der die Stadt seit 1846 mit dem Festland verbindet, war der Kanal das Haupttor zur Stadt. Er führt vom nördlichen Teil der Lagune geradewegs durch den *sestiere* und mündet in den Canal Grande, der seinerseits die Südgrenze bildet. Der Stadtteil endet im Westen am Bahnhof Santa Lucia. Im Osten liegt eines der ältesten Viertel Venedigs, während sich nördlich die *fondamente* (Kais) erstrecken. Sie weisen zu den Inseln im Norden, darunter San Michele mit dem Friedhof der Stadt.

Verziertes Mauerwerk im Palazzo Giovanelli

★ Nicht verpassen!

1 Ca' d'Oro ➤ 90
2 Il Ghetto ➤ 92
3 Madonna dell'Orto ➤ 94

Nach Lust und Laune!

4 Fondamenta della Sensa ➤ 96
5 Campo dei Mori ➤ 96
6 Gesuiti ➤ 96
7 Isola di San Michele ➤ 97
8 Santa Maria dei Miracoli ➤ 97

Seite 85: Blauregen ziert eine Wand in Cannaregio

Ein florierender hiesiger Markt

Cannaregio blickt auf eine lange Geschichte zurück und wartet mit schönen Palazzi und Kirchen auf. Im Osten steht Santa Maria dei Miracoli, ein Schmuckstück der Renaissance. An eine ganz andere Zeit erinnert die Ca' d'Oro, eines der erlesensten gotischen Stadthäuser Venedigs. Weiter nördlich verbinden schmale Gassen mit kleinen Läden, einfachen Häusern und Handwerksateliers mehrere große, parallel angelegte Kanäle. Dieses ruhige, bescheidene Gebiet mit der hübschen Kirche Madonna dell'Orto ist nur zehn Gehminuten von den schicken Läden und eleganten Hotels entfernt, doch glaubt man sich buchstäblich in eine andere Welt versetzt. Am Rand dieses Stadtteils liegt das alte Ghetto, eines der geschichtsträchtigsten und faszinierendsten Viertel Venedigs.

An einem Tag

Venedigs zweitgrößter *sestiere* blickt auf eine interessante Geschichte zurück. Er vereint ruhige Gässchen im Norden, quirlige Einkaufsstraßen und prachtvolle Kirchen.

9 Uhr

Fahren Sie früh mit dem Boot zur **❶ Ca' d'Oro** (➤ 90f). Gebäude und Sammlung des Museums sind gleichermaßen sehenswert. Genießen Sie den Blick von den Loggien im Obergeschoss auf den Canal Grande (links).

10.30 Uhr

Spazieren Sie die Strada Nuova hinauf, eine der Hauptstraßen der Stadt, die vom Bahnhof bis in die Nähe des Rialto führt. Als man die Einkaufsstraße im 19. Jahrhundert anlegte, mussten viele kleine Gässchen weichen.

11 Uhr

Zeit für einen Kaffee an einer der *fondamente* (Kais) mit Blick auf den Canale di Cannaregio, neben dem Canal Grande der einzige echte Kanal Venedigs. Laufen Sie weiter zum Campo del Ghetto Nuovo im Herzen des **❷ Ghettos** (rechts, ➤ 92f).
Die Führung durch das Ghetto, das zu den am wenigsten besuchten, aber faszinierendsten Vierteln gehört, lohnt sich.

13 Uhr

Essen Sie im Al Bacco (Cannaregio 3054, Fondamenta delle Cappuccine, Tel. 041/71 74 93) zu Mittag, einer *osteria* mit schönem Hof.

14.30 Uhr

Spazieren Sie entlang der **4 Fondamenta della Sensa** (➤ 96) und über den **5 Campo dei Mori** (➤ 96) zur hübschen gotischen Kirche **3 Madonna dell'Orto** (➤ 94f), mit den berühmten Gemälden Tintorettos.

16 Uhr

Besteigen Sie bei der Kirche einen *vaporetto* und fahren Sie zu den Fondamente Nuove. Wenn Sie noch Energie für eine Kirche haben, besuchen Sie

Santa Maria Assunta, meist **Gesuiti** genannt (➤ 96), die durch üppigen Marmordekor besticht. Fahren Sie dann mit dem Boot weiter nach **7 San Michele** (➤ 97). Die Friedhofsinsel bildet einen Kontrast zum hektischen Treiben der Stadt. (Links: Campo dei Gesuiti).

18 Uhr

Fahren Sie zurück zur Stadt, und laufen Sie nach Südwesten – vorbei an vielen netten Restaurants. Die Fiaschetteria Toscana (Cannaregio 5719, Salizzada San Giovanni Crisostomo, Tel. 041/528 52 81) ist eine gute Adresse (unbedingt im Voraus reservieren).

20 Uhr

Von Mitte September bis Mitte Juni können Sie den Tag mit einem Besuch im Kasino (➤ 102) in einem schönen Renaissancepalazzo ausklingen lassen.

❶ Ca' d'Oro

Die prächtigsten Häuser Venedigs säumen den Canal Grande, doch auch unter ihnen sticht die wunderbare Fassade der Ca' d'Oro (Goldenes Haus) deutlich hervor. Das schönste und aufwendigste Beispiel eines gotischen Stadthauses in Venedig beherbergt heute die Sammlung der Galleria Franchetti. Zwar wurde das Innere des Palazzo immer wieder umgestaltet, doch kann man sich den alten Zustand immer noch gut vorstellen.

Im Jahre 1420 gab der Kaufmann und Patrizier Marino Contarini diesen großen Palazzo in Auftrag, dessen gotischer Zierrat – unter anderem Spitzbogenfenster, Türmchen und Marmorschmuck – sich deutlich an den Dogenpalast anlehnt. Zwischen 1421 und 1431 wurde der Palast erbaut; die **Fassade** verzierte man reich mit Zinnoberrot, Ultramarin und Goldblatt (daher der Name des Hauses), den teuersten Farben, die zur damaligen Zeit erhältlich waren. Leider begann schon wenig später der Niedergang – der Palazzo wechselte mehrfach den Besitzer und drohte schließlich zu verfallen. Seine schlimmsten Stunden erlebte das Gebäude 1847, als der russische Fürst Trubetzkoy

WUSSTEN SIE DAS?

Der hl. Sebastian war ein beliebtes Motiv bei den Malern der Renaissance, weil der Märtyrer von Pfeilen durchbohrt gestorben war. So konnten sie eine fast nackte Gestalt malen und ihre Kunst in der anatomischen Darstellung beweisen.

es als Geschenk für seine Geliebte, die Balletttänzerin Maria Taglioni, erwarb. Er ließ die Freitreppe abreißen, verkaufte das Brunnenhaus und entfernte die Marmorfassade. Verzweifelt versuchte der britische Kunstkritiker John Ruskin (1819–1900), der zu jener Zeit in Venedig lebte, Skizzen von dem Gebäude anzufertigen, ehe es sein Aussehen völlig veränderte. Erst Ende des 19. Jahrhunderts nahte Rettung, als der Kunstmäzen und -sammler Baron Franchetti das Gebäude kaufte, Treppe und Brunnen wieder einsetzen ließ und seine Sammlungen hier unterbrachte. 1916 vermachte er das Haus dem Staat.

Das Erdgeschoss mit dem zum Wasser hin gebauten Eingangsportal vermittelt einen guten Eindruck davon, wie die Palazzi am Canal Grande im Mittelalter aufgebaut waren.

Oben: Die Fassade der Ca'd'Oro gehört zu den großen Wahrzeichen Venedigs

Unten: Die Schatten der Loggia bilden ein Muster auf dem Ca' d'Oro

Die untere Ebene umfasste einst Lagerräume, einen kleinen Lustgarten, einen Hof mit Brunnen und eine Treppe, die Zugang zu den oberen Stockwerken mit Verwaltungsräumen und Privatgemächern bot.

Die luftigen, hellen Räume im ersten und zweiten Stock nimmt heute die **Galerie** ein, beide Etagen besitzen Loggien mit Blick auf den Canal Grande. Im Zentrum der Sammlung steht Andrea Mantegnas (1431–1506) *Heiliger Sebastian*, das letzte Werk des Künstlers. Sehenswert sind auch die Skulptur *Doppelporträt* von Tullio Lombardo (um 1455–1532) sowie Freskenfragmente von Giorgione (➤ 22) und Tizian (➤ 22) aus dem Fondaco dei Tedeschi (➤ 171). In den Münz- und Medaillenvitrinen befindet sich ein interessantes Porträt des Sultans Mohammed II., das Gentile Bellini(➤ 22) vermutlich während seines Aufenthalts in Konstantinopel anfertigte.

Unten rechts: Ausschnitt einer Außentreppe

Essen Sie in der **Trattoria Ca' d'Oro all Vedova** (»Witwenhaus«) zu Mittag, einem alteingesessenen *Bàcari* (Cannaregio 3912, Ramo Ca' d'Oro, Tel. 041/528 53 24).

✚ 193 E2 ✉ Cannaregio 3932, Ca' d'Oro ☎ 041/522 2349; Buchung 041/520 034; www.cadoro.org 🕐 Di–So 8.15–19.15, Mo 8.15–14 Uhr 🚤 1, Ca' d'Oro ✋ mittel

CA' D'ORO: INSIDER-INFO

Top-Tipps: Besuchen Sie das Museum am Morgen und schauen Sie von der Loggia aus zu, wie die Händler ihre Waren am Canal Grande entladen!

- Das **Kombiticket** der Gallerie dell'Accademia (➤ 126ff) gilt auch für die Ca' d'Oro.
- Der **Museumsshop** bietet eine überdurchschnittlich gute Auswahl an Büchern, Postern und Karten.

Muss nicht sein! Verbringen Sie nicht zu viel Zeit mit den Bildern von Tintoretto und Tizian. An anderen Orten Venedigs gibt es **bessere Werke** dieser Künstler.

② Il Ghetto

Der Begriff *ghetto* ist venezianisch, und alle jüdischen Ghettos auf der Welt wurden nach dieser kleinen Insel in Cannaregio benannt. Das Dialektwort *geto* bezog sich auf die dort ansässige Eisengießerei. Heute gehört das Viertel zu den faszinierendsten Teilen Venedigs.

Seit dem 14. Jahrhundert durften Juden in Venedig für ca. 15 Jahre lang wohnen und ihren Lebensunterhalt als Geldverleiher, Lumpensammler, später auch als Ärzte und Musiker verdienen. Erst ab 1516 gestattete man ihnen unter zahlreichen Auflagen, sich dauerhaft in der Stadt niederzulassen.

An den Zugangsbrücken sperrten schwere Eisengitter die Insel mit der ehemaligen Gießerei von Sonnenuntergang bis zur Morgendämmerung ab. In dieser Zeit durfte – abgesehen von Ärzten, die Patienten besuchten – kein Jude das Ghetto verlassen. Tagsüber konnten sich die Mitglieder der Gemeinde frei bewegen, mussten jedoch ein Erkennungszeichen tragen. Sie besaßen ein beschränktes Recht auf Privatbesitz und mussten hohe Abgaben zahlen. Davon abgesehen, ging es ihnen in Venedig jedoch besser als in vielen anderen europäischen Städten, weshalb immer wieder Flüchtlinge aus anderen Ländern zureisten. Zunächst ließen sich Aschkenazim und Levantiner aus dem Osmanischen Reich nieder, dann strömten spanische und portugiesische Sephardim herbei. Jede Immigrantengruppe errichtete eine eigene Synagoge, sodass es 1575 bereits fünf Synagogen gab, von denen zwei noch heute genutzt werden.

Die ständige Überfüllung des Ghettos stellte ein großes Problem dar, auch nachdem man den Juden erlaubt hatte, sich außerhalb der Grenzen des ursprünglichen Ghettos anzusiedeln. Nacheinander entstanden das Ghetto Vecchio (1541) und das Ghetto Nuovo (1633), und da der Platz dennoch nicht ausreichte, baute man Häuser mit bis zu sieben

Links:
Dekorative
Glaswaren,
feilgeboten im
Ghetto Vecchio

Stockwerken. Da der Platz für den Bau von Synagogen einfach nicht ausreichte, mussten sie alle in bereits existierende Gebäude integriert werden.

Nach der Auflösung der Republik im Jahre 1797 wurde das Ghetto aufgelöst und es gab keine Beschränkungen mehr für venezianische Juden, die 1866 die vollen Bürgerrechte erhielten. 1943 wurden 200 Juden aus Venedig in Konzentrationslager deportiert.

Der **Campo del Ghetto Nuovo** liegt im Herzen des Ghettos. Schmale, hohe Gebäude säumen den ruhigen, weitläufigen Platz, den man über drei Brücken erreicht. Außer dem **Museo Ebraico (dem Jüdischen Museum)** befinden sich hier ein Buchladen, eine Bibliothek, eine Bäckerei, ein Kindergarten und ein Altenheim. An einer Wand am Eck des Platzes erinnern mehrere Relieftafeln an den Holocaust, dem so viele Juden aus allen Ghettos Europas zum Opfer fielen.

KLEINE PAUSE

Im Museumscafé können Sie einen koscheren Imbiss einnehmen. Hier gibt es auch Venedigs einziges koscheres Restaurant, das **Gam-Gam** (➤ 100).

Museo Ebraico

✠ 192 B4   ✉ Cannaregio 2902b, Campo del Ghetto Nuovo   ☎ 041/715 359; www.ghetto.it   ⊕ Juni–Sept So–Fr 10–19 Uhr; Rest So–Fr 10–16.30 Uhr (Fr evtl. eher geschl.). Synagogenführungen halbstündlich ab 10.30 Uhr   🚢 1, 82, San Marcuola; 41, 42, 51, 52, Guglie   ✋ preiswert

IL GHETTO: INSIDER-INFO

Top-Tipps: Eine **Führung** durch das Museum und die Synagogen lohnt sich in jedem Fall. So lernen Sie vieles kennen, was Sie sonst nicht sehen würden.
■ Die Führungen finden im **halbstündlichen Rhythmus** statt. Kommen Sie frühzeitig, da es sehr voll werden kann.

Etwas außerhalb Der **alte jüdische Friedhof** von 1386 befindet sich in der Nähe der Kirche San Nicolò am Lido.

❸ Madonna dell'Orto

Die hübsche gotische Kirche Madonna dell'Orto liegt ganz versteckt im Norden von Cannaregio. Zu Recht wird sie auch Tintoretto-Kirche genannt, denn der berühmte Maler (1518–94) lebte hier in ihrer Nähe, schmückte sie mit einigen seiner schönsten Werke aus und wurde schließlich in ihr beigesetzt.

Die im 14. Jahrhundert gegründete Kirche war ursprünglich dem hl. Christophorus, dem Schutzpatron der Reisenden, geweiht, denn die Venezianer hofften, er würde ein Auge auf die Gondolieri haben, die regelmäßig Passagiere von und zu den weiter nördlich gelegenen Inseln übersetzten. Der Heilige verlor jedoch an Bedeutung, als man 1377 eine angeblich wundertätige Statue der Jungfrau mit Kind in einem benachbarten *orto* (Gemüsegarten) fand und in die Kirche brachte. Die Madonna steht bis heute in der **San-Mauro-Kapelle**, während die Skulptur des hl. Christophorus das

Oben: Tintorettos großflächige Gemälde zieren seine Grabstätte, die Kirche

Links: Die Zwiebelkuppel der Kirche Madonna dell'Orto

HOCHWASSERKATASTROPHE

Im November 1966 stieg das Wasser in einigen Teilen der Stadt über zwei Meter hoch und verursachte gewaltige Schäden. Aus aller Welt flossen Spendengelder zusammen, und verschiedene Länder übernahmen finanzielle Patenschaften für die Instandsetzung einzelner Gebäude. Die britische Stiftung »Venice in Peril Fund« trug dabei hauptsächlich zur Restaurierung des Dogenpalasts sowie der Kirchen San Nicolò dei Mendicoli in Dorsoduro und Madonna dell'Orto bei.

Eingangsportal bewacht. Die gesamte Kirche wurde zwischen 1399 und 1473 aus Backstein neu gebaut und erhielt bei dieser Gelegenheit auch ihre wohlproportionierte **Fassade**, mit der **Zwiebelkuppel** und dem schlanken **Glockenturm**.

Zwei große Gemälde hängen im **Altarraum**. Es handelt sich um *Die Anbetung des Goldenen Kalbs* und *Das Jüngste Gericht*. Die dramatisch gestalteten Szenen voller Licht und Bewegung illustrieren hervorragend, wie der Künstler seine Bilder komponierte. In dem bärtigen Mann, der das Kalb trägt, soll Tintoretto sich selbst dargestellt haben, seine Frau posierte angeblich für die blau gekleidete Dame in seiner Nähe. In der **Apsis** hängen *Die Enthauptung des hl. Christophorus* und *Die Kreuzvision des hl. Petrus*, beide mit zahlreichen wirbelnd umherfliegenden Engeln. Das mystische Gemälde *Maria im Tempel* im rechten Seitenflügel steht zu diesen Bildern in deutlichem Kontrast. In der **Contarini-Kapellel**, im linken Seitenflügel befindet sich schließlich noch ein Porträt der hl. Agnes, die den Sohn eines römischen Präfekten zum Leben erweckt – ein unbedingtes Muss für jeden echten Tintoretto-Liebhaber.

KLEINE PAUSE

Laufen Sie fünf Minuten zum Rio della Sensa. Hier können Sie im Fischrestaurant **Al Bacco** (Cannaregio 3054, Fondamenta delle Cappuccine, Tel. 041/717 493) essen können.

✠ 193 D5 ✉ Campo Madonna dell'Orto ☎ 041/275 0462; www.chorus venezia.org 🕐 Mo–Sa 10–17, So 13–17 Uhr 🚢 41, 42, 51, 52, Madonna dell'Orto ✋ preiswert

---

MADONNA DELL'ORTO: INSIDER-INFO

Top-Tipps: Vergessen Sie über den Tintorettos nicht das **Altarstück** (1494) aus der Frührenaissance von Cima da Conegliano in der ersten Kapelle auf der rechten Seite. Es zeigt die Heiligen Johannes den Täufer, Markus, Hieronymus und Paulus.

■ In der ersten Kapelle von links hing einst eine wunderschöne **Muttergottes** von Giovanni Bellini. Sie wurde 1993 gestohlen, doch hofft man auf wundersame Wiederkehr des Bildes.

Ein Muss: Eine einfache Tafel in der Kapelle rechts neben dem Chor ziert **Tintorettos Grab**.

Außerdem: **Das Jüngste Gericht** belegt die Fähigkeit der Renaissancemaler, Religion und klassischen Mythos zu verbinden. Charon, der Fährmann der Unterwelt, setzt hier mit seinem Nachen die Seelen der Verstorbenen über.

Nach Lust und Laune!

4 Fondamenta della Sensa

Drei parallel verlaufende Kanäle durchziehen den nördlichen Teil Cannaregios. Die Fondamenta della Sensa führt am mittleren der drei entlang und endet an einem hübschen Platz, dem Campo dell'Abbazia. Hier begegnen Sie dem echten Venedig – mit Wäsche, die zum Trocknen vor den Fenstern hängt, Fassaden, von denen der Putz bröckelt, Bars und Restaurants, die fast nur von Einheimischen besucht werden. Auf den ruhigen Seitenkanälen trainieren die Teilnehmer in den Wochen vor der großen Regatta (► 17) ihre Rudertechnik. Auch die übrigen *fondamente* in der Nähe verdienen einen Besuch: Besonders reizvoll ist die Fondamenta della Misericordia mit vielen kleinen Geschäften.

✚ 192 B5　✉ Fondamenta della Sensa　⛴ 41, 42, 51, 52, Madonna dell'Orto

5 Campo dei Mori

Der Name des eigenartig geformten Campo dei Mori bezieht sich vermutlich auf die mittelalterlichen Steinskulpturen dreier Mauren an den Gebäuden, die allesamt wehende Gewänder und Turbane tragen. Vermutlich handelt es sich um Darstellungen der Kaufmannsbrüder Mastelli, die aus dem südgriechischen Morea – im Dialekt *mori* – stammten. Eine der Statuen verlor im Laufe der Zeit ihre Nase, die durch eine Kopie aus Eisen ersetzt wurde. Zu Füßen dieser im Volksmund »Signor Antonio Rioba« genannten Figur legten unzufriedene Venezianer früher nachts ihre Kritik ab. Ein vierter Maure befindet sich am Eck der *fondamenta*, bei Nr. 3399, direkt an der Tür von Tintorettos Haus.

✚ 193 D5
✉ Campo dei Mori　⛴ 41, 42, 51, 52, Madonna dell'Orto

Eine Moorenstatue an der Außenwand von Tintoettos Haus in Campo dei Mori

6 Gesuiti

Wenn Sie üppig überladenen Barockdekor mögen, sollten Sie die Jesuitenkirche Santa Maria Assunta, kurz Gesuiti genannt, besuchen. Da die Jesuiten dem Papst stets sehr nahestanden, verbot man ihnen im 17. Jahrhundert 50 Jahre lang den Zutritt zur Stadt. Erst im Jahre 1715 beauftragten sie den Architekten Domenico Rossi mit dem Bau der Kirche. Diese statteten sie so pompös aus, dass man sie entweder lieben oder verabscheuen muss. An jedem Eck wurde grüner und weißer Marmor zu tuchartigen Gebilden geschnitzt. Der Altarbaldachin ist Berninis Meisterwerk im Petersdom zu Rom nachempfunden. Über dem

ersten Seitenaltar von links hängt eine Nachtszene von Tizian mit dem Titel *Martyrium des hl. Laurentius*.

➕ 194 B4 ✉ Campo dei Gesuiti ☎ 041/528 6579 🕐 Mo–Sa 10–12, 16–18, So 16–18 Uhr 🚢 12, 13, 41, 42, 51, 52, Fondamenta Nuove ✋ frei

7 Isola di San Michele

San Michele ist kein trister, sondern ein friedvoller, gut gepflegter und mit Blumen übersäter Ort. Betreten Sie den Friedhof durch den eleganten Convento di San Michele in Isola, den die Franziskaner 1460 errichten ließen. Zur gleichen Zeit entstand auch die hübsche Kirche aus weißem istrischen Stein, der erste Renaissance-Sakralbau Venedigs.

Der Friedhof gliedert sich in verschiedene, nach Konfessionen geordnete Abschnitte. Wenn Sie Gräber berühmter Persönlichkeiten sehen möchten, sollten Sie die letzte Ruhestätte des berühmten russischen Ballettimpresarios Sergej Diaghilew (1872–1929) und das Grab des russischen Komponisten Igor Strawinsky (1882–1971) in der orthodoxen Sektion aufsuchen.

Auf dem protestantischen Friedhof liegt der amerikanische Dichter Ezra Pound (1885–1972), der seine letzten Lebensjahre in Venedig verbrachte. Weniger berühmte Verstorbene werden übrigens heute bereits nach zehn Jahren auf andere Friedhöfe verlegt.

➕ 195 E5 ✉ San Michele 🕐 Tgl. 7.30–16 Uhr 🚢 12, 13, 41, 42, 71, 72, Cimitero

8 Santa Maria dei Miracoli

Die Kirche Santa Maria dei Miracoli, ein Schmuckstück der Renaissance, liegt versteckt zwischen den schmalen Kanälen und Straßen im Osten Cannaregios. Sie wurde zwischen 1481 und 1489 für ein wundertätiges Marienbild, das über dem Altar hängt, von Niccolò di Pietro erbaut.

Pietro Lombardo (1433–1515) und seine Söhne entwarfen die Kirche und schufen auch einen großen Teil der Innenausstattung. Schauen Sie sich das Gebäude erst von außen an, und beachten Sie die verschiedenen Nuancen des Marmors an den Wänden und die eleganten Pfeiler. Die Basreliefs im Innern gehören zu den schönsten

TINTORETTO

Jacopo Robusto (1518–94), der Sohn eines *tintore* (Seidenfärbers), wurde zeitlebens Tintoretto (kleiner Färber) genannt. Er wuchs in Cannaregio auf, wo er auch lebte und starb. Fast alle seine großen Kunstwerke hängen in Venedig. Sie sind berühmt für das Spiel mit Licht und Farben, der Bewegung der Figuren und der kräftigen Pinselführung. »Die Formen Michelangelos und die Farben Tizians« schrieb Tintoretto auf die Wand seines Ateliers, und daran hielt er sich. Seine schönsten Bilder befinden sich in der Scuola Grande di San Rocco, der Kirche Madonna dell'Orto und der Accademia.

MARCO POLO

Wenn Sie unweit des Rialto durch Cannaregio spazieren, halten Sie Ausschau nach dem Corte Seconda del Miliòn, in dem Marco Polo nach seiner Rückkehr aus dem Fernen Osten lebte. Er bekam den Spitznamen Il Milione, nachdem die Berichte über seine Abenteuer in dem Buch *Il Milione* erschienen waren. Er war über Land durch ganz Asien bis an den Hof des Mongolenherrschers Kublai Khan gereist, um dort mit Zucker, Gewürzen, Seide und Baumwolle zu handeln. Fast 20 Jahre lang lebte er als Gouverneur in Yangzhou. 1295 kehrte er nach Venedig zurück. Hier starb er 1324.

Ein Schmuckstück: Die Renaissancekirche Santa Maria dei Miracoli

in ganz Venedig. Besuchen Sie die Kirche an einem sonnigen Tag, wenn Licht in den Innenraum fällt und den Marmor erleuchtet. Die Altarstufen und die Balustrade sind mit einzelnen Figuren und einer Verkündigungsszene gestaltet; die Säulen des Nonnenchors ziert filigraner Flachreliefschmuck. An der Kassettendecke sehen Sie 50 gemalte Prophetenbüsten.

✚ 194 B2 ✉ Campo Santa Maria Nuova
☎ 041/275 0462; www.chorusvenezia.org
🕐 Mo–Sa 10–17, So 13–17 Uhr
🚤 1, 82, Rialto ✋ preiswert

Wohin zum ...
Essen und Trinken?

Preise
Preise pro Person für ein Essen ohne Getränke
€ unter 30 Euro €€ 30–50 Euro €€€ über 50 Euro

BÀCARI, BARS UND GELATERIE

Bar Algiubagiò €

Während Sie an den Fondamente Nove auf Ihren *vaporetto* warten, können Sie hier ein leckeres Sandwich oder einen Imbiss einnehmen. Zur Auswahl stehen viele verschiedene *tramezzini* (dreieckige Sandwiches) und Sandwichrollen mit Paprika, Mortadella oder *porchetta* (Schweinebraten). Zwei Häuser weiter gibt es tolles Eis.

✛ 194 C4 ✉ Cannaregio 5039, Fondamenta Nuove ☎ 041/523 60 84; www.algiubagio.com ⊕ Tägl. 6.30–21 Uhr
🛥 Fondamenta Nuove

Bar Pasticceria Ballarin €

Wenn Sie um den Rialto herum bummeln gehen, sollten Sie eine Pause in dieser gemütlichen Bar und Pasticceria machen und sich einen Espresso gönnen. Kosten Sie eines dieser luftig leichten, traditionell venezianischen *biscotti* (Gebäck)!

✛ 193 F1 ✉ Cannaregio 5794, Salizzada San Giovanni Crisostomo ☎ 041/528 52 73
⊕ Tägl. 7.30–20.30 Uhr 🛥 Rialto

Enoteca Do Colonne €

Diese *enoteca* mit originellen Bildern alter Korkenzieher liegt unweit der *vaporetto*-Haltestelle San Marcuola und bietet bei schönem Wetter auch einige Tische im Freien. Hier können Sie zu *cicheti* auch *un'ombra* (ein Glas Wein) probieren. Zu den typisch venezianischen Appetithäppchen gehören Frikadellen aus Fisch und Fleisch, *sarde in saor* (süßsaure Sardinen), Tintenfisch und verschiedene Gemüsesorten.

✛ 192 C4 ✉ Cannaregio 1814, Rio Terrà del Cristo ☎ 041/524 04 53
⊕ Tägl. 10–21 Uhr (im Winter Sa. geschl.)
🛥 San Marcuola

Al Bacco €–€€

Ein kuschliges Restaurant, wo man im Winter in einem gemütlichen Speiseraum, an langen Sommerabenden im luftigen Hinterhof essen kann. Die kurze Speisekarte besteht v. a. aus Fischgerichten und bietet viele venezianische Spezialitäten wie Tintenfisch an Polenta, wunderbare Spaghetti *agli caparozzoli* (Muscheln), *sarde in saor* (süßsauer marinierte Sardinen) und perfekt gegrillten Fisch. Viele Einheimische essen im Al Bacco, dessen Besitzer eine wahrer Hüne ist – ein prima Platz, um die Welt um sich herum zu beobachten.

✛ 192 A5 ✉ Cannaregio 3054, Fondamenta Capuzine ☎ 041/717493
⊕ Di–So 12–15, 19–22 Uhr 🛥 San Marcuola

Ai Canottieri €€

Diese solide, traditionelle Restaurant mit Terrazzoboden, Holztäfelung und schlichtem Gedeck ist der ideale Ort für ein köstliches Fischgericht. Als Vorspeisen werden Rohfischgerichte wie marinierter Schwertfisch gereicht, es folgen Pastagänge wie Spaghetti *alle vongole* (mit Venusmuscheln und Peperoncini) oder *garganelli* mit Tomaten, Zucchini, Basilikum an Seeteufelsoße. Brassen und Wolfsbarsche werden gegrillt serviert. Probieren Sie auch die knusprig leichte *frittura mista*. Wenige, aber feine Weine und hausgemachte Desserts runden Ihr Dinner vortrefflich ab.

✛ 191 D4 ✉ Cannaregio 690, fondamenta San Giobbe ☎ 041/717 999

⊗ Di–Sa 12.30–14.30, 19.30–23, So & Mo 12.30–14.30 Uhr ⛴ Tre Archi

Bentigodi – Osteria Da Francesca €€

Verzweifeln Sie nicht, wenn Sie die winzige Straße, in der diese kleine *osteria* liegt, nicht auf dem Stadtplan entdecken. Wenn Sie erst beim Rio Terrà Farsetti sind, finden Sie den Ort leicht. Die großen Räume sind sparsam eingerichtet, wirken aber nicht kalt. Lange Holztische, Decken mit Holzbalken, Stühle mit Strohgeflecht und Kachelböden prägen die Atmosphäre. Die Gerichte aus leckeren, frischen Zutaten wechseln täglich, eine Auswahl an *antipasti*, drei oder vier *primi*, Saisongemüse und einige Hauptgerichte stehen aber immer auf der Karte. Auch die Weine variieren, Stammgäste können so immer wieder etwas Neues entdecken. Es gibt vegetarische Gerichte und Essen zum Mitnehmen.

✚ 191 F4 ✉ Cannaregio 1423, Calle Sele, bei Rio Terrà Farsetti ☎ 041/716269 ⊗ Di–Sa 10.30–15, 18–23 Uhr ⛴ San Marcuola

La Colombina €

Diese *enoteca* mit Speisenangebot steht seit ihrer Eröffnung ganz oben auf der Beliebtheitsskala. Gern schauen die Köche und Sommeliers der Stadt nach getaner Arbeit auf ein Glas Wein und einen Imbiss herein, denn die Küche hat ungewöhnlich lang geöffnet. Hier geht es freundlich und entspannt zu. Die Gerichte bereitet Inhaberin Biba selbst zu. Es gibt eineexzellente Auswahl an Käse und *salumi*, das Gemüse stammt überwiegend aus dem hauseigenen Garten. Ihr Mann Alberto besorgt Wein aus ganz Italien, um die Speisen abzurunden. Probieren Sie hausgemachte Nudeln, *bruschetta* oder frischen Fisch zum Wein. Am Wochenende müssen Sie reservieren.

✚ 192 C4 ✉ Cannaregio 1828, Campiello dell'Anconeta (Cinema Italia) ☎ 041/275 0622 ⊗ Mo–Sa 18.30–2 Uhr (Küche 20.30–1 Uhr) ⛴ San Marcuola

Fiaschetteria Toscana €€–€€€

Albino und Mariuccia Busatto führen eines der besten Restaurants in Venedig. Der Name des Lokals bezieht sich nicht auf die Küche, sondern auf den Standort, denn hier befand sich einst eine Entladestelle mit Lagerraum für toskanische Weine. Die gemütliche Gaststube wird im Sommer durch Tische im Freien erweitert. In der Fiaschetteria können Sie vorzüglich venezianische Gerichte aus frischen jahreszeitlichen Zutaten probieren, z. B. *sfogi in saor* (kleine Seezungen mit Zwiebeln, Rosinen und Pinienkernen in Vinaigrette) mit Polenta oder aber *granseola* (Seespinne), beträufelt mit leichtem Olivenöl aus Ligurien. Auf der Karte stehen vor allem Fisch und Meeresfrüchte, aber auch hervorragendes Rindfleisch aus der Toskana und eine Auswahl von über 30 Käsesorten. Weinkenner kommen mit Sicherheit auf ihre Kosten. Runden Sie das Essen mit einem köstlichen Dessert ab. Die Busattos begründeten die Ristoranti della Buona Accoglienza(➤ 38f).

✚ 193 F1 ✉ Cannaregio 5719, Salizzada San Giovanni Crisostomo ☎ 041/528 5281 ⊗ Mi 19.30–21.30, Di–Mo 12.30–14.30, 19.30–21.30 Uhr. Im Sommer zwei Wochen geschl. ⛴ Rialto

Gam-Gam €

Das Gam-Gam ist das einzige koschere Restaurant Venedigs. Es liegt in einer kleinen Straße am Rand des alten jüdischen Ghettos und bietet eine große Auswahl traditioneller jüdischer und israelischer Gerichte, die vielleicht eine willkommene Abwechslung zur italienischen Küche darstellen. In dem freundlichen, modern ausgestatteten Lokal mit hellem Holz fühlen Sie sich bestimmt wohl. Kosten Sie Gemüse oder Salat, *humus*, Falafel, gegrillte Auberginen sowie Grillhähnchen und natürlich Schnitzel. Die Küche ist durchgehend geöffnet.

Wohin zum ... Einkaufen?

191 E4 ⊠ Cannaregio 1122, Sottoportego del Ghetto Vecchio ☎ 041/715284, www.jewishvenice.org ⊕ 12–22 Uhr. Fr zwei h vor Sabbat, Sa., (Winter Sa. abends geöffnet) und an jüd. Feiert. geschl. ⛴ San Marcuola, Ponte delle Guglie

Osteria Anice Stellato €–€€

Netter Familienbetrieb in rustikalem Ambiente, bei Venezianern sehr beliebt. Die Nudeln mit frischen Meeresfrüchten schmecken genauso gut wie die Fleischgerichte, die oft mit exotischen Gewürzen verfeinertwerden. Die Weinkarte bietet einfache Ausschankweine und gute Tropfen.
191 F5 ⊠ Cannaregio 3272, Fondamenta della Sensa ☎ 041/720744 ⊕ Di–So 12.30–14.30, 19.30–22 Uhr ⛴ San Marcuola

Vini Da Gigio – Da Paolo €€–€€€

Möchten Sie die authentische, traditionell venezianische Küche genießen, sind Sie im Vini Da Gigio, einem der besten Restaurants Venedigs, genau richtig. Ausgezeichnete Weine ergänzen das Speisenangebot, das Preis-Leistungs-Verhältnis stimmt. Zum alten Deckengebälk passen geblümte Tischdecken, durch die Fenster schauen Sie auf einen ruhigen Seitenkanal. Die Küche ist zur Gaststube hin geöffnet, unermüdlich tragen die Kellner Köstlichkeiten aller Art an den Gästen vorbei. *schie* (Garnelen) auf cremig weißer Polenta, kalte *polipetti* (Minitintenfische) an Wein-Orangenschalen-Dressing, schwarzgraue *gnocchetti* (Kartoffelklößchen) mit Tintenfischtinte gefärbt in Krabbensoße – die Auswahl richtet sich stets nach der Jahreszeit. Meeresfrüchte dominieren, doch gibt es auch einige Fleischgerichte, die gut zu den hervorragenden Rotweinen passen. Die Desserts sind eine Sünde wert. Das Da Paolo trägt das Buona-Accoglienza- Gütezeichen (► 38f). Reservieren Sie vorher!
193 E3 ⊠ Cannaregio 3628, Calle della Stua, Fondamenta San Felice ☎ 041/528 5140 ⊕ Di–Sa 12–14.30, 19.30–22.30, So 12–14.30 Uhr ⛴ Ca' d'Oro

Die Straßen, die vom Bahnhof durch Cannaregio bis zu Santi Apostoli führen, sind als Strada Nuova bekannt. Hier dominieren geschäftige Marktbuden, die von Kleidung über Eisen- bis zu Haushaltwaren alles anbieten. Hier finden Sie auch vortreffliche Delikatessläden.

Zu diesen gehört **Giovanni Volpe** (Cannaregio 1143, Calle del Ghetto Vecchio, tel: 041/715178), eine altertümliche, koschere Bäckerei mitten im Ghetto, wo man exzellentes Brot und durchlöchertes *pane azimo* (ungesäuertes Fladenbrot) bekommt. Holen Sie sich etwas davon für ein Picknick, die restlichen Zutaten bekommen Sie bei **Billa**, der Supermarkt in Venedig mit dem größten Warenangebot (Cannaregio 3659, Strada Nuova, Tel. 041/ 523 80 46). Wer Kaufhäuser mag, sollte sich das einzige seiner Art nicht entgehen lassen: **Coin** (Cannaregio 5787, Salizada S Giovanni Crisostomo, Tel. 041/520 3581) mit einer guten Damen- und Accessoiresabteilung. Ausgefallene und Designerschuhe gibt es bei **Mori e Bozzi** (Cannaregio 2367, Rio terà Maddalena, Tel. 041/715 261), **Prima Visione** (Cannaregio 2340, Tel. 041/524 2356) setzt auf Marken wie **Miss Sixty**, **Energy** und **Indian Rose**. Das **Papillon** (Cannaregio 4555, salizzada del Pistor, Tel. 041/523 9318) ist der einzige Berufsbekleider Venedigs. Hier finden Sie Baumwollhosen, -jacken und Kleider mit Karos oder Blumenprint. Daneben lädt **Peter's Teahouse** (Cannaregio 4553, Tel. 041/5289776) ein, Tee aus aller Herren Länder zu probieren.

Wohin zum ...
Ausgehen?

Cannaregio ist der einzige *sestiere* **mit einem aktiven Nachtleben, von den Venezianern Nuova Bohemia genannt. Bars,** *osterie,* **Kneipen und Restaurants mit internationaler Küche säumen den Rio della Misericordia, einen Kanal, der von der Fondamenta della Misericordia zur Fondamenta Coletti führt.**

An der Fondamenta della Misericordia liegt das mexikanische **Iguana Café** (Cannaregio 2515, Tel. 041/713 561, Di–Sa 11.30–15, 18–1 Uhr, So Mittagstisch) eine Cocktailbar, in der Sie Margaritas, Tequila, Corona-Bier und mexikanisches Essen bekommen. Wenige Schritte weiter können Sie im **Sahara** (Cannaregio 2519, Tel. 041/721 077,

Di–Sa 19.30 Uhr bis Mitternacht, So Mittagstisch) Livemusik hören und dazu Couscous, Falafel, *shawarma*-Kebabs und einen preiswerten *spritz* genießen.

Das **Al Paradiso Perduto** (Cannaregio 2540, Tel. 041/72 05 81, Mo–Di, Do–Sa 19–2 Uhr, So mittags), groß, chaotisch und fröhlich, bietet preisgünstiges venezianisches Essen und mehrmals pro Woche Livemusik (von Reggae bis Jazz), Lesungen und Vernissagen.

An der Fondamenta degli Ormesini erfreut sich der **Pub Da Aldo** (Cannaregio 2710, Tel. 041/71 58 34, Mo–Sa 11–15 und 21–2 Uhr) großer Beliebtheit. Das junge Publikum genießt die reiche Auswahl an preiswerten Bieren ebenso wie den Trubel.

Wenn Sie einen Teller Pasta essen möchten, bevor Sie sich ins Getümmel stürzen, empfiehlt sich die **Trattoria Antica Mola** (Cannaregio 2800, Tel. 041/717492, tägl. 12 bis 13.30 und 18.30–22 Uhr; im Aug. geschl.) mit Terrasse und Garten sowie guter Hausmannskost zu vernünftigen Preisen.

Das **Alla Bagatela** (Cannaregio 2924, Tel. 041/71 78 88, Mo–Sa) öffnet zwar erst um 21 Uhr, bietet dafür jedoch bis spät in die Nacht hinein Satelliten-TV, Computerspiele sowie Essen und Getränke auf einer großen Terrasse.

Der absolute *In*-Laden für einen Aperitif vor dem Essen auf der Fondamenta delle Cappuccine ist **Bea Vita** (Cannaregio 3082, Tel. 041/71 81 98, Mo–Sa) – gönnen Sie sich einen *spritz* und einen Snack.

Die kleine Trattoria **Ae Gondolette** (Cannaregio 3016, Tel. 041/71 75 28, Mo–Fr Mittagstisch) hat einen kleinen schattigen Garten.

Casanova Music Club (Cannaregio 158/A, Rio Terrà Lista di

Spagna, Tel. 041/275 01 99) ist eine kleine Bar und Disko, die jeden Abend ein anderes Musikgenre bedient: Mainstream, Techno, House, Hip-Hop und Latino. Zwischen 18 und 20 Uhr ist Happy Hour, morgens ist das Internetcafé geöffnet.

Venedigs **Casinò Municipale** ist weltberühmt. Der Hauptsitz befindet sich im luxuriösen Palazzo Vendramin-Calergi (Rio Terrà della Maddalena, Tel. 041/529 71 11, Automaten tägl. ab 11 Uhr, Tische tägl. 15 bis 2.30 Uhr, *vaporetto*: San Marcuola). Auf dem Festland gibt es eine Filiale unweit des Flughafens in der Ca' Noghera. Ziehen Sie Abendkleidung an, und vergessen Sie Ihren Ausweis nicht.

Es gibt zwei sehr gute Theater: das **Malibran** (Cannaregio 5873, Calle dei Milion, Tel. 041/78 66 03; Kartentel. 041/899 90 90 90) und das **Teatrino Groggia** (Cannaregio 3161, Calle del Capitello, Tel. 041/ 524 46 65). Beide führen gelegentlich Stücke oder Konzerte in englischer Sprache auf.

San Polo und Santa Croce

Erste Orientierung

Der obere Teil des Canal Grande umschließt San Polo und
das angrenzende Santa Croce. Beide Stadtteilnamen beziehen
sich auf dort stehende Kirchen. In beiden Vierteln gibt es eher
wenig berühmte Sehenswürdigkeiten, dafür können Sie hier
den venezianischen Alltag und die reizvolle Atmosphäre der
Stadt erleben. Der Legende nach siedelten die ersten Bewohner
Venedigs auf den Inseln am sogenannten Rivus Altus
(oberes Ufer), später wurde daraus die heute
übliche Bezeichnung Rialto.
Dort geht es besonders
lebhaft zu.

Die
Märkte des
Rialto und die umliegen-
den Straßen gehören zu den
Touristenmagneten Venedigs. Boutiquen
reihen sich hier an Souvenirläden und Geschäfte mit
Lederaccessoires, dazwischen verkaufen Fischhändler, Bäcker und Metzger
ihre Waren. Etwas weiter westlich steht die Kirche Santa Maria Gloriosa dei
Frari mit sehenswerten Kunstschätzen. Die benachbarte Scuola Grande di San
Rocco birgt einen berühmten Gemäldezyklus von Tintoretto. Wenn Sie durch
enge Gässchen und über sonnige Plätze nach Norden spazieren, gelangen Sie
zum nördlichsten Punkt des Canal Grande. Das Viertel rund um den Piazzale
Roma ist allerdings nicht besonders reizvoll. Schlendern Sie lieber durch
kleine Seitenstraßen zurück, oder folgen Sie dem Lauf des Canal Grande
bis zur reizvollen Ca' Pesaro, in der sich heute zwei interessante Museen
befinden. In diesem Teil Venedigs können Sie auch den Abend verbringen:
Wenn die Märkte schließen, öffnen in San Polo einige der schönsten und
traditionsreichsten Bars und Restaurants der Stadt.

★ Nicht verpassen!

Nach Lust und Laune!

Seite 103: An der Rialtobrücke

Rechts: Steinerne Wandtafel
Unten: Houte Couture in San Polo

An einem Tag

Sie wissen nicht genau, wo Sie Ihre Touren beginnen sollen? Nehmen Sie diesen Tourenführer und lassen sich durch San Polo und Santa Croce geleiten und zu ausgesuchten architektonischen Meisterwerken führen! Detailliertere Informationen finden Sie unter den jeweiligen Haupteinträgen.

9 Uhr

Beginnen Sie Ihren Tag an der ❶ **Rialtobrücke** (➤ 108f), der bis zum 19. Jahrhundert einzigen Brücke über den Canal Grande. Erkunden Sie anschließend die **Märkte** (links, ➤ 110f) und die umliegenden Straßen, die noch immer die Namen der einst ausschließlich dort gehandelten Waren tragen. Kaufen Sie alles für ein kräftiges Picknick ein, oder streifen Sie durch die Souvenirläden und Boutiquen der Umgebung.

10.30 Uhr

Werfen Sie einen Blick in die Kirche ❷ **San Giacomo di Rialto** (➤ 110), die angeblich am selben Tag des Jahres 421 gegründet wurde wie die Stadt selbst. Trinken Sie danach einen Cappuccino an der Fondamenta del Vin (➤ 109) oder in einer der dutzend Bars in der Umgebung des Marktes.

11 Uhr

Laufen Sie nach Nordosten zum ❻ **Palazzo Mocenigo** (➤ 116). Das prachtvolle Stadthaus aus dem 19. Jahrhundert mit freskenverzierten Räumen ist bei Touristen wenig bekannt. Wandern Sie dann durch die Gassen zwischen der Kirche San Stae und dem Bahnhof bis zum schattigen Giardino

Papadopoli, einem ehemals privaten Park am Rand des Canal Grande.

12.30 Uhr

Bummeln Sie durch die Einkaufsstraßen nach Osten zum **7 Campo San Polo** (vorheherige Seite unten, ➤ 117), Venedigs zweitgrößtem Platz.

13 Uhr

Ruhen Sie sich aus, und essen Sie eine Kleinigkeit in einer der vielen Bars dieses Viertels. Schlecken Sie ein Eis aus einer der *Gelaterie* an der Frari.

14 Uhr

Auf dem Campo dei Frari steht die große Kirche **3 Santa Maria Gloriosa dei Frari** (links, ➤ 112f), ein gotischer Sakralbau mit sehenswerten Kunstwerken.

15.30 Uhr

Bewundern Sie einige der Bilder Tintorettos in der **4 Scuola Grande di San Rocco** (➤ 114f), die zu den bedeutendsten Kunstschätzen Venedigs gehören. In der Kirche San Rocco auf der rechten Seite der Scuola gelegen können Sie weitere Gemälde des Künstlers betrachten.

17.30 Uhr

Schlendern Sie südwärts zum Campo San Pantalon mit der gleichnamigen Kirche aus dem 17. Jahrhundert. San Pantalon besitzt vermutlich das weltweit größte Ölgemälde auf Leinwand, ein Deckengemälde von Fumiani, das in 40 *trompe l'oeil*-Darstellungen die Geschichte des hl. Pantaleon erzählt.

19 Uhr

Fahren Sie mit dem *vaporetto* von San Tomà über den Canal Grande zur Haltestelle San Silvestro, und essen Sie in der Trattoria alle Madonna (San Polo 594, Calle della Madonna, Tel. 041/522 38 24) zu Abend.

❶ Rialto und Rialtobrücke

Der Rialto flattert als Postkartenmotiv jährlich millionenfach in Briefkästen in aller Welt. Der erste unmittelbare Anblick gleicht daher meist einem Déjà-vu-Erlebnis. Manche Urlauber empfinden die Brücke und die umliegenden Straßen als zu touristisch, dennoch steht das historische Viertel weit oben auf der Liste der Sehenswürdigkeiten Venedigs.

Das Wort »Rialto« stellt eine Verstümmelung von *rivo alto* (oberes Ufer) dar. Tatsächlich lag das Gebiet einst höher als viele andere Teile der Lagune und war daher weniger stark vom Hochwasser bedroht. Hier befand sich deshalb die älteste Siedlung Venedigs. Im 10. und 11. Jahrhundert legte man das umliegende Gebiet nach und nach trocken, um Raum zu gewinnen. 1097 zog der Hauptmarkt von der anderen Seite des Canal Grande an seinen heutigen Ort und entwickelte sich bald zu einem der wichtigsten ökonomischen Zentren Europas. Im 12. Jahrhundert. führte eine Bootsbrücke von einem Ufer zum anderen, sie wurde im 13. Jahrhundert durch die erste von insgesamt drei Holzbrücken ersetzt.

Während sich in San Marco das politische Zentrum der Republik befand, konzentrierten sich am Rialto Güter und Finanzen. Im Mittelalter kontrollierten venezianische Kaufleute von hier aus die Geschäfte zwischen Westeuropa und dem Fernen Osten, aus dem sie die begehrten Gewürze

Ein Abendbummel am Canal Grande lohnt sich

RIALTO & RIALTOBRÜCKE: INSIDER-INFO

Top-Tipps: Nehmen Sie die **äußeren Stufen** der Brücke, um dem Gedränge zu entkommen, und **bleiben Sie in der Mitte stehen**, um dem Bootsverkehr zuzuschauen.

- Steigen Sie in San Silvestro aus, und laufen Sie durch die **weniger volle** Calle, oder auch in Rialto Mercato, hier haben Sie direkten Zugang zum Markt.
- In den **Läden am Rialto** können Sie preisgünstig Kleidung, Schuhe und Accessories erstehen.

und Seidenstoffe importierten. Auch die Büros der Reeder, die Vertretungen großer europäischer Banken und die Niederlassungen internationaler Handelsgesellschaften lagen in diesem Bezirk. Nachdem Vasco da Gama Ende des 15. Jahrhunderts das Kap der Guten Hoffnung umrundet hatte, verloren die Venezianer ihre Monopolstellung im Handel mit dem Fernen Osten, und der Rialto verlor an Bedeutung. 15 Jahre später zerstörte ein Feuer große Teile des Viertels, das jedoch rasch wieder aufgebaut wurde. Nur **San Giacomo** (➤ 110) blieb verschont.

Die heutige Brücke entstand zwischen 1588 und 1591. An einer Ausschreibung 1524 hatten sich u. a. Palladio, Sansovino und eventuell Michelangelo beteiligt. Den Zuschlag erhielt jedoch der Venezianer Antonio da Ponte für seine kühne einbogige Marmorkonstruktion. Läden und Arkaden kamen erst später hinzu.

Unterhalb der Brücke erstreckt sich die **Fondamenta del Vin**, an der einst Weinfässer ausgeladen wurden. Sie gehört zu den wenigen Abschnitten des Canal Grande, an denen man direkt am Wasser entlanglaufen und auch einkehren kann.

Oben: Einheimische und Touristen im Gedränge der engen Gassen des Rialto

KLEINE PAUSE

Genießen Sie die lokaltypische Atmosphäre der **Trattoria Antico Dolo** (San Polo 778, Ruga Vecchia, Tel. 041/522 6546) und essen Sie dort phantasievolle **Cicheti** (Snacks) oder ein ganzes Menü.

✚ 193 F1   ✉ Rialto   🚤 1, Rialto/San Silvestro/Rialto Mercato

❷ Mercato di Rialto

Durch und durch venezianisch geben sich die Rialtomärkte. Bahnen Sie sich Ihren Weg zwischen feilschenden Hausfrauen hindurch, hören Sie den Angebotsrufen der Händler zu, genießen Sie den Duft von Fisch, Fleisch, Obst und Gemüse, und lassen Sie sich durch das Labyrinth der alten *calle* (Gässchen) treiben. Spätestens hier wird einem klar, dass Venedigs Reichtum aus dem Handel hervorging.

Einst reisten Kaufleute aus ganz Europa zum Rialto, um dort mit Edelsteinen, Gold, Silber, Gewürzen und Seide zu handeln. Die Einheimischen kauften derweil in den umliegenden Straßen ein, die bis heute die Namen der dort gehandelten Produkte tragen. Die Verkäufer versorgten sich im Gewirr der winzigen Straßen mit Wasser aus Brunnen, denen ebenfalls viele Orte ihre Bezeichnung verdanken. Nach wie vor sind Schmuckhändler ansässig auf der Brücke (➤ 108f), aber verkauft werden heute vorrangig Lebensmittel.

Auf der Seite von San Polo liegt rechts hinter der Rialtobrücke der **Campo San Giacomo** mit dem Obstmarkt. Außerdem steht hier eine der ältesten Kirchen Venedigs. Der Legende nach wurde **San Giacomo di Rialto**, am 25. März 421, dem Tag der Stadtgründung, geweiht. Der Grundriss in Form eines griechischen Kreuzes und der Portikus blieben erhalten. Im Innern recken sich alte

Oben: Reges Treiben an einem Stand im Rialto

Links: Lieferung aller erdenklicher Waren

griechische Marmorsäulen mit Kapitellen aus dem 11. Jahrhundert empor. Die Uhr über der Tür kam im 15. Jahrhundert. hinzu und ging seither fast immer falsch.

Auf dem benachbarten **Campo Battisti** stapelt sich Obst und Gemüse an den Ständen. Die Metzger verkaufen unter anderem das in Italien beliebte Pferdefleisch. Dahinter folgt der **Campo della Pescarìa**, der Fischmarkt. In der Nähe finden Sie Backwaren, *alimentari*, Pasta, Trockenfrüchte und Bohnen, Käse, Tee, Kaffee und Gewürze – denken Sie hier an ein Souvenir!

KLEINE PAUSE

Stellen Sie auf dem Markt oder in einem der Lebensmittelläden ein Picknick zusammen, und genießen Sie es auf einem ruhigen *campo*. Einkehren können Sie in einigen der ältesten *bàcari* Venedigs, z. B. im **Da Pinto** (San Polo 367, Campo delle Beccarie, Tel. 041/522 4599).

🞤 193 E2 ✉ Campo San Giacomo di Rialto, Campo Battisti, Campo della Pescarìa und angrenzende Straßen 🕐 Markt: 7.30–12.30 Uhr 🚤 1, San Silvestro, 1, 82, Rialto

MERCATO DI RIALTO: INSIDER-INFO

Top-Tipps: Hinweis: Der Fischmarkt bleibt **montags geschlossen**.
■ Bummeln Sie kurz nach **Morgengrauen** über den Markt, wenn die Frachtkähne ankommen und die Händler ihre Waren auspacken.

Geheimtipp: Auf dem Campo San Giacomo steht gegenüber der Kirche ein Säulenstumpf bei einer Treppe, die von einer knieenden Figur gestützt wird. Bei dieser Figur handelt es sich um den **Gobbo di Rialto**, den Buckligen von Rialto. Im Mittelalter wurden Übeltäter nackt unter Stockschlägen von der Piazza San Marco bis hierher getrieben – als Alternative zum Kerker.

Achten Sie beim Obst- und Gemüsekauf auf das **Nostrano**-Etikett, ein Gütezeichen für Erzeugnisse aus der Region, die überwiegend von der Garteninsel Sant'Erasmo stammen.

Muss nicht sein! Meiden Sie die mit Kitsch voll gestopften, überteuerten **Souvenirstände** an der Rialtobrücke.

❸ Santa Maria Gloriosa dei Frari

Im Herzen eines typisch venezianischen Gassenlabyrinths steht die 1250 geweihte Franziskanerkirche (*frari* bedeutet im venezianischen Dialekt »Mönche«). Die heutige 98 Meter lange, 46 Meter breite und 28 Meter hohe höhlenartige, gotische Kirche entstand überwiegend im 14. und 15. Jahrhundert. Das zweitgrößte Gotteshaus der Stadt beherbergt bedeutende Gemälde, Denkmäler und Skulpturen sowie die Grabmäler einiger der berühmtesten Venezianer.

Im hinteren Teil des **Hauptschiffs** befindet sich das Grabmal Tizians aus dem 19. Jahrhundert. Ihm gegenüber birgt das ursprünglich für Tizian bestimmte Monument das Herz des Bildhauers Antonio Canova (1757–1822). Unweit des Hauptaltars steht das Foscari-Denkmal. Es erinnert an den gleichnamigen Dogen aus dem 15. Jahrhundert, der 34 Jahre lang regierte. Ein prachtvoller **Lettner** aus dem 15. Jahrhundert trennt den **Coro dei Frati (Mönchschor)** vom Hauptschiff. Die 124 hölzernen Chorstühle von Marco Cozzi (1468) sollten Sie wegen der darauf dargestellten Stadtansichten genauer betrachten. Der Komponist Monteverdi (1567–1643) wurde in einer Kapelle links vom Hochaltar beigesetzt. Donatellos (um 1386–1466) *Johannes der Täufer* in der Kapelle rechts vom Hochaltar ist das einzige venezianische Werk des Florentiner Meisters.

Die Gemälde sind die größten Kunstschätze der Kirche, wobei Tizians dynamische *Himmelfahrt Mariens* über dem Hochaltar, seine *Madonna di Ca' Pesaro* auf der linken Seite des

TIZIAN

Tiziano Vecellio, bekannt als Tizian, wurde 1487 geboren und beherrschte die Malerei Venedigs im 16. Jahrhundert bis zu seinem Tod während der Pestepidemie von 1576. Seine Porträts und Bilder zu mythologischen Themen waren in ganz Europa bekannt; seine berühmtesten Werke hängen in Venedig. Die Himmelfahrt Mariens (1518) in der Frari, eines der größten Gemälde der Welt, ist ein Meisterwerk der Pinselführung und Farbgebung. Tizian beherrschte diese Techniken wie kein anderer und sie erreichen ihren Höhepunkt in der unvollendeten Pietà in der Accademia. Er war das einzige Pestopfer, das innerhalb der Stadtmauern beigesetzt wurde.

Oben: Tizians berühmte *Himmelfahrt Mariens*

Links: Das geschnitzte hölzerne Chorgestühl verdient eingehendere Betrachtung

Schiffs und Giovanni Bellinis ruhig-erhabenes Triptychon der *Jungfrau mit Kind mit den Heiligen Nikolaus, Petrus, Benedikt und Markus* in der Sakristei besonders hervorstechen.

KLEINE PAUSE

Gehen Sie zum Campo San Polo für eine Pizza bei **Da Sandro** (San Polo 1473, Campiello dei Meloni, Tel. 041/523 48 94) oder ein Menü im gleichnamigen Restaurant gleich gegenüber.

✚ 197 F5 ✉ Campo dei Frari ☏ 041/275 0462; www.chorusvenezia.org
🕓 Mo–Sa 9–18, So 13–18 Uhr 🚤 1, 82, San Tomà ✋ preiswert

SANTA MARIA GLORIOSA DEI FRARI: INSIDER-INFO

Top-Tipp: Machen Sie, nachdem Sie die Kirche betreten haben, eine kurze Pause **im hinteren Teil** der Kirche, um sich zu orientieren und den Raum in seiner Gesamtheit wahrzunehmen.

Ein Muss!
- Tizians *Himmelfahrt Mariens* und *Madonna di Ca' Pesaro*.
- **Chorgestühl** von Marco Cozzi.
- Donatellos *Johannes der Täufer*.
- Giovanni Bellinis *Jungfrau mit Kind und Heiligen*.

Außerdem: Das rings um zwei Kreuzgänge erbaute ehemalige Franziskanerkloster beherbergt seit 1815 den **Archivio di Stato (Staatsarchiv)**. In den rund 300 Räumen lagern die offiziellen Dokumente zur venezianischen Stadtgeschichte – insgesamt über 15 Millionen Bücher und Manuskripte.

④ Scuola Grande di San Rocco

Venedig hat einige Kunstschätze zu bieten, doch selbst hier nimmt Tintorettos phantastischer Gemäldezyklus in den Sälen der Scuola Grande di San Rocco eine Sonderstellung ein. Der Künstler gewann den für den Hauptsitz der reichsten *scuola* des 15. Jahrhunderts ausgeschriebenen Wettbewerb, indem er statt einer Skizze ein fertiges Gemälde vorlegte, das er durch 54 weitere Bilder innerhalb von 23 Jahren ergänzte. Das meisterhafte Ergebnis seiner Arbeit sollten Sie unbedingt ansehen.

Der aus Frankreich stammende hl. Rochus, der Pestkranke pflegte und Hunde mochte, war im mehrfach von der Pest heimgesuchten und zudem hundefreundlichen Venedig stets sehr beliebt. 1478 wurde eine Bruderschaft mit seinem Namen gegründet. Die Scuola entstand zwischen 1516 und 1560 und wurde zwischen 1564 und 1587 von Tintoretto ausgestaltet.

Die ältesten Gemälde befinden sich in der **Sala dell'Albergo (Sitzungssaal)** im Obergeschoss. Hier hängt das Bild *Der hl. Rochus im Glorienschein*, mit dem Tintoretto den Wettbewerb gewann. **Die Kreuzigung**, eines der faszinierendsten Werke des Künstlers, beeindruckte den Kritiker Ruskin so stark, dass er sie »über jede Interpretation und jedes Lob erhaben« glaubte. Die angrenzende **Obere Halle** schmückte Tintoretto mit Szenen aus dem Alten Testament an der Decke und einem Zyklus zum *Leben Jesu* an den

DIE VENEZIANISCHEN SCUOLE

Bei den *scuole* (Schulen) handelte es sich um Laien-Bruderschaften, die sich unter den Schutz eines Heiligen stellten und karitative Einrichtungen unterhielten. Später unterstanden sie dem Staat und vertraten die Interessen verschiedener Gruppen innerhalb der Bürgerschaft. Im 16. Jahrhundert gab es in Venedig sechs *scuole grandi* (große Schulen) und über 200 *scuole piccole* (kleine Schulen). Jede der großen Schulen besaß eigene Gebäude, die in der Regel eine Eingangshalle, einen Kapitelsaal und einen *albergo* (Sitzungssaal) umfassten. Gemäldezyklen bildeten den Dekor und unterstrichen den Reichtum der *Scuola*. Die scuola di San Rocco blieb auch unter Napoleon bestehen und tritt bis heute alljährlich zusammen.

Oben:
Die Haupthalle der Scuola

Links:
Bartolomeo Bons Fassade der Scuola

Unten:
Tintorettos Meisterwerke

Wänden. Auch hier zeugt das Zusammenspiel von Komposition, Licht und Farben vom Genie des Künstlers. Unterhalb der Gemälde sehen Sie allegorische Holzfiguren wie eine Karikatur Tintorettos direkt unter dem Bild *Jesus im Garten Gethsemane*. Als der Künstler mit den Arbeiten an der Halle im Erdgeschoss begann, war er bereits über 60 Jahre alt. Geradezu impressionistisch wirken *Die Verkündigung* und *Die Flucht nach Ägypten* die zugleich Ruhe und Heiterkeit ausstrahlen.

KLEINE PAUSE

Da Sandro (San Polo 1473, Campiello dei Meloni, Tel. 041/ 523 48 94) ist gut von San Rocco oder der Frari zu erreichen.

✚ 197 E4 ✉ Campo San Rocco ☎ 041/523 4864 ◉ April–Okt. tägl. 9–17.30, Nov.–März 9–17 Uhr 🚤 1, 82, San Tomà ✋ teuer

---

SCUOLA GRANDE DI SAN ROCCO: INSIDER-INFO

Top-Tipps: Wenn Sie die Gemälde in ihrer Entstehungsreihenfolge betrachten möchten, müssen Sie in der Sala dell'Albergo **neben der Oberen Halle beginnen**.

■ Am Kartenschalter können Sie einen **Audioguide** leihen, der über die *Scuola* und die Gemälde informiert. Außerdem liegen **Raumpläne und Infoblätter** aus.

■ Benutzen Sie die in den verschiedenen Räumen vorhandenen **tragbaren Spiegel**, um Details der Deckengemälde genauer zu betrachten.

Ein Muss! Die Kreuzigung in der Sala dell'Albergo gehört zu den bedeutendsten Gemälden Italiens.

Nach Lust und Laune!

DAS ÄLTESTE GEWERBE DER WELT

Ponte delle Tette, der Name einer Brücke unweit des Campo San Polo, bezieht sich auf die Prostituierten, die hier einst mit entblößten Brüsten auf ihre Freier warteten. 1509 gingen in Venedig über 11 650 Frauen diesem Gewerbe nach. Der Venezianer Marin Sanudo veröffentlichte eine Liste mit Adressen und Preisen von 210 Freudenmädchen. Nach dieser hätte es 1200 Scudi gekostet, sich mit allen zu vergnügen.

Barock vom Feinsten: die Ca' Pesaro

5 Ca' Pesaro

Seine Pracht verdankt der Palazzo Pesaro – meist nur Ca' Pesaro – Baldassare Longhena (➤ 23), der 1628 begann, diesen barocken Palast zu erbauen, und Antonio Gaspari, der ihn 1710 vollendete. Seit dem frühen 20. Jahrhundert beherbergt er zwei Museen: Das **Galleria d'Arte Moderna (Museum für moderne Kunst)** umfasst eine Sammlung mit Werken des späten 19. und des 20. Jahrhunderts. Das **Museo d'Arte**

Orientale (Museum für Fernöstliche Kunst) zeigt japanische Kunst der Edo-Zeit (1600 bis 1868), die der Conte di Borbone im 19. Jahrhundert zusammentrug.

✠ 193 D2 ✉ Santa Croce 2070, Fondamenta Ca' Pesaro ☎ 041/721 127; www.museicivicivenezianii.it ⊕ April–Okt. Di–So 10–18, Nov.–März 10–17 Uhr 🚋 1, San Stae ✋ mittel

6 Palazzo Mocenigo

Dieser prächtige Palazzo wurde im 17. Jahrhundert für eine der einflussreichsten Familien der Stadt erbaut, die nicht weniger als sieben Dogen stellte. Der größte Saal, der *portego*, zieht sich über die gesamte Länge des Gebäudes. Das Vorzimmer ist mit kostbarer roter Seide und Spiegeln aus dem 18. Jahrhundert ausgestattet. Der Palazzo Mocenigo beherbergt das Museo del Tessuto e del Costume, ein Museum für Stoffe und Kostüme mit eleganten Seidengewändern, unbequemen Korsetts und hochhackigen Schuhen, die von der Liebe der Italiener zur *bella figura* zeugen.

✠ 192 C2 ✉ Santa Croce 1992,

Bäume werfen ihre Schatten auf das verwitterte Stuckdekor am Campo San Polo

Salizzada San Stae ☎ 041/721 798;
www.museicivicivenezioni.it
🕐 April–Okt. Di–So 10–17,
Nov.–März 10–16 Uhr
🚤 1, 82, San Stae
✋ Kombiticket für den Palazzo Ducale,
das Museo Correr, Museo dell'Arte Vetraria
und Museo del Merletto sowie den Palazzo
Mocenigo: mittel

❼ Campo San Polo

Der größte Platz auf der Westseite
des Canal Grande liegt an einer der
Hauptstraßen vom Rialto zur Accademia. Schöne Palazzi säumen den
beliebten Treffpunkt, auf dem immer
eine Menge los ist. In früherer Zeit
fanden auf dem ziegelgepflasterten
Platz religiöse Feste, Stierkämpfe
und Theatervorführungen statt.
Im Sommer dient er heute als
Freilichtkino, allabendlich drängen
sich bei den Vorstellungen rund 1000
Menschen.

Bis 1761 führte an der Ostseite
ein Kanal entlang, dessen Verlauf
noch deutlich an der gewundenen
Linie der Palazzi zu erkennen ist.
Besonders sehenswert sind die
Palazzi Soranzo, zwei gotische
Stadthäuser, und der Palazzo Corner
Mocenigo aus dem 16. Jahrhundert.
Die Kirche **San Polo** erhebt sich
abseits des Platzes mit Blick auf den
Rio di San Polo. Sie wurde im 19.
Jahrhundert stark umgebaut, besitzt
jedoch noch schöne Überbleibsel
aus dem 15. Jahrhundert. Zwei
steinerne Löwen ruhen an der Basis
des 1362 erbauten, frei stehenden
Glockenturms. Im Innern birgt das
Kreuzoratorium einen Kreuzweg mit
14 Stationen, den Giandomenico
Tiepolo, der Sohn von Giambattista
Tiepolo, gestaltete.
✝ 192 C1 Church of San Polo
✉ Campo San Polo ☎ 041/275 0462,
www.museicivicivenezioni.it
🕐 Mo–Sa 9–18, So 13–18 Uhr 🚤 1, 82, San
Tomà, 1, 82, San Silvestro ✋ preiswert

BRUNNEN UND WASSER

Jeder venezianische *campo* besitzt seinen Brunnen. Sie entstanden, bevor man Trinkwasser über einen Aquädukt vom Festland auf
die Inseln leitete. Jeder Brunnen umfasst eine
fünf Meter tiefe, mit Sand gefüllte Zisterne,
die mit einer wasserundurchlässigen Schicht
ausgekleidet ist. Im Zentrum steht der gemauerte Brunnenschacht, der durch winzige Drainagelöcher mit dem Sand verbunden ist. Dringt
Regenwasser in die Erde ein, wird es durch den
Sand gefiltert und fließt dann in den Schacht,
durch den man es nach oben pumpen kann.

Wohin zum ...
Essen und Trinken?

Preise
Preise pro Person für ein Essen ohne Getränke
€ unter 30 Euro   €€ 30–50 Euro   €€€ über 50 Euro

BÀCARI, BARS UND *GELATERIE*

Antica Osteria Ruga Rialto €
Im Gebiet rund um die Rialto-
märkte gibt es eine Vielzahl
reizvoller *bàcari*. Das Ruga Rialto
bietet eine phantastische Auswahl
an typisch venezianischen *cicheti*,
darunter finden Sie *sarde fritte*
(frittierte Sardinen) und *polpette*
(Frikadellen). Mittags schmeckt
auch ein Teller Spaghetti *al nero*
(mit Tintenfischtinte), dazu ein Glas
Hauswein.
✚ 193 E1 ✉ San Polo 692, Ruga Rialto
☎ 041/521 1243 ⏰ Tägl. 11–15, 18–24 Uhr
🚤 San Silvestro

Cantina Do Mori €
Das Do Mori, einer der historischen
bàcari Venedigs, ist über 500 Jahre
alt. Er befindet sich im Durchgang
zwischen zwei schmalen Gassen
und bietet eine riesige Weinkarte
sowie eine reiche Auswahl an *cicheti*,
die an der langen Theke serviert
werden (es gibt keine Sitzplätze).
Kosten Sie ein *francobollo*-Sandwich
(wörtlich: Briefmarke) mit einem
Glas Prosecco.
✚ 193 E1 ✉ San Polo 429,
Calle dei do Mori (Höhe Ruga Vecchia San
Giovanni) ☎ 041/522 5401 ⏰ Mo–Sa
8.30–20.30 Uhr, im Aug. zwei Wochen geschl.
🚤 San Silvestro, Rialto

OSTERIE, PIZZERIE, TRATTORIE UND *RISTORANTI*

Osteria Al Bancogiro €
Bei schönem Wetter blicken Sie von
den Tischen vor dem Bancogiro
auf die Kirche San Giacomo auf der
einen und den Canal Grande auf
der anderen Seite. Zur Bar gehören
auch einige Tische im ersten Stock.
Sie haben die Auswahl zwischen
leckeren Sandwiches, feinem Käse
und *salumi* sowie Fischgerichten und
Salaten.
✚ 193 E1 ✉ San Polo 123, Campo
San Giacomo di Rialto ☎ 041/523 2061
⏰ Di–Sa 10.30–15 und 18.30–23 Uhr,
So 10.30–15 Uhr 🚤 Rialto, San Silvestro

Osteria Da Fiore €€€
Das kleine Restaurant bietet preis-
gekrönte venezianische Küche. Mara
Martìn verwendet ausschließlich
fangfrischen Fisch für ihre Gerichte
mit aufregenden Geschmacksnoten.
Die *antipasti* umfassen rohe Garnelen
und *calamaretti*, im *brodetto*, einer
leichten Fischbrühe, schwimmt
pochierter Lagunenfisch, und auch
zur hausgemachten Pasta passen
die besten Stücke des Tagesfangs
hervorragend. Der *fritto misto* ist ein
Gedicht, ebenso die Desserts.
In diesem Buona-Accoglienza-Restaurant (➤ 38f) müssen Sie reservieren.
✚ 192 C1 ✉ San Polo 2202, Calle del
Scaleter ☎ 041/721 308
⏰ Di–Sa 11.30–15.30 und 19.30–22.30 Uhr;
geschl. 3 Wo. im Aug. und 24. Dez. bis 13. Jan.
🚤 San Silvestro, San Stae

Antica Besseta €€–€€€
Die Ausstattung dieses Restaurants,
eines der ältesten der Stadt, mag
traditionell venezianisch sein, die
Küche aber ist eine gute Mischung
aus klassischen Zutaten der Stadt
und einer eleganten Zubereitung.
Eine Vielzahl an Gängen gibt Ihnen
die Möglichkeit, von allem zu probieren, von *baccalà mantecato* (Stockfisch in Sahne) über Polenta *con schie*
(Polenta mit Minigarnelen) bis hin
zu *fegato alla veneziano* (Leber mit
Zwiebeln). Guter Wein, exzellenter

Service. Bestellen Sie im Sommer einen Tisch im Hof!

⊕ 192 B2 ⊠ Santa Croce 1395, Salizada de Ca'Zusto ☎ 041/721 687 ⊛ Mi–Mo 12.30–15, 19.30–22 Uhr 🚤 Riva de Biasio

Il Refolo €–€€

Wunderschön an einem Kanal ganz in der Nähe eines der stimmungsvollsten *campi* Venedigs gelegen, gehört Il Refolo zu den besten Pizzerien der Stadt. Sie wird vom Sohn der Besitzer des Da Fiore geführt und serviert hervorragende Pizzen, beste Salatkreationen und schnörkellose und gut zubereitete Fleisch- und Fischgerichte. Im Sommer sitzen Sie draußen am besten.

⊕ 192 B2 ⊠ Santa Croce 1459, Campiello del Piovan (Nähe Campo San Giacomo dell'Orio) ☎ 041/525 0016 ⊛ Di–So 12–12.45 & 19–23 Uhr 🚤 Riva di Biasio, San Stae

Trattoria Da Ignazio €€

Seit 50 Jahren bietet dieser Familienbetrieb hausgemachte venezianische Spezialitäten. Meeresfrüchte aus der Lagune, darunter frische *granseola* (Seespinne), *caparozzoli* (Venusmuscheln) und *capesante* (Jakobsmuscheln) werden serviert. Köstlich schmeckt auch Pasta mit *seppie* (Tintenfisch) in eigener Tinte oder mit gemischten Meeresfrüchten. Im Sommer sitzt man im schattigen Hof. Da Ignazio trägt das Buona-Accoglienza- Gütezeichen (➤ 38f).

⊕ 198 A5 ⊠ San Polo 2749, Calle dei Saoneri ☎ 041/523 4852 ⊛ So–Fr 12.30–14.30, 19.30–22 Uhr 🚤 San Tomà

La Zucca €–€€

»Der Kürbis« ist eine freundliche Trattoria mit guter Hausmannskost, die überwiegend auf frischem Gemüse basiert. Nehmen Sie am Fenster oder im Freien Platz und probieren Sie Paprikaschoten mit Balsamico, Pasta mit sizilianischer Sauce, Grillhuhn in Zazikisauce oder eines der phantasievollen Desserts.

⊕ 192 C2 ⊠ Santa Croce 1762, Ponte del Megio, San Giacomo dell'Orio ☎ 041/524 1570 ⊛ Mo–Sa 12.30–14.30, 19–22.30 Uhr 🚤 San Stae

Wohin zum ... Einkaufen?

Die Lebensmittel- und Fischmärkte am Rialto liegen im Herzen des lebhaften Stadtteils und sind eine Tour wert – auch wenn Sie nicht vorhaben zu kochen. In den umliegenden Straßen befinden sich jede Menge tolle Delikatessläden, wo man schnell schöne Mitbringsel findet. Die Straßen gen Süden in Richtung Frari eignen sich hingegen, um Kleidung, Leder- und Haushaltwaren in der mittleren Preisklasse zu erstehen. Santa Croce, nordwestlich vom Rialto, ist einer der ruhigsten Stadtteile – hier kaufen größtenteils Einheimische ein und die Preise sind entsprechend niedriger.

Die **Drogheria Mascari** (San Polo 381, Ruga Spezieri, Tel. 041/022 97 62) ist ein wunderbarer, traditioneller Lebensmittel- und Gewürzhändler und gehört zu den besten Läden in der Gegend um den Markt. Trockenfrüchte, Tee, Gewürze und Nüsse türmen sich neben Gläsern mit Trüffeln, köstlichen Keksen und Schokolade – hier kann man toll Geschenke einkaufen. Wem nach Pikantem ist, sollte die **Casa del Parmigiano** (San Polo 214/215, Erberia, Tel. 041/520 65 25) besuchen, eine alteingesessene *salumeria* (Wurstgeschäft) in Familienhand, die Schinken, *salame* (Salami) und Käse aus ganz Italien in Spitzenqualität verkauft. Auf Wunsch wird vakuumverpackt. Traditionelle venezianische Kuchen und Gebäck kann man bei **Premiata Pasticceria Rizzardini** (San Polo 1415, Campiello dei Meloni, Tel. 041/522 38 35) nicht nur kaufen, sondern direkt bei einem Kaffee verkosten.

Gourmets werden **Aliani** (654 San Polo, Ruga Vecchia San Giovanni, Tel. 041/522 49 13) lieben: Ein Feinkostladen, in dem Sie Schinken, Öl, Essig und Brot in Topqualität bekommen – allerdings recht teuer.

Wenn Sie lieber Kleidung kaufen möchten, gehen Sie Richtung San Polo zur Ruga Rialto, wo es tolle Lederwaren gibt **Francis Model** (San Polo 773A, Ruga Rialto, Tel. 041/521 28 89) ist ein Familienunternehmen, das Taschen, Geldbörsen und Aktentaschen aus geschmeidigen Leder herstellt, die perfekt zu den eleganten und zeitlosen Stricksachen von **L'Erbavoglio** (San Polo 777/A, Ruga Rialto, Tel. 041/523 03 64) passen. Modische Jacken, Mäntel und Accessoires aus indischer Seide und feiner Wolle in leuchtenden Farben gibt es bei **Hibiscus** (San Polo 1061, Calle dell'Olio, Tel. 041/ 520 89 89). Dazu passen die lebendig *Friulane* (venezianische Pantoffeln) aus Samt, Brokat und Filz von **Parutto** (669 San Polo, Ruga Rialto, Tel. 041/523 14 55). Ganz in der Nähe, am Campo Sant'Aponal bietet **Valeria Bellisano** (San Polo 1226, Tel. 041/ 5223351) wunderschöne, originelle Hüte und Schals an. **Balocloc** (2134 Santa Croce, Calle Lunga, Tel. 524/ 05 51) einige Straßen weiter, ist ein ebenso guter Tipp. Für den venezianischen Touch in ihrem Heim sorgt **Colorcasa** (San Polo 1989/ 1991, Calle della Madonneta, Tel. 041/ 523 60 71), eine Fundgrube für prächtige Stoffe, Kissen, Bettwäsche, Vorhänge und Quasten.

Bei **Tragicomica** (San Polo 2800, Calle dei Nomboli, Tel. 041/721102) in der Nähe von San Tomà gibt es wunderschöne Masken; direkt gegenüber verkauft **Sabbie e Nebbie** (San Polo 2768, Tel. 041/71 90 73) Keramik im italienischen und orientalischen Stil, um die Ecke an der Calle Seconda dei Saoneri bei **Gilberto Penzo** (San Polo 2681, Tel. 041/719372) sind Miniaturboote und Gondelbausätze zu haben.

Wohin zum ... Ausgehen?

San Polo und Santa Croce bieten auch nach Einbruch der Dunkelheit allerlei an Unterhaltung. Im Sommer spielt sich das meiste auf den beiden Plätzen San Giacomo dell'Orio und San Polo ab. Dort gibt es gut besuchte Cafés und Bars und San Polo verwandelt sich im Sommer in ein riesiges Open-Air-Kino.

Die Gegend wartet mit einigen schönen Veranstaltungsorten auf, an denen venezianische Musik des 18. Jahrhunderts gespielt wird. Die Schönsten sind die **Scuola Grande San Giovanni Evangelista** (San Polo 2545, Campiello della Scuola, Tel. 041/718 23 47), wo im Winter auch Opern aufgeführt werden, und die **Scuola Grande di San Rocco** (Campo San Rocco, Tel. 041/523 48 64, www.scuolagrandesanrocco.it), ein passend opulenter Hintergrund für die dort erklingende Barockmusik. Auch die herrliche **Basilica dei Frari** veranstaltet ganz in der Nähe Konzerte – manchmal sogar kostenlos, so wie auch die stimmungsvolle, sehr alte Kirche **San Giacomo am Rialto** (Campo di San Giacometto, Tel. 041/ 426 6559, www.prgroup.it).

Blues- und Jazzbegeisterte gehen ins **Bagolo** (Santa Croce 1584, Tel. 041/347 36 65 06) am hübschen Campo San Giacomo dell'Orio; in der **Easy Bar** (Santa Croce 2119, Campo Santa Maria Mater Domini, Tel. 041/524 03 21) trifft man Studenten und junge Leute bei den regelmäßigen Rock- und Jazzabenden.

Dorsoduro und Giudecca

Erste Orientierung

Der Name Dorsoduro – »harter Rücken« – bezieht sich auf den festen Boden unter diesem Viertel. Der faszinierende *Sestiere* (Stadtteil) mit seinen vielen historischen Gebäuden und sehenswerten Kirchen wird im Nordosten vom Canal Grande und im Süden vom Canale della Giudecca, einem Tiefwasserkanal, begrenzt. Hier befinden sich auch die meistbesuchten Kunstsammlungen Venedigs, die Gallerie dell' Accademia und die Collezione Peggy Guggenheim.

Im Osten des Bezirks wachen die imposante Kirche Santa Maria della Salute und die Punta della Dogana, das alte Zollhaus der Republik, über die Einfahrt zum Canal Grande. Die lang gestreckten *fondamente* der Zattere führen von hier nach Süden am Canale della Giudecca entlang. Gleich dahinter liegt eines der schicksten Wohnviertel Venedigs mit stillen Plätzen, hübschen *rii* (kleinen Kanälen), Lebensmittelgeschäften und einer Reihe ausgezeichneter Restaurants. Westlich davon befindet sich die Accademia an der gleichnamigen Brücke, einer von dreien, die über den Canal Grande führen. Die Hauptstraße zieht sich von dort aus nach Westen zum Campo Santa Margherita, einem prachtvollen, geschäftigen

Die Insel Giudecca

★ Nicht verpassen!

Seite 121: Ein Schrein auf der Fondamenta Briata im Dorsoduro
Rechts: Il Redentore auf La Giudecca

Nach Lust und Laune!

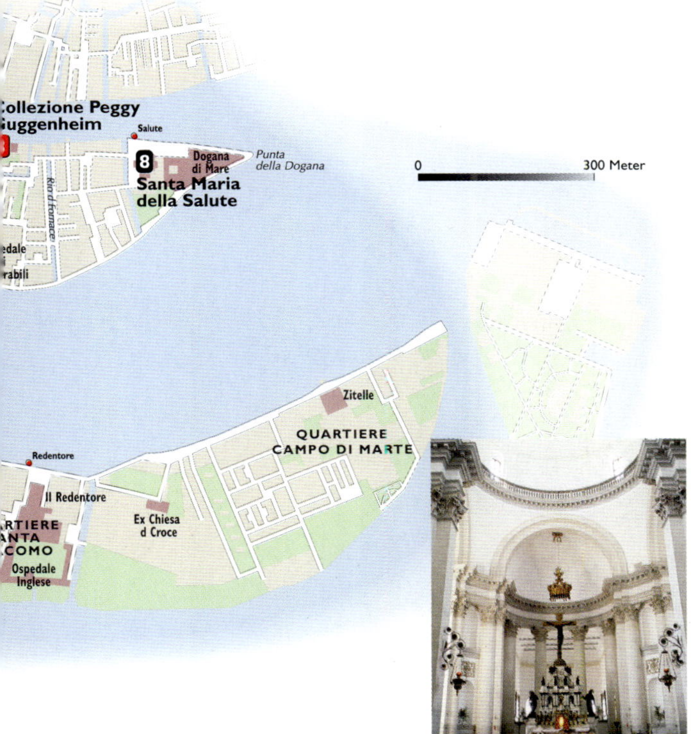

Platz, der den zentralen Treffpunkt des *sestiere* bildet. Nur wenige Minuten läuft man bis zum Canal Grande, an dem sich in diesem Abschnitt u. a. die Ca' Rezzonico erhebt. Die weniger gepflegten Straßen rund um die Kirche San Nicolò dei Mendicoli und die schlichteren Häuser Giudeccas bilden einen interessanten Kontrast.

An einem Tag

Sie wissen nicht genau, wo Sie Ihre Touren beginnen sollen? Nehmen Sie diesen Tourenführer und lassen sich durch Dorsoduro und die Insel Guidecca geleiten und zu ausgesuchten architektonischen Meisterwerken führen! Detailliertere Informationen finden Sie unter den jeweiligen Haupteinträgen.

8.30 Uhr

Besichtigen Sie die **❶ Gallerie dell'Accademia** (➤ 126ff) vor dem Hauptansturm der Massen. Venedigs bedeutende Gemäldegalerie gehört mit der Piazza San Marco zu den Hauptsehenswürdigkeiten der Stadt. Konzentrieren Sie sich auf Ihre Lieblingsepoche oder Ihren Lieblingsmaler, und nehmen Sie sich Zeit!

11 Uhr

Spazieren Sie am Rio di San Trovàso entlang bis zur *squero* (Gondelwerft, ➤ 134) und trinken Sie anschließend einen Cappuccino in einer Bar an den Zattere (rechts), von denen aus Sie direkt auf die Insel Giudecca blicken.

11.30 Uhr

Folgen Sie den **❺ Zattere** (➤ 134) entlang nach Westen, dann dem Rio di San Sebastiano, und laufen Sie weiter bis zur Kirche San Nicolò dei Mendicoli (➤ 175), einer der ältesten und reizvollsten Kirchen der Stadt. Erkunden Sie die umliegenden Straßen, in die sich nur wenige Touristen verirren.

12.30 Uhr

Besuchen Sie kurz vor Schluss den Markt auf dem **❼ Campo Santa Margherita**, dem zentralen Platz des Dorsoduro (rechts, ➤ 134). Suchen Sie sich mittags eine Bar oder ein Restaurant am Platz aus und gönnen Sie sich zum Nachtisch ein Eis bei Causin.

14 Uhr

Folgen Sie dem Rio di San Barnaba bis zur Gemüsebarke am Ponte dei Pugni, und gewinnen Sie in der Ausstellung über das Venedig des 18. Jahrhunderts in der **2 Ca' Rezzonico** (oben, ➤ 130f), einen Eindruck von Venedigs Reichtum.

15.30 Uhr

Fahren Sie mit dem *vaporetto* über den Canal Grande bis Salute, und besichtigen Sie dort eines der Wahrzeichen Venedigs, die Kirche **8 Santa Maria della Salute** (➤ 134).

16 Uhr

Liebhaber moderner Kunst sollten unbedingt die **3 Collezione Peggy Guggenheim** (➤ 132f) besichtigen. Die Sammlung mit Meisterwerken der Avantgarde ist in einem unvollendeten Palazzo aus dem 18. Jahrhundert am Canal Grande untergebracht. Legen Sie im ausgezeichneten Café-Restaurant mit Blick auf den Garten eine Pause ein.

18 Uhr

Schlendern Sie zurück zum Ponte dell'Accademia. Verweilen Sie ein wenig auf dem Campo San Vio, einem der wenigen Plätze direkt am Canal Grande.

19 Uhr

Überqueren Sie den Canale della **9 Giudecca** und spazieren Sie über die Insel (➤ 135), bevor Sie bei Altanella (Giudecca 268, Calle delle Erbe, Tel. 041/ 522 77 80) zu Abend essen. Fahren Sie mit dem Boot zurück und beschließen Sie den Abend in einer Bar am Ufer.

❶ Gallerie dell'Accademia

Meisterwerke venezianischer Maler können Sie in Kirchen, Museen und Galerien in der gesamten Stadt besichtigen, doch keiner dieser Orte kommt der Gallerie dell'Accademia an Bedeutung gleich. Jeder Saal birgt Gemälde der bedeutendsten venezianischen Künstler, die Darstellungen umfassen tief religiöse, aber auch durch und durch weltliche Aspekte des Lebens. Die 24 Räume lassen sich gut bewältigen; außerdem ist es reizvoll, diese Werke an ihrem Entstehungsort zu sehen.

Das Museum ist Teil der Accademia di Belle Arti und verdankt viele seiner Schätze Napoleon, der 1807 Hunderte von Kirchen und religiösen Institutionen säkularisierte und mit ihren Kunstschätzen die Accademia füllte, um den Studenten Anschauungsobjekte zu bieten. Heute gilt das Museum als eine der besten Gemäldesammlungen Europas. Drei einst sakrale Gebäude, die Scuola Grande della Carità, die dazugehörige Kirche Santa Maria und das Klostergebäude der Lateranensischen Kanoniker beherbergen heute

Gemälde von Bellini und Giorgione sind in Saal 23 ausgestellt

DIE BEDEUTENDSTEN MEISTERWERKE

Wenn Sie sich mit venezianischer Malerei nicht gut auskennen, sollten Sie v. a. die folgenden Bilder anschauen. Sie sind nicht nur schön, sondern illustrieren auch, wie sich das für venezianische Künstler typische Spiel mit Licht und Farben allmählich entwickelte. Die Reihenfolge entspricht jener der Säle, in denen sie hängen.

Paolo Venezianos Polyptychon *Marienkrönung* – Saal 1

Maria auf dem Thron im Kreise von sechs Heiligen von Giovanni Bellini – Saal 2

Das Gewitter von Giorgione – Saal 5

Veroneses *Gastmahl im Hause des Levi* – Saal 10

Das Markuswunder von Tintoretto – Saal 10

La Pietà von Titian – Saal 10

Die Entführung des hl. Markus von Tintoretto – Saal 10

Veduten und Genrebilder von Canaletto, Guardi und Pietro Longhi – Saal 17

Der Zyklus *Die Wunder der heiligen Kreuzreliquie* von Gentile Bellini, Carpaccio und anderen – Saal 20

Carpaccios *Ursulazyklus* – Saal 21

Tizians *Mariä Tempelgang* – Saal 24

Oben: Kunstwerke von Vivarini sind in Saal 24 zu sehen

die Sammlung. Sie sind miteinander verbunden, wurden komplett umgestaltet und bieten heute einen faszinierenden Einblick in 500 Jahre venezianische Malerei.

Byzantinische und internationale Gotik

Nehmen Sie sich einige Minuten Zeit für die frühen Bilder. Die klaren Formen der westlichen Gotik verschmelzen hier mit byzantinischem Gold und hinterlassen einen östlich gestimmten Gesamteindruck. Die prächtige *Marienkrönung* von Paolo Veneziano (► 22) lässt diese Tradition gut erkennen, wogegen Spuren einer im Stil naturalistischeren internationalen Gotik in den Tieren und Vögeln des gleichnamigen Gemäldes von Michele Giambono zu sehen sind, die in der ehemaligen Haupthalle der Scuola Grande hängen.

Früh- und Hochrenaissance

In den nächsten Sälen werden Sie vermutlich etwas mehr
Zeit verbringen. Die Renaissance begann in Venedig später
als an anderen Orten. Mitte des 15. Jahrhunderts entwickelte die Familie Bellini einen ganz eigenen venezianischen Stil,
in dessen Mittelpunkt die Darstellung Mariens im Kreise
von Heiligen, die so genannte *Sacra Conversazione*, stand. In
der Accademia gibt es hierfür mehrere schöne Beispiele wie
Giovanni Bellinis Altarbild für San Giobbe, *Maria auf dem
Thron im Kreise von sechs Heiligen*, ein Gemälde in warmen
Farben mit zahlreichen architektonischen Details. Bellinis
Arbeiten wurden von denen seines Schwagers Andrea Man-
tegna beeinflusst, der als Meister der perspektivischen Darstellung in die Geschichte einging. In der Accademia hängt
u. a. sein *Hl. Georg*. Die Familie Bellini prägte ihrerseits den
jungen Giorgione (➤ 22), der in der Werkstatt Giovanni
Bellinis lernte. Sein Bild *Tempest*, das noch immer viele
Rätsel aufgibt, zeigt wie hier primär Landschaft und Licht
eine außergewöhnliche Atmosphäre schaffen. Venezianische
Porträtmaler wie Lorenzo Lotto (um 1480–1556), dem es
vorzüglich gelang, die Stimmung seines Gegenübers in dessen

Bellinis
***Madonna mit
Kind***

Gesichtszügen widerzuspiegeln, setzten den Trend fort. Es folgen die Meister der Hochrenaissance: Tizian, Tintoretto und Veronese. Tizians *Mariä Tempelgang* in schimmerndem Blau und matten Marmorfarben hängt noch an seinem ursprünglichen Ort in der Sala dell'Accademia, dem letzten Raum des Museums. Tintoretto und Veronese sind dagegen in den Sälen vertreten, die dem Entstehungszeitpunkt ihrer Bilder entsprechen. Versäumen Sie nicht Veroneses *Gastmahl im Hause des Levi*. Ursprünglich hatte der Künstler das Abendmahl zeigen wollen, doch enthielt das Gemälde so viele weltliche und anstößige Details, dass er es umbenennen musste, um sich nicht der Ketzerei verdächtig zu machen. Tintorettos dramatische *Entführung des hl. Markus* bildet zu Veroneses Bild einen scharfen Kontrast.

Veduten, Landschafts- und Genrebilder

Mehrere Säle befassen sich mit bekannten Landschaftsmalern wie Canaletto, Guardi, Longhi und den Arbeiten von Giambattista Tiepolo. Die Genrebilder vermitteln einen Eindruck vom Alltag der Venezianer, die sich kurz vor dem Ende der Republik buchstäblich zu Tode feierten.

Die Zyklen

Die daran anschließenden Säle führen zurück ins 15. Jahrhundert und widmen sich zwei großen Bilderzyklen, dem *Wunder der heiligen Kreuzreliquie* und dem *Ursulazyklus*. Ersteren schuf Gentile Bellini gemeinsam mit Carpaccio und anderen Künstlern, die Geschichte der Hl. Ursula gestaltete Carpaccio allein. Beide Zyklen enthalten zahlreiche Andeutungen und typische Details wie Schiffe und Gondeln, bekannte Gebäude oder prachtvollen Zierrat. Leihen Sie sich an der Kasse einen Audioguide aus, um die Darstellungen zu verstehen.

KLEINE PAUSE

Gehen Sie am Rio di San Travàso entlang zum **Al Bottegon** (Dorsoduro 2104, Fondamenta Nani, Tel. 041/522 7911), wo Sie in schöner Atmosphäre exzellente *panini* essen und dazu einen Wein aus der umfangreichen Karte trinken können.

---

198 A2   Campo della Carità   041/522 2247, Führungen: 041/ 520 0345; www.galerieaccademia.org   Di–So 8.15–19.15, Mo 8.15–14 Uhr   1, 82, Accademia   teuer

GALLERIE DELL'ACCADEMIA: INSIDER-INFO

Top-Tipps: Die **Audioguides** leiten Sie zu den Höhepunkten der Sammlung. Nehmen Sie auch einen **Raumplan** mit.

- **Es gibt auch deutsche Führungen.** Fragen Sie an der Kasse nach Uhrzeit und Details – einige behandeln nur bestimmte Künstler oder Epochen.
- Wenn Sie ein bestimmtes Bild unbedingt sehen möchten, erkundigen Sie sich vorher, ob der entsprechende **Raum an diesem Tag auch wirklich geöffnet** ist.
- **Kommen Sie ganz früh oder sehr spät**, um das größte Gedränge zu vermeiden. Sonntags ist am meisten los.
- Das geringfügig teurere Kombiticket schließt den Besuch der **Ca' d'Oro** ein.

2 Ca' Rezzonico

Während des 18. Jahrhunderts, als die Republik Venedig in hedonistischen Konsum verfiel, waren die großen Palazzi am Canal Grande *der* Ort für Schwelgerei und Gelage. Um einen Hauch davon zu erhaschen, sollten Sie durch den Ca' Rezzonico streifen, einen riesigen und wundervollen Palast, der heute ein Museum für dieses Jahrhundert beherbergt. Die Prunkgemächer waren überbordend dekoriert mit Möbeln, Textilien, Glas und großen Gemälden und boten eine wunderbare Aussicht auf den Kanal. In den späten 1990ern wurden sie hervorragend restauriert und beschwören nun den Pomp der letzten Tage der Republik besser herauf als irgendein anderes Gebäude der Stadt.

1667 beauftragte die Bon-Familie den Architekten Baldassare Longhena mit dem Bau des Palastes. Als dieser 1682 starb, war das Gebäude nur zum Teil fertig. Giorgio Massari übernahm das Projekt, doch die Gelder der Bons gingen schnell zu Ende. 1756 erst wurde der Bau durch den neureichen Rezzonico-Clan fertiggestellt, die darin bis 1810 lebten. Dann wurde es von wechselnden Besitzern übernommen, unter ihnen Pen Browning, dessen Vater – der Dichter Robert Browning – hier starb im Jahre 1889. 1935 schließlich wurde es an die Gemeinde von Venedig verkauft und zum Museum.

Das Piano Nobile
Eine feierlich-anmutige Treppe führt vom Erdgeschoss hinauf zum Piano Nobile. So hieß in allen venezianischen Palästen der erste Stock, der traditionell zur Unterhaltung genutzt wurde. Der Ballsaal ist dabei architektonisch am interessantesten,

Drei golden verschnörkelte Stühle unter einem Fresko

Ein Auschnitt aus dem Fesko _Mondo Novo_

nimmt er doch eine Höhe von zwei Stockwerken des Gebäudes ein. Diese gestalterische Neuheit war eine Idee Massaris und einzigartig in Venedig. Der Raum wirkte nun riesig. Seine Erhabenheit wurde zudem betont durch _trompe-l'œil_-Malereien an den Wänden, atemberaubende Deckenfreskos, blendendes Gold und Stuckdekorationen, überladen vergoldetes Holz und metallene Lüster. Von hier gelangte man in unzählige reich geschmückte und miteinander verbundene Räume, ein jeder mit edlen Möbeln, Stoffen und Wandteppichen dekoriert. Hervorzuheben sind Tiepolos Deckengemälde in Thronsaal und Brautgemach, mehrfarbige Leuchter aus Muranoglas und überwältigende Möbel von Andrea Brustolon. Verpassen Sie nicht die Genrebilder, Gemälde von Francesco Guardi und Pietro Longhi mit Szenen des täglichen venezianischen Lebens!

Die Gemälde

Der zweite Stock beherbergt die Quadreria, die Galerie, in der Sie zwei Gemälde von Canaletto sehen können, die einzigen Werke des Malers in Venedig. Zu sehen sind auch Fresken, die Tiepolo zwischen 1759 und 1797 für seine eigene Villa in Zobenigo anfertigte, sehr persönliche Arbeiten, die er nicht im Auftrag, sondern zum Vergnügen malte. Am beeindruckendsten ist wohl das surreale und überraschend moderne _Mondo Novo_ (Neue Welt).

KLEINE PAUSE

Holen Sie sich ein Getränk oder einen Snack im Café!

✚ 197 F3 ✉ Dorsoduro 3136, fondamenta Rezzonico ☎ 041/241 0100; www.museicivicveneziani.it ◉ April–Okt. Mi–Mo 10–18, Nov.–März Mi–Mo 10–17 Uhr ⛴ 1, Ca' Rezzonico ✋ teuer

CA' REZZONICO: INSIDER-INFO

Top-Tipps:

■ Ist der **Wasserzugang** geöffnet, dann nutzen Sie ihn und kommen Sie herein, wie es die Besucher im 18. Jahrhundert taten.

■ Benutzen Sie die mehrsprachigen **Informationstafeln** in den Räumen und erfahren Sie noch mehr über den Palast und seine Geschichte.

■ Ca' Rezzonico verfügt über einen sehr guten **Service**: einen exzellenten Buch- und Geschenkeshop, eine angenehme Snackbar und komfortable WCs.

■ Die **Gartenanlage** im Hof ist ein Himmel auf Erden – lassen Sie sich dafür Zeit.

Muss nicht sein!

■ Die im dritten Stock gelegene Galerie Egidio Martini ist riesig und zweitklassig; der Apothekerladen aus dem 18. Jahrhundert ist allerdings einen Besuch wert.

❸ Collezione Peggy Guggenheim

Die Sammlung Peggy Guggenheim in einem weiträumigen Palazzo mit Garten am Canal Grande zieht seit ihrer Eröffnung Besuchermassen an. 1949 brachte die exzentrische amerikanische Erbin, Mäzenin und Kunsthändlerin ihre Sammlung moderner Kunst des 20. Jahrhunderts hier unter und wohnte bis zu ihrem Tod 1979 selbst in dem Gebäude. Seitdem pflegt die Guggenheim Foundation die Sammlung und den Palazzo und veranstaltet Wechselausstellungen der Spitzenklasse.

1749 begann man mit dem Bau des Palazzo Venier dei Leoni, einem der eigenartigsten Gebäude am Canal Grande. Dem Besitzer ging das Geld aus, so dass statt des geplanten vierstöckigen Prunkbaus nur ein eingeschossiges Fragment entstand. Die Venezianer sprechen bis heute vom *Palazzo Nonfinito*, dem unvollendeten Palazzo.

Peggy Guggenheim hatte bereits in den Zwanzigerjahren begonnen, Gemälde zu sammeln. Sie kaufte Bilder einer ganzen Generation abstrakter und surrealistischer Künstler und heiratete schließlich den Maler Max Ernst. In den 1940er-Jahren suchte sie in New York, London und Nizza nach geeigneten Räumen für ihre Sammlung, entschied sich schließlich jedoch für Venedig.

Die Dauerausstellung nimmt eine Reihe von Sälen mit Blick auf den Canal Grande ein. Besucher gehen zunächst durch den Garten, in dem Skulpturen von Künstlern wie Giacometti

Marinis *Engel der Zitadelle* steht auf der Terrasse

COLLEZIONE PEGGY GUGGENHEIM: INSIDER-INFO

Top-Tipps: Die Sammlung gehört zu den beliebtesten Museen in Venedig, **kommen Sie frühzeitig!**
- Leihen Sie am Kartenschalter einen **Audioguide** aus, so erfahren Sie wichtige Details zu den Kunstwerken.
- Zum Museum gehört ein ausgezeichneter **Buch- und Geschenkeladen.**

Ein Muss! Besuchen Sie **Peggy Guggenheims Grab** in der westlichen Ecke des Skulpturengartens.

Muss nicht sein: Wenn Sie aus Zeitgründen eine Auswahl treffen möchten, könnten Sie die Sammlung **Gianni Mattioli** auslassen.

Die Museumsfront am Canal Grande

und Henry Moore stehen. Alle großen Avantgardeströmungen des 20. Jahrhunderts, vom Kubismus bis hin zum abstrakten Expressionismus und Konstruktivismus, sind vertreten. Einige Räume widmen sich einzelnen Künstlern wie Chagall, Pollock oder Klee. Auch die Möbel und Erinnerungsstücke von Peggy Guggenheim stehen noch an Ort und Stelle.

Zu den bekanntesten Werken des Museums zählen Brancusis Skulptur *Vogel im Raum*, Max Ernsts *Einkleidung der Braut*, Victor Brauners *Surrealist*, Joan Mirós *Holländisches Interieur* , Henry Moores **Familie**, Picassos *Dichter* und Jackson Pollock's *Beschneidung*. Auch Kästen von Joseph Cornell und Mobiles von Alexander Calder gehören zu den Museumsstücken. Calder schuf das wunderschöne *Silberne Kopfteil*, das einst das Bett Peggy Guggenheims zierte. Das provokanteste Objekt ist und bleibt Marino Marinis Skulptur *Engel der Zitadelle*. Die Figur des nackten Reiters mit ausgebreiteten Armen steht auf der Terrasse und blickt auf den Canal Grande.

KLEINE PAUSE

Gönnen Sie sich eine kleine Erfrischung im **Museumscafé**!

198 B2 Palazzo Venier dei Leoni, Fondamenta Venier 041/240 5411; www.guggenheim-venice.it Sommer: Mi–Mo 10–18, Sa 10–22 Uhr Café, Restaurant 1, 82, Accademia teuer

Nach Lust und Laune!

4 Squero di San Trovàso

Am Rio di San Trovàso befindet sich einer noch tätigen *squeri* (Gondelwerften). Vom gegenüberliegenden Kai können Sie beobachten, wie die Gondeln gebaut und repariert werden. Unterhalb der Werft zweigt ein Seitenkanal ab, hier steht das geranienbehängte chalethafte Haus des Werftbesitzers. Viele Schiffbauer kamen aus den Alpen, so auch die Architektur. Neben Wartung und Reparaturen werden pro Jahr auch drei bis vier neue Gondeln gebaut.

✝ 197 E1 ✉ Rio di San Trovàso
🚢 51, 52, 61, 62, Zattere; 1, Accademia

5 Zattere

Zattere heißen die langen *fondamente* des Canale della Giudecca. 1519 entstanden die breiten Kaianlagen, die den Namen der *zattere* (Flöße) tragen, die einst hier anlegten. Genießen Sie die Umgebung mit großartigen Palazzi im Westen und den alten Salzspeichern und der Punta della Dogana im Osten. Im geschäftigen Zentrum finden Sie das **Nico** (► 135), eine der besten Eisdielen der Stadt, oder heuern ein *vaporetto* zur Insel Giudecca (► 135).

✝ 197 E1–199 D1 ✉ Fondamenta delle Zattere 🚢 51, 52, 61, 62, 82, Zattere

6 Scuola Grande dei Carmini und Santa Maria dei Carmini

Eine der originalgetreusten *scuola* des 17. Jahrhunderts ist die *carmini* (Karmeliter), die zu den Bruderschaften gehört, die von Napoleons Säkularisierungsmaßnahmen verschont blieben. Sie wurde von Longhena entworfen und von 1627 bis 1638 erbaut. Eine prächtige Treppe führt zum Kapitelsaal im Obergeschoss. Die Decke verzierte Tiepolo zwischen 1739 und 1744 mit neun berühmten Fresken: kühne Komposition in *trompe- l'OEil*-Perspektive. Gegenüber erhebt sich die Kirche Santa Maria dei Carmini, die unterschiedliche Stilrichtungen von der byzantinischen Ära bis zum Barock vereint. Auf dem schmalen Glockenturm thront eine Marienstatue.

✝ 197 D3 Scuola Grande dei Carmini
✉ Campo dei Carmini, Dorsoduro 2617
☎ 041/528 9420 🕐 Tgl. 9–17 Uhr
🚢 1, Ca' Rezzonico ✋ mittel
Santa Maria dei Carmini ✉ Campo dei Carmini, Dorsoduro 2613 ☎ 041/522 6553
🕐 Mo–Sa 14.30–17.30 🚢 1, Ca' Rezzonico
✋ frei

7 Campo Santa Margherita

Der eigentümlich geformte Platz mit seinem Markt, den schattigen Bänken, den Studenten, den Läden, Bars und Restaurants, ist einer der lebhaftesten Venedigs – Tag wie Nacht. Er ist umgeben von alten Palazzi, der Kirche Santa Margherita (heute Konferenzsaal der Uni) und dem kleinen Gebäude in der Mitte, der Scuola dei Varoteri (Gerber).

✝ 197 D3 ✉ Campo Santa Margherita
🚢 1, Ca' Rezzonico

8 Santa Maria della Salute

Die großartige Barockkirche, die über den Eingang des Canal Grande wacht, wurde von Longhena entworfen und zwischen 1631 und 1681 erbaut, in Dankbarkeit für das Ende der Pest. Über dem Zentralraum der Kirche mit dem achteckigen Grundriss wölbt sich eine mächtige

Kuppel. Eine Skulpturengruppe der Jungfrau Maria mit Kind, die Venedig von der Pest erlöst, umrahmt am Hauptaltar eine byzantinische Marienikone. Die schönsten Bilder hängen in der Sakristei: Meisterwerke von Tizian und Tintoretto. Die beste Zeit für einen Besuch ist um den 21. November zur Festa della Madonna della Salute.

✚ 199 D2 ✉ Campo della Salute ☎ 041/522 5558 ◑ Kirche: April–Sept tgl. 9–12, 15–18.30; Okt.–März 9–12, 15–17.30 Uhr. Sakristei: Mo–Sa 10–11.30, 15–17, So 15–17 Uhr ⛴ 1, Salute ✋ Sakristei: preiswert

9 La Giudecca

Jenseits des Canale della Giudecca erstreckt sich die gleichnamige Insel, die eine ganz eigene Atmosphäre ausstrahlt. Im Mittelalter errichteten hier reiche Bürger der Stadt ihre Sommerpaläste, später überbaute man die Lustgärten mit Fabriken und Arbeiterwohnungen. Heute rauchen die Schornsteine nicht mehr, und Giudecca hat sich zu einem preisgünstigen Wohnviertel mit dörflichem Charakter entwickelt. Palladio hinterließ auf der Insel gleich zwei Kirchen, **Le Zitelle** und die Pestkirche **Il Redentore** (1577–92). Während der Festa del Redentore im Juli (➤ 19), endet hier eine feierliche Prozession. Der riesige

Oben: Squero do San Trovàso

rote Klinkerbau im Westen der Insel ist das ehemalige Molino Stucky, einst eine Mühle, heute eins der schicksten Hotels.

✚ 197 bei E1 ✉ Giudecca ⛴ 41, 82

Santa Maria della Salute

Wohin zum ...
Essen und Trinken?

Preise
Preise pro Person für ein Essen ohne Getränke
€ unter 30 Euro   €€ 30–50 Euro   €€€ über 50 Euro

BÀCARI, BARS UND *GELATERIE*

Internet Café Noir €
In diesem Café können Sie Ihre E-Mails abrufen, Musik hören, ein Bier trinken und dazu ein Sandwich essen und mit Einheimischen wie Touristen entspannen. Auf der Karte stehen über 20 Teesorten, außerdem gibt es Eiskaffee, heiße Schokolade und Säfte. Das Café hat lange geöffnet. Entspannte Atmosphäre, freundliches Personal.
✚ 197 E4 ✉ Dorsoduro 3805, Calle San Pantalon ☎ 041/710 925; cafenoir@virgilio.it ◷ Mo–Sa 7–2 Uhr, So 9–2 Uhr ⛴ San Tomà

Nico €
Bummeln Sie abends mit einem Eis in der Hand an den Zattere entlang, oder nehmen Sie auf dem Ponton vor der *gelateria* mit Blick auf Giudecca Platz. Nico ist berühmt für seine *coppa gianduiotto* mit Schoko-Haselnusseis, aber auch das Fruchteis, z. B. Zitrone oder Erdbeere, lässt keine Wünsche offen. Auch Getränke sind hier zu haben, die für eine Erfrischung sorgen.
✚ 197 F1 ✉ Dorsoduro 922, Fondamenta delle Zattere ai Gesuati ☎ 041/522 5293 ◷ Fr–Mi 7–23 Uhr. Ende Dez. geschl. ⛴ Zattere

OSTERIE, PIZZERIE, TRATTORIE UND *RISTORANTI*

Ai Gondolieri €€–€€€
Das Restaurant nimmt in Venedig eine Sonderstellung ein, denn hier gibt es ausnahmsweise keinen Fisch. Auf der Karte stehen Fleischgerichte, Wild, Gemüse und Käse, viele dieser Zutaten stammen aus der *teira feirma*, dem venezianischen Hinterland. Giovanni Trevisan, der Mitglied in der Buona-Accoglienza-Vereinigung (▶ 38f) ist und auch das Café im Guggenheim-Museum (▶ 133) betreibt, hat eine vom Aussterben bedrohte lokale Kochkunst wiederbelebt. Probieren Sie Ente, Lamm oder Rindfleisch mit Wildkräutern, Lagunengemüse oder hausgemachten Käse, feine italienische Weine und schmackhafte Desserts.
✚ 198 B2 ✉ Dorsoduro 366, Campo San Vio ☎ 041/528 6396 ◷ Mi–Mo 12–15, 19–22 Uhr ⛴ Accademia

Al Bottegon (Cantinone gia Schiavo) €
Dieser ausgezeichnete *bàcaro* liegt am gleichen Kanal wie der berühmte *squero* (▶ 134) und ist so beliebt, dass die Gäste oft bis zur *fondamenta* hinaus stehen. Mittags bekommt man hier an der Bar oder den hinteren Tischen riesige *panini*, köstliche *cicheti* in allen Variationen und einfache Hauptgerichte. Seit drei Generationen in der Hand derselben freundlichen Familie, die sich mit Weinen bestens auskennt und Ihnen gerne eine eisgekühlte Flasche mit auf den Weg gibt.
✚ 197 F1 ✉ Dorsoduro 992, Fondamenta Nani ☎ 041/523 0034 ◷ Mo–Sa 8–14.30, 16–21.30 Uhr ⛴ Zattere, Accademia

Altanella €
Auf der Terrasse des Altanella, das am größten Kanal der Insel Giudecca liegt, können Sie zu vernünftigen Preisen ein wirklich romantisches Abendessen genießen. Regionale Küche, überwiegend mit Fisch,

bestimmt die Karte. Besonders lecker schmecken *gnocchetti* mit Tintenfisch oder Pasta mit Muscheln, aber auch gekochter Babyoktopus oder marinierte Sardinen. Ein schöner Ort, um den Massen zu entfliehen.

✚ 197 bei F1 ✉ Giudecca 270, Calle delle Erbe ☎ 041/522 7780 ✪ Mi–So 12.30–14.30, 19.30–21.30 Uhr. Aug. geschl. 🚢 Palanca

Antica Osteria al Pantalon €€

Dieses lange, schmale Restaurant liegt an der Straße zur Frari. Eine gute Beleuchtung, die geschäftige Atmosphäre und die appetitlichen Schaufensterauslagen von Fisch und Meerestieren verlocken. Fisch wie auch Pasta- und Reisgerichte werden elegant zubereitet und an schlichten Holztischen serviert. Lassen Sie sich beraten und reservieren Sie rechtzeitig, um dem Ansturm besonders der Studenten zuvor zu kommen.

✚ 197 E4 ✉ Dorsoduro 3958, Crosera San Pantalon ☎ 041/710849 ✪ Mo–Sa 12.30–15, 19–22 Uhr 🚢 San Tomà

Dona Onesta €–€€

Die »Ehrliche Frau« liegt hinter der Frari versteckt und ist seit Jahren ein Lieblingslokal. Zwischen unzähligen bekannten Leckereien finden Sie hier hervorragende Klassiker, die Sie probieren sollten! Kosten Sie den Reis mit Meeresfrüchten, den *insalata di mare* (Vorspeise aus Meeresfrüchten), die *sarde in saor* (süßsaure Sardinen) oder die *seppie alla veneziana*, ein gehaltvoller, in seiner Tinte gekochter Tintenfisch an Polenta. Wer Fleisch mag, bestelle sich *bresaola* (luftgetrocknetes Rindfleisch) und allerlei Kalb.

✚ 197 F4 ✉ ponte della Dona Onesta, Dorsoduro 3922 ☎ 041 710 586 ✪ Mo–Sa 12.30–14.30, 19.30–21.30 Uhr 🚢 San Tomà

Locanda Montin €€–€€€

Schon seit über 50 Jahren erfreut sich das Montin großer Beliebtheit bei betuchten Gästen und Touristen. In dieser Zeit hat es Höhen und Tiefen erlebt, aber auf die Küche ist stets Verlass und die Atmosphäre sowie der Service stehen in guter venezianischer Gastronomietradition. Auf der Karte finden Sie die üblichen Spezialitäten wie Spaghetti *alle vongole* (mit Venusmuscheln), Risotto *nero* (Risotto mit Tintenfischtinte), knusprig leichter *fritto misto* (gemischter Bratfisch) und Gemüse aus der Umgebung.

✚ 197 E2 ✉ Dorsoduro 1147, Fondamenta di Borgo ☎ 041/522 7151 ✪ Do–Mo 12–15, 19–22 Uhr; im Jan. und Aug. jeweils 2 Wochen geschl. 🚢 Accademia, Zattere

Mistrà €–€€

Abseits des Trubels, aber gut ausgeschildert, befindet sich im Obergeschoss eines alten Lagerhauses zwischen Bootswerften auf der Südseite der Giudecca das Mistrà. Viele Einheimische genießen hier frischen Fisch, Meeresfrüchte und ligurische Spezialitäten sowie die tolle Sicht auf die Lagune. Mittags bietet die Karte etwas günstigere und einfachere Gerichte.

✚ 197 bei F1 ✉ Giudecca 212/A, Fondamenta San Giacomo ☎ 041/522 0743 ✪ Mi–So 12–15, 19.30–22.30, Mo 12–15 Uhr 🚢 Redentore

Pizzeria Alle Zattere €

Sie möchten eine Pizza essen und dabei einen schönen Ausblick genießen? Für den Preis einer Margherita blicken Sie vom Kai vor dieser Pizzeria genau auf Giudecca. Die Karte ist eher auf Touristen ausgelegt, aber der Ort ist phantastisch – besonders bei Sonnenuntergang.

✚ 198 A2 ✉ Dorsoduro 795, Rio Terrà Foscarini ☎ 041/520 4224 ✪ Mi–Mo 12–15, 19–22 Uhr. 1. Dez.–10. Jan. geschl. 🚌 Zattere, Accademia

La Rivista €€

Elegant im Stil der 30er Jahre eingerichtet lässt dieser Ableger des trendigen Ca' Pisani (➤ 36) erahnen, was man von der Bar zu erwarten hat: lockere Atmosphäre, frische Salate, kreative Hauptgänge, harmonisch zusammengestellte Käseplatten und einen gut sortierten Weinkeller! Die ideale Umgebung, um ein bisschen abzuschalten.

✚ 198 A2 ✉ 979A Dorsoduro, Rio Terà Foscarini ☎ 041/240 1425 ✪ Di–So 12–15, 19–22.30 Uhr 🚢 Accademia

Wohin zum ... Einkaufen?

Im noblen Dorsoduro gibt es eine Reihe interessanter Läden – für Gäste und für wohlhabende Anwohner.

Wenn Sie von der Salute aus nach Westen gehen, schauen Sie beim **Antiquariato Oggetistica Claudia Canestrelli** (Dorsoduro 364A, Campiello Barbaro, Tel. 041/5227072) vorbei, einem winzigen Laden voll alter Drucke und Schmuck, dessen Besitzer wunderschöne Ohrringe im Stil des 18. Jahrhunderts fertigt. Am Campo San Vio verkaufen **Susanna & Marina Sent** (Dorsoduro 669, Tel. 041/520 8136) hübschen Glasschmuck, Schals und andere Accessoires, die sehr gut zur flippigen und preiswerten Designermode von **Ser Angiu** (Dorsoduro 868, San Vio, Tel. 041/523 11 49) passen. Ein paar Häuser weiter finden Sie in **Risuola di**

Giovanni Dittura (Dorsoduro 871, Calle Nuova Sant'Agnese, Tel. 041/523 11 63) einen kleinen Schuhladen, der sehr billige *friulani*, Samtpantoffeln in leuchtenden Farben, anbietet. Ein Stück westlich der Accademia calle Toletta ist die **Libreria Toletta and Toletta Studio** (Dorsoduro 1175/A, Tel. 041/523 20 34) beheimatet, *die* Quelle für Bild- und Kunstbände über Venedig, aber auch andere Bücher zu günstigen Preisen. Am Campo San Barnaba befindet sich **Pantagruelica** (Dorsoduro 2844, Tel. 041/523 67 66), der wohl beste Feinkostladen der Stadt. In der Nähe liegt **Annelie** (Dorsoduro 2748, Calle Lunga Santa Barbara, Tel. 041/520 32 77), wo man tolle Bettwäsche bekommt. In der Maskenherstellung geben seit über 20 Jahren **Mondonovo** (Dorsoduro 3063, Rio Terà Canal, Tel. 041/52873 44) den Ton an.

Wohin zum ... Ausgehen?

Der Campo Santa Margherita ist das Zentrum des Nachtlebens in Dorsoduro. Viele Studenten beginnen den Abend in einer der Bars und ziehen dann weiter in beliebte Nachtclubs.

Dazu gehören **Round Midnight** (Dorsoduro 3012, Fondamenta dello Squero, Tel. 041/523 20 56), eine kleine Bar mit DJ und Disko an jedem Abend, und das etwas gediegenere **El Souk** (Dorsoduro 1056, Calle Corfu, Tel. 041/52003 71) in der Nähe der Accademia – hier sollte man vorbestellen. Wer den ganzen Abend am Campo verbringen möchte, dem empfiehlt sich **Il Caffé** (Dorsoduro 2963, Tel. 041/528 79 98), die wohl beliebteste Bar, die auch oft Livemusik zu bieten

hat. Auch das **Margaret Duchamp** (Dorsoduro 3019, Tel. 041/528 62 55), ein schickes Café mit Tischen im Freien, oder die neu eröffnete **Chet Bar** (Dorsoduro 3026, Tel. 041/528 66 79), wo donnerstags, freitags und samstags Live-DJs auflegen, sind gute Tipps.

Manchmal werden in den wunderschönen Räumen der **Scuola Grande dei Carmini** (Dorsoduro 2617, Tel. 041/528 94 20) klassische Konzerte gegeben, dabei erklingt Musik des 18. Jahrhunderts und gelegentlich Opern. Orgelmusik ist in der **Salute** (Tel. 041/522 55 58) und **San Trovaso** (Tel. 041/296 06 30) zu hören. Das ultimative Konzerterlebnis ist ein Kammerkonzert im prächtigen Ballsaal der **Ca' Rezzonico** (▶ 130f).

Die Laguneninseln

Erste Orientierung

Venedig liegt in einer 550 Quadratkilometer großen Lagune. Ein Ring von Inseln umgibt das eigentliche Stadtgebiet, weitere Inseln bieten Schutz vor der offenen See. Einige dieser Inseln blicken auf eine lange Geschichte zurück, in der sie entweder als Industriestandorte oder als Sitz religiöser Institutionen eine wichtige Rolle spielten. Viele nutzte man für Festungen, Lager oder Arsenale, auf einigen befanden sich Krankenhäuser oder Hospize. Manche dienen noch immer als Bollwerke gegen das Meer, während auf anderen Obst und Gemüse für die Märkte am Rialto gedeiht. Die meisten sind nur einen Steinwurf von Venedig entfernt, einige jedoch liegen einsam in den romantischen Weiten der Lagune.

Wenn Sie einen Tag oder einen Nachmittag erübrigen können, sollten Sie einige Inseln im Norden der Lagune erkunden. Murano ist für die dort ansässigen Glasbläsereien berühmt, auf Burano werden in ganz Europa bekannte Spitzen hergestellt, und auf der einsamen Insel Torcello steht die byzantinische Basilica di Santa Maria Assunta. Von Torcello aus fahren Boote nach Südwesten an der Garteninsel Sant'Erasmo vorbei zum Lido, einer langen, schmalen Insel, die die Lagune von der Adria trennt. Hier gibt es schöne Strände, ruhige Flecken und elegante *Fin-de-Siècle*-Hotels, aber auch Autos und Supermärkte. Weiter südlich schirmt Pellestrina Venedig gegen das Meer ab. Die *murazzi*, große Steinwälle direkt am Wasser, gehörten zu den letzten großen Bauprojekten, die die Republik gegen Ende des 18. Jahrhunderts realisierte. *vaporetti* pendeln zwischen dem Lido und Venedig und fahren dabei an den Inseln der südlichen Lagune vorbei. Zu ihnen gehört San Lazzaro degli Armeni, eine armenische Klosterenklave und San Servolo mit seiner Restauratorenschule.

Unten: Murano hat ein eigenes Kanalsystem

★ Nicht verpassen!

Nach Lust und Laune!

**Seite 139: Detail des Mosaik-
bodens in der Basilica dei
Santi Maria e Donato von
Murano**

0   3 km

**Rechts:
Innenraum der
Basilica von
Murano**

An einem Tag

Lassen Sie das Stadtzentrum hinter sich und erkunden Sie sich von einen Tag lang zu den nördlichen Inseln der Lagune entführen! Greifen Sie sich aus der Ersten Orientierung (vorhergehende Seite) die schönsten Plätze heraus. Mehr dazu auf den folgenden Seiten.

9 Uhr

Mit dem *vaporetto* von den Fondamente Nove fahren Sie 15 Minuten nach ❶ Murano (➤ 144f). Steigen Sie an der Haltestelle Museo aus. Besuchen Sie eine der Glasfabriken, schauen Sie den Glasbläsern bei der Arbeit zu, und besichtigen Sie den Verkaufsraum.

11 Uhr

Spazieren Sie über den Ponte Vivarini und genießen Sie an Muranos Canal Grande einen Kaffee oder ein Eis. Besichtigen Sie dann die Basilica dei Santi Maria e Donato (links, ➤ 144f), ein Schmuckstück des venezianisch-byzantinischen Baustils aus dem 12. Jh. mit wunderbaren Mosaiken. Im Museo dell'Arte Vetraria (Glasmuseum, ➤ 144) erfahren Sie mehr über die Geschichte des venezianischen Glases.

12.15 Uhr

Nehmen Sie an der Haltestelle Faro den *vaporetto* nach ❷ Burano (➤ 146f), lehnen Sie sich zurück und genießen Sie die 40-minütige Fahrt durch die nördliche Lagune.

13.15 Uhr

Gehen Sie auf Burano direkt zur Hauptstraße, der Via Baldassare Galuppi, und essen Sie in einem der Fischrestaurants zu Mittag, zum Beispiel im Familienbetrieb Da Romano (Via B Galuppi 221, Tel. 041/73 00 30).

14.30 Uhr

Machen Sie einen Verdauungsspaziergang durch die Straßen mit den bunt gestrichenen Häusern oder ruhen Sie sich auf einer Bank am Ufer aus.

Besichtigen Sie anschließend das Museo del Merletto (Spitzenmuseum, ➤ 147), um mehr über dieses alte Handwerk zu erfahren.

16 Uhr

Innerhalb von fünf Minuten bringt sind Sie mit dem Boot dann in **❸ Torcello** (➤ 148f), der stimmungsvollsten Insel der nördlichen Lagune. Schlendern Sie über die grasbewachsene *piazza* und besichtigen Sie zwei sehenswerte Kirchen, die Basilica di Santa Maria Assunta aus dem 7. Jahrhundert (➤ 148) und Santa Fosca (rechts) aus dem 11. Jahrhundert. Danach bleibt noch Zeit für eine Erfrischung im Garten des berühmten Restaurants Locanda Cipriani (➤ 153) gegenüber der Basilika.

18 Uhr

Kehren Sie mit dem *vaporetto* über Treporti und Punta Sabbioni zurück nach Venedig. Die ruhige Fahrt führt vorbei an der Klosterinsel San Francesco del Deserto und der dünn besiedelten Garteninsel **❹ Sant' Erasmo** (rechts, ➤ 152), auf der viel Gemüse für die Märkte Venedigs angebaut wird.

20 Uhr

Vermutlich hat die Seeluft Sie hungrig gemacht. Wählen Sie ein Restaurant in der Nähe des Anlegers von San Marco. Verwöhnen Sie sich – wenn Sie mögen – mit einem Drink auf der Piazza San Marco, im exklusiven Caffè Florian etwa (➤ 59f), oder auch im Caffè Quadri (➤ 64). Das wunderschöne Ambiente dieser Lokale wird diesen Tag jenseits des Trubels perfekt abrunden.

❶ Murano

Wenn Sie nur für eine Insel Zeit haben, sollten Sie Murano besuchen. Von den Fondamente Nove aus dauert die Fahrt nur wenige Minuten. Seit dem Mittelalter ist Murano das Zentrum der venezianischen Glasproduktion. Die Inselbewohner verstehen sich als selbstständige Gemeinde mit eigenem Charakter – und eigenem Canal Grande.

Auf dieser Insel leben rund 5000 Menschen, zu denen sich täglich zahlreiche Arbeiter vom Festland gesellen. Auf Murano dreht sich alles um das Glas, das hier seit 1291 hergestellt wird und die Inselbewohner nach wie vor ernährt. Alteingesessene Handwerksmeister – ein jeder ist spezialisiert auf ein bestimmtes Glas – weihen die Lehrlinge in die Geheimnisse der Glasbläserei ein. Zusätzliche Informationen bietet das **Museo del Vetro** (Glasmuseum) mit einer Ausstellung zur Geschichte der Glasproduktion auf Murano. Das Museum befindet sich im **Palazzo Giustinian**, einem wunderschönen Gebäude aus dem 17. Jahrhundert, das den Objekten den perfekten Rahmen verleiht. Die riesigen, farbenprächtigen venezianischen Lüster sind nicht zu übersehen, doch sollten Sie auch der erlesenen Hochzeitsschale von Angelo Barovier und den farbigen Glasperlen, mit denen einst in aller Welt gehandelt wurde, Beachtung schenken.

Bummeln Sie gemütlich durch das Zentrum Muranos, am kleinen **schwimmenden Markt** vorbei und an den Kanälen entlang, und übersehen Sie keinesfalls die **Basilica dei Santi Maria e Donato**, ein Kleinod aus dem 12. Jahrhundert. Der Säulengang an der Außenseite der Apsis gehört zu den typischen Elementen des venezianisch-byzantinischen Stils.

Meisterliche Hände bei der Arbeit

im Innern entstand 1140, das Apsismosaik zeigt eine ernst dreinblickende byzantinische Madonna.

KLEINE PAUSE

Mischen Sie sich unter die Glasarbeiter und essen Sie etwas in einer der umliegenden Bars, oder gönnen Sie sich ein köstliches Fischmenü im Garten der **Antica Trattoria** (Fondamenta Cavour 18, Tel. 041/ 739 610) mit Blick auf Muranos Canal Grande.

Basilica dei Santi Maria e Donato

✉ Campo San Donato 🕓 April–Sept. tgl. 9–12, 16–18.30 Uhr; Okt.–März 9–12, 16–18 Uhr 🚢 12, 13, 41, 42 ✋ frei

Museo del Vetro

✉ Fondamenta Giustinian 8 ☎ 041/ 739 586 🕓 April–Okt. Do–Di 10–18 Uhr; Nov.–März 10–17 Uhr 🚢 DM, 41, 42 ✋ Eintritt im Kombiticket für den Dogenpalast (▶ 53ff) und das Museo Correr (▶ 59) enthalten: mittel

Modernes Murano-Glas, ausgestellt in einer der vielen Galerien der Insel

MURANO: INSIDER-INFO

Top-Tipps: Schlagen Sie Angebote für Gratis-Überfahrten nach Murano aus. Sie werden von den Glasfabriken veranstaltet und schließen eine Verkaufsvorführung ein, bei der Sie **nachhaltig zum Kauf aufgefordert** werden.

■ Vermeiden Sie die **Kundenschlepper** rund um die großen Glasfabriken. Steigen Sie deshalb nicht bei den Haltestellen Colonna oder Faro aus, sondern bei Museo oder Venier. Diese Haltestellen liegen ohnehin näher an Ihrem Zielort.

■ Wenn Sie etwas kaufen möchten, sollten Sie sofort zum **Geschäft eines renommierten Glasfabrikanten** gehen und die Billigläden links liegen lassen.

■ **Billiges Glas** stammt mit ziemlicher Sicherheit nicht aus Murano.

Geheimtipp: In Muranos Pfarrkirche **San Pietro Martire** an der Fondamenta dei Vetrai (geöffnet tägl. 9–12 und 15.30–19 Uhr) hängen zwei schöne Gemälde von Giovanni Bellini, eine *Himmelfahrt* und eine *Madonna mit Heiligen*.

❷ Burano

Bunt gestrichene Häuser und die alte venezianische Tradition der Spitzenstickerei ziehen immer wieder Scharen von Besuchern in die abgelegene nördliche Lagune zu der kleinen Fischerinsel, die Lichtjahre von der städtischen Eleganz Venedigs entfernt zu sein scheint.

Burano und die Nachbarinsel Mazzorbo gehörten zu den ersten Siedlungsplätzen in der Lagune. Als Venedig größer wurde, verlor Mazzorbo nach und nach an Bedeutung. Heute leben hier nur noch wenige Menschen, die Gemüse anbauen, und lediglich die gotische Kirche **Santa Caterina** aus dem 14. Jahrhundert erinnert an ruhmreichere Tage. Die Fischerinsel Burano aber blühte auf: Die Männer fuhren aufs Meer hinaus, während die Frauen daheimblieben und Spitzenstickereien fertigten, die einst zu den begehrtesten ganz Europas gehörten. Angeblich strichen die Fischer ihre Häuser früher blau, rot oder golden an, damit sie sie vom Wasser aus erkennen konnten. Auch heute leuchten sie bunt, auf den Kanälen fahren zahlreiche Boote, an den *fondamente* Kais liegen Netze und Taue zum Trocknen aus.

Natürlich gibt es hier an jeder Ecke Spitzen, doch die meisten Arbeiten stammen aus dem Fernen Osten. Wenn Sie

BALDASSARRE GALUPPI

Die Bewohner von Burano sind stolz auf den hier geborenen Opernkomponisten Galuppi (1706–85). Galuppi schrieb dieMusik zu vielen Komödien seines Landsmannes Carlo Goldoni (1717–93). Die Hauptstraße und die Piazza tragen heute seinen Namen

Oben: Häuser in leuchtenden Farben spiegeln sich im Canal

Rechts: Die Spitzen werden in Burano bis heute handgefertigt

echte Burano-Spitze kaufen möchten, müssen Sie tief in die Tasche greifen. Die Tradition entwickelte sich ab dem 15. Jahrhundert, erkennbar waren die in ganz Europa begehrten Arbeiten am typischen Burano- und Venedig-Stich. Um 1870 wurde die **Scuola dei Merletti (Spitzenschule)** gegründet, um die fast schon vergessene Tradition vor dem Aussterben zu bewahren. Die Schule existiert noch immer und umfasst heute auch ein Museum (das **Museo del Merletto**). Es präsentiert im Erdgeschoss hauchzarte Deckchen und Kragen, verzierte Taschentücher und Blusen, während im ersten Stock einige typische Stickerinnenstühle stehen, wo alte Damen ihre Kunst zeigen. Die Arbeit ist eintönig und sehr anstrengend für die Augen, weshalb immer weniger Frauen die Mühe auf sich nehmen möchten.

KLEINE PAUSE

In Buranos bekanntestem Restaurant, der **Trattoria Da Romano** (➤ 153) können Sie gut einkehren. Essen Sie Pasta mit Fisch oder Risotto auf der schönen Terrasse!

Scuola dei Merletti
✉ Piazza Galuppi 187　☎ 041/730 034　🕓 April–Okt. Mi–Mo 10–17 Uhr; Nov.–März Mi–Mo 10–16 Uhr　🚤 LN　✋ Eintritt im Kombiticket für den Dogenpalast und das Museo Correr enthalten: mittel

BURANO: INSIDER-INFO

Top-Tipps: Einen schönen ersten Eindruck von Burano bekommen Sie, wenn Sie **bei Mazzorbo aussteigen** und über die Holzbrücke gehen, die die beiden Inseln verbindet. Von hier aus haben Sie eine tolle Sicht auf Venedig.
- Wenn Sie morgens kommen, können Sie den **Fischmarkt** an der Fondamenta della Pescheria erkunden.
- Fragen Sie in der **Scuola dei Merletti** nach, ob zum Zeitpunkt Ihres Besuchs Spitzenstickerinnen im Obergeschoss arbeiten, denen Sie bei der Arbeit zuschauen können.
- Auf dem **benachbarten Mazzorbo** können Sie wunderbar picknicken und durch die Weingärten spazieren.

Geheimtipp: Schauen Sie sich Tiepolos imposante *Kreuzigungsszene* in der Kirche **San Martino** an der Piazza Galuppi an.

❸ Torcello

Nur wenig auf dem verträumten Torcello im Norden der Lagune erinnert an die glorreiche Vergangenheit. Der Besuch lohnt sich schon wegen der Atmosphäre, die im krassen Gegensatz zum Trubel im Stadtzentrum Venedigs steht. Die byzantinische Basilika auf der Insel ist das älteste Gebäude der Lagune.

Die älteste Siedlung Venedigs entstand ab dem 5. Jh. auf Torcello. Anfang des 14. Jahrhunderts lebten rund 20 000 Menschen auf der Insel. Wenig später entwickelte sich jedoch das Gebiet um den Rialto, und immer mehr Einwohner flohen vom mückenverseuchten Torcello nach Venedig. Die Palazzi auf der Insel verfielen, in den Kanälen sammelte sich Schlick, und schließlich blieben nur noch eine Handvoll Häuser, eine Kirche aus dem 11. Jahrhundert und eine prachtvolle Basilika übrig. Heute windet sich ein einziger, schlammiger Kanal vom *pontile* zur *piazza*. Die **Basilica di Santa Maria Assunta**, deren älteste Teile aus dem Jahr 638 stammen, ist eine erhabene und schlichte Kathedrale, die einen wunderbaren Marmorfußboden und mehrere wertvolle Mosaiken aus dem 12. und 13. Jahrhundert besitzt. Das Apsismosaik zeigt eine melancholisch wirkende

Unten: Blick aus der Vogelperspektive auf die Basilica de Santa Maria Assunta

TORCELLO IN GEFAHR

Im Jahre 2000 plante das Städtische Wasseramt, Torcello eine »Entwicklungshilfe« angedeihen zu lassen. Man wollte einen neuen Landungssteg auf Torcello anlegen, die Wege pflastern und die Kanäle säubern und befestigen, und so in erster Linie Touristen aus dem Zentrum weglocken und damit entlasten, doch hagelte es Proteste von Venezianern verschiedenster politischer Couleur, der Unesco und der Stiftung »Venice in Peril«, die Torcellos ursprünglichen Charakter erhalten wollen. Bisher scheinen sie damit Erfolg zu haben.

WIE EIN MOSAIK ENTSTEHT

Zunächst werden größere Scherben verschiedenfarbigen Glases in kleine Stückchen zerschlagen. Gold- und Silberauflagen erhält man, indem man Blattgold oder -silber aufträgt und dieses mit einer dünnen transparenten Glasschicht überzieht. Dann wird der Untergrund des Bildes mit Zement verputzt, auf den man die Konturen vorzeichnet. Es folgt eine dünne Schicht Mörtel mit einer detaillierten Skizze. Schließlich werden die Glasstückchen in den feuchten Mörtel gedrückt.

Oben: Der strahlende Innenraum der Santa Fosca

Madonna; das Mosaik *Das Jüngste Gericht* mit den Teufeln, die die Verdammten in die Hölle stoßen, nimmt die gesamte Westwand ein. Neben der Basilika steht die venezianisch-byzantinische Kirche **Santa Fosca** aus dem 11. Jahrhundert, die den Grundriss eines griechischen Kreuzes hat. Das **Museo di Torcello** präsentiert archäologische Funde aus der ganzen Lagune. Ein steinerner Stuhl (»Attilas Thron«) bildet den Mittelpunkt der Piazza. Der Legende nach bringt es Glück, sich darauf niederzulassen.

KLEINE PAUSE

Auf dem Weg vom *pontile* zur Basilika kommen Sie an der **Osteria Ponte del Diavolo** (➤ 154) vorbei, die auf schattiger Terrasse preisgünstige Hausmannskost serviert.

Basilica di Santa Maria Assunta
☎ 041/270 2464 ✪ März–Okt. tägl. 10.30–18 Uhr; Nov.–Feb. 10–17 Uhr
▦ T ✋ mittel

Campanile
✪ März–Okt. tgl. 10.30–17.30 Uhr; Nov.–Feb. 10–16.30 Uhr ✋ preiswert

Santa Fosca
✪ Tägl. 10.30–12.30, 14–17 Uhr ▦ 12 ✋ frei

Museo di Torcello
✉ Palazzo del Consiglio ☎ 041/270 2464 ✪ März–Okt Di–So 10.30 bis 17.30 Uhr; Nov.–Feb. Di–So 10–17 Uhr ▦ T ✋ mittel

TORCELLO: INSIDER-INFO

Top-Tipps: Fahren Sie **ganz früh oder recht spät** nach Torcello, wenn wenige Touristen unterwegs sind.
■ Fragen Sie nach dem **Audioguide**, der die Geschichte der Basilika und der Mosaiken erläutert. Vom Glockenturm aus hat man gute Sicht über die Lagune.
■ Beachten Sie, dass das letzte Boot von Torcello um 18.45 Uhr geht.

Muss nicht sein: Wenn Sie nur wenig Zeit haben, können Sie das **Museo di Torcello** auslassen.

Nach Lust und Laune!

4 Lido di Venezia

Jeder andere Lido ist nach dem Lido Venedigs benannt; eigentlich bedeutet das Wort einfach »Sandbank«. Der lange Inselstreifen, auf dem nur wenige Häuser zwischen Kiefernwäldchen und langen Sandstränden stehen, schützte einst die Stadt vor dem Meer. Im 19. Jahrhundert entdeckten schließlich die Romantiker den Lido, nach und nach entstanden elegante Hotels und Privathäuser am Ufer. Heute ist der Lido mehr Vor- und Schlafstadt als Ferienort. Die Hotels stehen noch an Ort und Stelle, füllen sich aber vor allem während des Filmfestivals) und im Hochsommer mit Leben. Venezianische Familien kommen mit ihren Kindern gern am Wochenende, um der Hitze der Stadt zu entfliehen. Die Preise sind etwas niedriger und zur Überraschung vieler Touristen fahren hier auch Busse und Autos.

Erfrischungsgetränk in einem Straßencafé auf dem Lido di Venezia

Ein Tag am Lido

Die meisten Leute kommen hierher, um einen unbeschwerten Tag am Strand zu verbringen. Die Stadt bemüht sich seit einigen Jahren erfolgreich, die Qualität der Gewässer rings um Venedig zu verbessern. Jedes größere Hotel besitzt einen gepflegten Strand mit allem Drum und Dran, außerdem gibt es Privatstrände mit Umkleidekabinen, Liegen, Sonnenschirmen und Strandbars. Die Benutzung des städtischen Strandes ist kostenlos, Sie können aber auch mit dem Bus zur benachbarten Insel **Pellestrina** fahren, wo es ruhiger zugeht. Weiter südlich, aber immer noch am Lido, liegt das Dorf **Alberoni**, mit einem Golfplatz und Reitställen. Am Abend können Sie hier in aller Ruhe auf der *passeggiata* entlangspazieren oder vor dem Essen einen Einkaufsbummel machen.

Die Kirche **San Nicolò** wurde 1044 am nördlichen Ende der Insel errichtet. Auf der Insel stehen schöne Jugendstilgebäude aus der Zeit, als der Lido sich zum beliebten Urlaubsort entwickelte. Das Hotel Excelsior und das Hotel des Bains sind dafür gute Beispiele und gaben einst die perfekte Kulisse für die *Fin-de-Siècle*-Melancholie von Thomas Manns Roman Der *Tod in Venedig* ab.

✉ Lido 🚢 1, LN, 51, 52, 61, 62, 82

⑤ San Lazzaro degli Armeni

Die Besichtigung der Insel San Lazzaro degli Armeni nimmt mit Hin- und Rückfahrt fast einen ganzen Nachmittag in Anspruch. Hier befindet sich ein bedeutendes Kloster und Zentrum der armenischen Kultur und Lehre. 1717 schenkte der Doge die ehemalige Leprakolonie dem armenischen Abt Mekhitar, der vor den Türken Zuflucht suchte. Dieser gründete ein Kloster, das über 40 000 armenische Handschriften aufbewahrt und bis heute ein wichtiger Bezugspunkt für Armenier ist. Die zwölf Mönche pflegen ein kleines Museum und bieten mehrsprachige Führungen durch Kirche und Kloster an.

Armenisch gehört zu den schwierigsten Sprachen der Welt. Lord Byron versuchte hier Grundkenntnisse des Armenischen zu erwerben, sein Studierzimmer steht zur Besichtigung offen. Die Mönche nennen Venedig bis heute »Serenissima«.

✉ San Lazzaro degli Armeni
☎ 041/526 01 04 🕐 Tgl. 15.30–17 Uhr (Führungen abgestimmt auf die Bootsankunft um 15.10 Uhr) 🚢 20 ✋ teuer

Der schattige Kreuzgang des Klosters San Lazzaro degli Armeni

FÜR KINDER

Die meisten **Glasbläser auf Murano**, blasen gegen ein zugestecktes Trinkgeld ein kleines Tier oder eine Figur und schenken sie Ihren Kindern.

Ein **Tag am Strand** bietet Entspannung von allzu viel Kultur.

Die meisten Kinder sausen gern mit dem **Fahrrad** am Lido entlang. Geübte Radler können ihr Fahrrad auch mit der Fähre auf die Pellestrina bringen und dort herumfahren. Leihräder gibt es beim Anleger (Bruno Lazzari, Gran Viale Santa Maria Elisabetta 21/B, Tel. 041/526 80 19).

Weingüter in Sant'Erasmo, Venedigs Gartenbau

OHREN AUF!

Die Stadt bietet viel für die Augen, doch auch die typischen Geräusche prägen sich vielen Touristen unvergesslich ein. Überall klatscht das Wasser leise gegen Bootsrümpfe und Mauern, die vapcretti tuckern auf den Kanälen entlang, und ihre Sperrgitter schnappen auf und zu. Kein Auto übertönt das Klappern der Absätze auf dem Pflaster, die Gespräche der Menschen auf den Plätzen und die aufflatternden Taubenschwärme. Ständig läutet irgendwo eine Glocke, rollen Einkaufskörbe über Brücken, hämmert und klopft es in den Ateliers der Handwerker und scheppert es aus den Küchen der Restaurants.

❻ Sant'Erasmo

Wenn Sie etwas Ausgleich zu Steinen und Kultur suchen, sollten Sie Venedigs Garteninsel Sant'Erasmo ansteuern. Von hier stammen die frischsten und besten Waren der Rialtomärkte, besonders bekannt sind der Spargel und die Artischocken; Sie erkennen sie am Etikett »San Rasmo«. Die Insel ist größer als das Stadtgebiet Venedigs, jedoch nur dünn von Fischern und Bauern besiedelt. Kulturschätze gibt es hier nicht, dafür aber Äcker und Weingärten, alte Bauernhöfe und einen Strand unweit der alten österreichischen Festung Forte Massimiliano.

 Sant'Erasmo 🚢 13

Wohin zum …
Essen und Trinken?

Preise
Preise pro Person für ein Essen ohne Getränke
€ unter 30 Euro   €€ 30–50 Euro   €€€ über 50 Euro

MURANO

Trattoria Busa alla Torre €–€€
Diese beliebte Trattoria liegt an einem kleinen Platz im Schatten des Kirchturms aus rotem Backstein, den Sie leicht am nördlichen Ende der Fondamenta dei Vetrai ausmachen. Bei gutem Wetter können Sie an einem Tisch im Freien die Sonne und die gute Küche des Insellokals genießen. Die Glasarbeiter und ihre Kunden kehren hier gleichermaßen gerne ein. Besonders gut schmecken einfache Gerichte wie Muscheln in würziger Soße, Spaghetti mit Hummer oder Muscheln, frischer gegrillter Lagunenfisch mit Polenta und Grillgemüse. Die Weinkarte ist kurz, bietet aber gute Tropfen aus dem Friaul und dem Veneto

✉ Campo Santo Stefano 3, Murano
☎ 041/ 739 662 ⊛ tgl. 12.30–14.30 Uhr
🚤 Colonna, Faro

BURANO

Trattoria al Gatto Nero €–€€
Das freundliche Terrassenrestaurant mit Blick auf den alten Fischmarkt befindet sich an einem malerischen Kanal mit bunt gestrichenen Häusern. Im Innern schmücken hübsche Gemälde die Wände. Die Küche bietet traditionelle venezianische Köstlichkeiten sowie modernere Kreationen auf der Basis von Fisch und Meeresfrüchten. *granseola* (Seespinne) erhalten Sie hier als Vorspeise oder zusammen mit Pasta. Sie können auch gegrillten *anguilla* (Aal) testen. Die Weinkarte enthält gute Weine aus der Region.

✉ Fondamenta della Giudecca 88
☎ 041/730 120 ⊛ Di–So 12.30–14.30, 19.30–21.30 Uhr. 10. Nov.–9. Dez. geschl.
🚤 Burano

Trattoria Da Romano €€
In diesem *locale storico d'Italia* (historisches italienisches Restaurant) verkehrten einst Künstler, und noch heute bedecken unzählige Gemälde in allen möglichen Stilrichtungen die Wände der riesigen Gaststube. Die rot-weiß-grün gestrichene Fassade gehört zu den Hauptattraktionen des Stadtzentrums. Auf den Tisch kommen typische Trattoria-Gerichte: gute Pasta, Risotto mit Meeresfrüchten, gebratener Fisch und Gemüse.

✉ Via Baldassare Galuppi 221
☎ 041/ 730 030 ⊛ Mi–Mo 12–15 und 18–21 Uhr. Mitte bis Ende Jan. geschl.
🚤 Burano

TORCELLO

Locanda Cipriani €€–€€€
Die Locanda Cipriani auf Torcello können Sie nicht übersehen: Das lange, niedrige, gelbe Gebäude befindet sich genau gegenüber der byzantinischen Basilika. Bei schönem Wetter stehen Tische in dem Blumengarten, der das Restaurant umgibt. Hier können Sie in romantischer Atmosphäre elegant zu Mittag oder Abend essen; es gibt jeweils auch Festpreismenüs. Die meisten Gäste sind Urlauber, die der Empfehlung ihres Reiseführers folgen. Auf der Karte sind neben venezianischen Spezialitäten auch italienische Klassiker wie *tagliolini* (Nudeln) mit Tomatensauce, Gemüserisotto oder Fischravioli

vertreten. Lassen Sie Platz für eines der köstlichen Desserts. Der Service ist gut; zum Restaurant gehören auch sechs hübsche Hotelzimmer.
✉ Torcello
☎ 041/730 150; www.locanda cipriani.com ◷ Di–So 12–15, 17–21.30 Uhr, im Winter wochentags abends geschl.
⛴ Torcello

Osteria Ponte del Diavolo €€

Speisen Sie romantisch unter einer Weinlaube (*pergolato*) und genießen Sie die ländliche Atmosphäre dieser rustikalen Trattoria. Der fangfrische Fisch wird lecker zubereitet – kosten Sie je nach Jahreszeit *ganseola* (Seespinne) oder *schie* (kleine Garnelen). Es gibt auch Cannelloni oder Fleischgerichte, die Venezianer kommen aber vor allem wegen des *fritto misto* (Grillfischplatte), zu dem ein Glas Hauswein schmeckt.
✉ Fondamenta Borgognoni, 10/11, Torcello
☎ 041/730 401
◷ Di–So 12–15.30, Sa 19–22.30 Uhr, 15. Dez. bis 15. Feb. geschl. ⛴ Torcello

LIDO

All'Artigliere und Da Valentino €€

Von beiden Seiten des Kanals blicken die zwei Restaurants, die mittlerweile von demselben Inhaber betrieben werden, einander in die Fenster. Das All'Artigliere gehört seit 22 Jahren der Familie Rosada und zieht Einheimische genauso an wie Filmstars, die sich während des Internationalen Filmfestivals (Ende August bis Anfang September) in Venedig aufhalten. In traditioneller Trattoria-Atmosphäre können Sie hier Fleisch und Fisch sowie frische Meeresfrüchte aus der Lagune essen. Beginnen Sie mit einer Auswahl an Antipasti, lassen Sie hausgemachte Pasta wie *tagliatelle* mit *capesante* (Jakobsmuscheln) oder *gnocchi* mit Fleischsauce folgen. Die ungewöhnlich guten Weine besorgt Michele, der Sohn des Wirts. Das Da Valentino auf der anderen Seite bietet dieselben Weine, eine ähnliche Karte und eine etwas elegantere Inneneinrichtung.
All'Artigliere: ✉ Via Sandro Gallo, 83
☎ 041/526 5480 ◷ Do–Di 12–15, 18.45–22.30 Uhr. Jan. geschl. ⛴ Lido
Da Valentino: ✉ Via Sandro Gallo 81
☎ 041/526 0128 ◷ Mi–Mo 12–15, 18.45–22.30 Uhr. Jan. geschl. ⛴ Lido

Bar Gelateria Maleti €

Diese große, beliebte Bar an der Hauptstraße des Lido bietet gute hausgemachte Eiscreme, Getränke und Kleinigkeiten bis spät in die Nacht hinein. Die Sandwiches werden frisch zubereitet, z. B. mit *porchetta* (Schweinebraten). Es gibt auch Cocktails, Wein und ungefähr 30 verschiedene Flaschenbiere.
✉ Gran Viale Santa Maria Elisabetta 45–47, Lido ☎ 041/526 14 55 ◷ Do–Di 7–3 (im Winter 23) Uhr ⛴ Lido

Cri Cri €

Diese freundliche Eckkneipe befindet sich mitten auf der langen Uferstraße des Lido. Sie hat immer geöffnet und ist immer gefüllt mit Einheimischen, die hier auf ein Getränk und ein paar exzellente Snacks wie *panini*, *tramezzini*, *pizzette* (Sandwichs, gefüllte Rollen und Minipizzen), kleine Meerestier-Gerichte und Fisch-Kebabs hereinkommen. Zur Mittagszeit sind die Tische auf dem Gehsteig berstend voll mit Menschen, die sich Klassiker wie Spaghetti *alle vongole* (Spaghetti mit Venusmuscheln) und Grillfisch mit Salat schmecken lassen. Hier kommen Sie auf Ihren Preis!
✉ via Sandro del Gallo 159A
☎ 041/526 5428
◷ Mo–Sa 7–21 Uhr
⛴ Lido

Garalin €

Diese Bar und *pasticceria* verkauft selbst gebackene Croissants und pikante (*tramezzini*). Außerdem gibt es eine ganze Reihe Cocktails, also kommen Sie kurz vor dem Abendessen vorbei und nehmen Sie an einem der Tische im Freien den Aperitif ein.
✉ Via Sandro Gallo 57, Lido
☎ 041/526 1573
◷ Do–Di 9–20 Uhr ⛴ Lido

Wohin zum ... Einkaufen?

Trattoria Favorita €€

Das Favorita gehört lange schon zu den beliebtesten Restaurants am Lido. Der quirlige Familienbetrieb eignet sich hervorragend für Eltern mit Kindern, die gern gut und reichlich essen. Die Tische auf der Gartenterrasse sind im Sommer stets voll besetzt, wenn Italiener hier bei Livemusik große Platten mit fangfrischem Lagunenfisch verspeisen. Es gibt warme und kalte Meeresfrüchte in reicher Auswahl, dazu in aller Regel Polenta. Der Meeresfrüchterisotto ist eine weitere Spezialität, auch die *pasta con le vongole veraci* (Venusmuscheln) oder *capesante* (Jakobsmuscheln) lohnt einen Versuch. Als Hauptgericht wird der Fisch gegrillt oder leicht paniert und gebraten serviert. Probieren Sie zum Dessert einen erfrischenden *sgroppino*: Zitronensorbet mit Wodka und Prosecco.
✉ Via Francesco Duodo 33, Lido ☎ 041 526 1626 🕐 Di 19.30–22, Mi–So 12.30–14.30, 19.30–22 Uhr. Mitte Jan.–Mitte Feb. geschl. 🚋 Lido

Brechen Sie früh zu einem Tagesausflug zu den Laguneninseln auf. Der erste Halt ist Murano: Achten Sie auf das Signet des hier geblasenen Glases und besuchen Sie mehrere Läden, bevor Sie sich entscheiden. Essen Sie auf Burano zu Mittag und stöbern Sie in den Läden nach Spitze. Ein *traghetto* bringt Sie nach Torcello.

MURANO

Unter den hiesigen Glasbläsereien finden sich weltbekannte Namen, deren Produkte in Nobelgeschäften verkauft werden, aber auch winzige Werkstätten, deren Glas sie nur auf der Insel bekommen. Zu den Erstgenannten gehört **Archimede Seguso** (Fondamenta Serenella 18, Tel. 041/73 90 65), bekannt für Qualität und Design. **Barovier e Toso** (Fondamenta Vetrai, Tel. 041/ 527 43 85) ist ein weiteres historisches Unternehmen, das eng mit den *Maestri* des Glases zusammenarbeitet. Ihre Produkte sind außergewöhnlich und technisch versiert. Das trifft auch auf das Glas von **Venini** (Fondamenta dei Vetrai, Tel. 041/273 7211) zu, die einige sehr moderne Stücke wie die des Designers **Carlo Morletti** anbieten. Diese drei Hersteller haben einen gemeinsamen Laden: **Murano Collezioni** (Fondamenta Manin 1D, tel: 041 736 272). **Fratelli Toso** (Fondamenta Colleoni 7, Tel. 041/ 73 90 60) haben sich auf bemerkenswerte, spiralförmige Designs aus mehrfarbigem Glas spezialisiert, aus dem Vasen und Gläser entstehen. Trinkgläser im Antikstil bekommen Sie bei der **Vetreria Colonna** (Fondamenta dei Vetrai 10/11, Tel. 041/73 93 89); andere guten Adressen sind **Mazzega** (Fondamenta da Mula 147, Tel. 041/ 73 68 88) und **Ferro e Lazzarini** (Fondamenta Navagero 75, Tel: 041/ 73 92 99). Den letzten beiden können Sie in der Werkstatt bei der Arbeit zusehen. **Flora Gatto** (Fondamenta Giustinian 12/13, Tel. 041/73 66 54) bietet alles von schlichten Gläsern über vielfarbige Phantasiestücke, Glasornamente -figuren und -tiere hin zu Lampen und Spiegeln. **SALIR** (Fondamenta Manin 77/79, Tel. 041/73 90 33) sind für ihre Spiegel mit traditionell venezianischem Dekor und Gravuren bekannt. Die Adresse für topmodernes Glas ist **Manin 56** (Fondamenta Manin 56, Tel. 041/ 527 53 92), wo es das schöne und perfekt gefertigte Glas aus dem Haus Salviati gibt. Einen Besuch wert sind des Weiteren **Nason e Moretti** (Calle Dietro degli Orti 12, Tel. 041/73 90 20) und deren zweiter Laden, **Elle** auf der Fondamenta Manin (Nr. 52, Tel.

041/527 48 66). Die Glasobjekte bei **Luigi Camozzo** (Fondamenta Venier 3, Tel. 041/73 68 75) werden so bearbeitet, dass sie Stein und Marmor ähneln. Schlichtes, modernes Design finden Sie bei **Rossana e Rossana** (Riva Lunga 11, Tel. 041/527 40 76). Seit Jahrhunderten wurden auf Murano *perle*, venezianische Glasperlen, hergestellt. Diese Tradition führen **Arte Nova** (Fondamenta de Vetrai, Tel. 041/527 53 79) fort, die auch beide modernen Schmuck fertigen.

BURANO

Zwischen all den Importen und maschinell hergestellten Spitzen finden sich immer noch echte Stücke aus Burano – allerdings müssen Sie sich dafür auf hohe Preise einstellen. Einer der besten Läden ist **Lidia** (Via Galuppi 215, Tel. 041/73 00 52), wo immer noch einheimische Frauen an Spitzen arbeiten und sich im Hinterzimmer ein Museum dieser Kunst widmet. **Emilia** an der Piazza Galuppi 205 (Tel. 041/73 52 99) fasst Tisch- und Taschentücher sowie Unterwäsche in einheimische Spitze ein – für eine kleine Arbeit sollten Sie mit 120 Euro rechnen. Eine andere Spezialität Buranos ist weit billiger: *bussolai*, krosse Kekse in allen Formen und Geschmacksrichtungen. Zu haben bei **Dai Fradei** (Piazza Galuppi 380, Tel. 041/73 56 30) und **Carmelina Palmisano** (Via Galuppi 355, Tel. 041/73 04 85).

LIDO

Die Hauptstraße des Lido, Gran Viale Santa Maria Elisabetta, bietet viele gute Läden, am besten zum Shoppen eignet sich jedoch der **Markt am Dienstagmorgen** (8.30–12 Uhr) mit Früchten, Lebensmitteln, Schuhen, Kleidung und Haushaltwaren. 15 Minuten zu Fuß vom *vaporetto* aus oder mit dem Bus Richtung Alberoni bis zur Haltestelle Riviera B Marcello.

Wohin zum ... Ausgehen?

Weder auf Murano noch auf Burano ist nachts viel los. Wenn Sie jedoch am Lido zu Abend gegessen haben, können Sie sich in die Pianobar eines der großen Hotels setzen oder ein Eis in einer der zahlreichen *gelaterie* essen.

Das berühmte cremefarbene **Hotel Des Bains** diente als Schauplatz für den Roman und den Film *Der Tod in Venedig*. Die schicke Pianobar ist jeden Abend auch für Besucher geöffnet, die nicht im Hotel wohnen (Lungomare Marconi 17, Tel. 041/526 59 21). Das **Hotel Excelsior** liegt direkt am Strand mit Blick auf den Hauptstandort des Filmfestivals. Obgleich das Hotel in den 1960ern komplett umgebaut wurde, verspürt man noch den alten Charme. Zur Pianobar gehört eine romantische Terrasse mit Blick aufs Wasser, die bei Filmstars sehr beliebt ist, aber auch Gästen, die nicht im Hotel wohnen, offensteht. Probieren Sie hier den venezianischen Frucht-Prosecco-Cocktail (Lungomare Marconi 41, Tel. 041/516 02 01). Die Jugendstil- Pianobar des **Hungaria Palace Hotel** (Gran Viale Santa Maria Elisabetta, Tel. 041/242 0060) komplettiert das Trio berühmter historischer Häuser.

Der Gran Viale Santa Maria Elisabetta, die Hauptstraße, die von den *vaporetto*-Haltestellen des Lido bis zum Meer führt, eignet sich perfekt für die abendliche *passeggiata* (Spaziergang). Viele Bars sind bis spät in die Nacht geöffnet. **Il Gelatone** bietet hausgemachte Eiscreme und im Winter heiße Schokolade (Gran Viale 63, Tel. 041/526 56 46).

Ausflüge

Ausflüge

Wenn Sie Venedigs Kanäle und steinerne Pracht ausreichend bewundert haben, möchten Sie vielleicht andere historische Städte in der näheren Umgebung kennenlernen. Fahren Sie mit dem Zug ab Santa Lucia durch die fruchtbare, ruhige Ebene, und erkunden Sie einige der schönsten Städte Norditaliens. Dort gibt es ebenfalls viel zu sehen, dafür aber weniger Touristen, was sich auch auf den Geldbeutel vorteilhaft auswirkt.

Am besten erreichbar ist Padua (Padova) im Westen. Der Geburtsort des Hl. Antonius gehört zu den bedeutendsten Universitätsstädten Italiens. Die Cappella Scrovegni birgt einen weltberühmten Freskenzyklus von Giotto. Im Nordwesten der Stadt liegt Vicenza. Der Architekt Andrea Palladio (➤ 166) hinterließ zahlreiche sehenswerte Bauten. Besichtigen Sie Verona mit seinen römischen Baudenkmälern und dem Marmor, Schauplatz von Shakespeares *Romeo und Julia*.

Am Südrand der Lagune lohnt das auf dem Festland gelegene malerische Hafenstädtchen Chioggia einen Besuch, das Sie von Venedig aus per Boot und Bus erreichen.

Padua (Padova)

Die Fahrt von Venedig nach Padua dauert nur eine knappe halbe Stunde. Die historische Stadt ist zugleich Standort einer bedeutenden Universität und das wirtschaftliche Zentrum des Veneto. Weitläufige Plätze, prachtvolle Straßen, Kunstschätze, Kulturdenkmäler und Läden bilden eine reizvolle Einheit.

Kunstliebhaber kommen vor allem, um die Giottofresken in der Capella **Scrovegni** zu betrachten, die zu den frühesten Arbeiten der Renaissance gehören. Enrico Scrovegni ließ die Kapelle als Buße für seinen Vater errichten, einen Wucherer, der angeblich noch auf dem Sterbebett nach seiner Geldkassette schrie und in Dantes *Göttlicher Gomödie* in der Hölle schmort. Zwischen 1303 und 1305 bemalte Giotto die Wände der Kapelle mit Szenen aus dem Leben Jesu und der Jungfrau Maria, die sich wunderbar vom tiefblauen Hintergrund abheben. Die Fresken gelten mit ihrer Ausdruckskraft der Figuren und der Fülle der Details als Wendepunkt in der Geschichte der europäischen Kunst. Besichtigen Sie nach Möglichkeit auch die übrigen Ausstellungen der Musei Civici, zu denen die Kapelle gehört, um die archäologischen Funde und die große Gemäldegalerie kennenzulernen.

Ein eleganter Kanal umschließt den Prato della Valle, Paduas größten Platz

Südlich der Museen erstrecken sich Paduas drei Hauptplätze, die Piazze delle Frutta, delle Erbe und dei Signori. Auf allen findet täglich ein Markt statt. Zwischen der Piazza delle Frutta und der Piazza delle Erbe steht der imposante **Palazzo della Ragione**, ein mächtiger Bau aus dem 13. Jahrhundert, der einst als Ratssaal diente. Das riesige Holzpferd im großen Saal entstand 1466, vermutlich für ein Turnier. Sehenswert sind außerdem die zweitälteste **Universität** Italiens, an der Galileo Galilei 20 Jahre lang lehrte, und das neoklassizistische **Caffè Pedrocchi**. Die orientalische und mittelalterliche Inneneinrichtung im ersten Stock zog im 19. Jahrhundert vor allem Intellektuelle an, die sich hier zu ihren Disputen trafen. Wenn Sie weiter nach Süden gehen, erreichen Sie die dem Hl. Antonius geweihte **Basilica di Sant'Antonio**, kurz Il Santo genannt. Sie zählt zu Italiens bedeutendsten Wallfahrtsstätten und ist stets voller Pilger. Die wunderbaren Basreliefs und Skulpturen von Donatello und Jacopo Sansovino sind bei diesem Ansturm leider oft schwer zu bewundern.

Seite 157: Torre dei Lamberti, Verona

Touristeninformation
✉ Stazione Ferroviaria ☎ 049/875 20 77; www.turismopadova.it
🕐 Mo–Sa 9.15–7, So 9–12 Uhr
✉ Galeria Pedrocchi ☎ 049/876 7927 🕐 Mo–Sa 9.30–18, So 9–12 Uhr

Cappella degli Scrovegni (Scrovegni-Kapelle) und Musei Civici
✉ Piazza Eremitani ☎ 049/2010020 (Mo–Fr 9–19, Sa 9–18 Uhr) 🕐 Cappella
degli Scrovegni: März–Okt. tgl. 9–22 Uhr; Nov.–Feb. 9–19 Uhr, Reservierung
erforderlich unter www.cappelladegliscrovegni.it oder telefonisch, Musei
Civici: Di–So 9–19 Uhr ✋ teuer

Palazzo della Ragione
✉ Piazza delle Erbe ☎ 049/820 50 06 🕐 Feb.–Okt. 9–19 Uhr; Nov.–Jan.
9–18 Uhr ✋ mittel

Caffè Pedrocchi
✉ Piazetta Pedrocchi ☎ 049/820 50 07 🕐 Räume im 1. Stock: So–Fr
9.30–12.30 und 15.30–18 Uhr. Bar: tägl. 8–23 Uhr
✋ preiswert

Basilica di Sant'Antonio
✉ Piazza del Santo ☎ 049/878 97 22 🕐 April–Okt. 6.30–19.45 Uhr;
Nov.–März 6.30–19 Uhr ✋ frei

Auf der Terrasse dieses Cafés können Sie die Welt an sich vorüberziehen lassen

---

PADUA: INSIDER-INFO

Anreise: Alle Züge, die von Venedig aus nach Südwesten fahren, **halten in Padua**.
(Die Fahrtdauer beträgt 25–30 Minuten). Sie können auch mit dem Bus ab
Piazzale Roma fahren.
■ Von März bis Anfang November **fahren Ausflugsschiffe auf dem Brentakanal** von
   Venedig nach Padua und zurück. Informationen über I Battelli del Brenta, via
   Porciglia 34, Padova, Tel. 049/876 0233, www.battellidelbrenta.it (Online-
   Buchung möglich).

Top-Tipps: Der Zugang zur Scrovegni-Kapelle ist **auf insgesamt 25 Besucher
beschränkt** und nur noch nach **Vorbestellung** möglich, www.cappe ladegliscrovegni.it
oder Tel. 049/201 00 20
■ Nehmen Sie sich in der Touristeninformation am Bahnhof einen **Stadtplan** mit.
■ Wenn Sie mehrere Sehenswürdigkeiten in Padua besichtigen möchten, lohnt
   sich der Kauf einer **PadovaCard (Kombiticket)**.

Geheimtipp: Im **Orto Botanico (Botanischen Garten)**, der um 1540 als einer der
ersten botanischen Gärten Europas gegründet wurde, können Sie sich wunderbar
entspannen.

Chioggia

Der geschäftige Seehafen Chioggia ist ein schönes Ziel für einen Tagesausflug. Auf dem Weg bietet sich ein Zwischenstopp auf den Inseln des Lido und auf Pellestrina an.

Chioggia liegt auf dem Festland südlich der Lagune am Meer. Seit jeher verdienen die Menschen hier ihren Lebensunterhalt mit den Fischen, die sie mit den für Chioggia typisch flachen, farbenprächtigen, bis zu zwölf Meter langen *bragozzi* fangen.

Fähren aus Venedig legen am Nordende des Corso del Popolo an. Die eleganten Arkaden an Chioggias Hauptstraße bergen zahlreiche Läden und Cafés. Die Altstadt, in der viele kleine Gässchen zum Wasser hinunterführen, erstreckt sich über zwei Inseln, die der Canale Vena trennt. Besichtigen Sie unbedingt den **Granaio** (Kornspeicher) aus dem 14. Jh. und die Kirche **San Domenico**, die auf einer eigenen kleinen Insel steht und über eine Brücke erreichbar ist. Das **Museo Storico della Laguna (Historisches Lagunenmuseum)** informiert über die Geschichte der Lagune.

Anreise

Vertäute Arbeitsboote am Canale della Vena in Chioggia

Nehmen Sie am Lido gegenüber des *pontile* die Buslinie 11 zur Fähre in Alberoni, setzen über nach Pellestrina und nehmen dann die Fähre nach Chioggia. Sie können am Lido auch ein Fahrrad mieten und dort radeln. Die Busse nach Chioggia fahren stündlich, Sie können unterwegs bequem aus- und in den nächsten wieder einsteigen. Um typisch italienisches Strandleben zu erleben, fahren Sie zum Badeort **Sottomarina**.

Touristeninformation
✉ San Francesco fuori le mura, Campo Marconi ☎ 041/550 0911
🕐 2. Juni–31. Aug. Di & Mi 9–13, Do, Fr, Sa 9–13, 19.30–23.30, So 19.30–23.30 Uhr; Sept.–11. Juni Di, Mi 9–13, Do, Fr, Sa 9–13, 15–18, So 15–18 Uhr

Musei Storico della Laguna
✉ San Francesco fuori le mura, Campo Marconi ☎ 041/550 0911
🕐 2. Juni–31. Aug. Di & Mi 9–13, Do, Fr, Sa 9–13, 19.30–23.30, So 19.30–23.30 Uhr; Sept.–11. Juni Di, Mi 9–13, Do, Fr, Sa 9–13, 15–18, So 15–18 Uhr ✋ mittel

Verona

Verona liegt am Ufer des Adige und ist mit dem Zug leicht erreichbar. Der für die Gegend typische rötliche Kalkstein und zahlreiche römische Baudenkmäler prägen das Stadtbild, das einen schönen Kontrast zu dem Venedigs bildet.

Die wenig aufregende Geschichte der Stadt ist mit dafür verantwortlich, dass in Verona zahlreiche Bauten aus der römischen Epoche, dem Mittelalter und der Renaissance erhalten geblieben sind. (Seit dem 14. Jahrhundert war die Stadt von Fremdherrschern regiert worden, ab 1866 gehörte sie zum neu gegründeten Königreich Italien.) Heute blüht der Handel, sichtbar nicht zuletzt an den zahlreichen Designerboutiquen im Stadtzentrum. Verona verdankt seinen Wohlstand allerdings in erster Linie den ansässigen Industriebetrieben.

Die meisten Touristen gehen auf direktem Wege zur belebten Piazza Brà, dem größten Platz der Stadt, der sich gut als Ausgangspunkt für eine Besichtigungstour eignet. Beherrschendes Element der Piazza ist die Arena aus dem 1. Jahrhundert, eines der welteit größten römischen Amphitheater. Dank der vielen Marmorsteinbrüche rund um Verona blieb die **Arena** erhalten, denn so stahl man die Steine des Theaters nicht für neue Bauwerke. Sie können zum oberen Rand hinaufklettern und über die Stadt oder hinunter in die Arena blicken, in der einst Gladiatoren kämpften und Seeschlachten nachgestellt wurden. Heute finden hier alljährlich die berühmten Opernfestspiele statt (P163). Die Via Mazzini, eine Fußgängerzone mit Geschäften und Cafés, führt von der Arena ins Herz der Stadt, zur **Piazza delle Erbe**. Loggien, Stadthäuser und freskenverziete Renaissancebauten säumen

Nachts werfen Lichter einen goldenen Schimmer über die Außenmauern der römischen Arena

den Platz, auf dem bereits seit dem Mittelalter die Händler allmorgendlich ihre Waren feilbieten. Viele Touristen pilgern von hier aus zur Via Cappello, in der die **Casa di Giulietta (Juliahaus)**, mit dem allerdings erst 1928 angebauten Balkon steht. Shakespeares Werk Romeo und Julia stützt sich auf zwei reale Familien – die Cappelli und die Montecchi – die wahrscheinlich aus Vicenza stammten; die beiden Hauptcharaktere aber sind fiktiv. Das hält viele der circa 500 000 Besucher pro Jahr nicht davon ab, hier ihre Initialen einzuritzen.

Hinter der Piazza delle Erbe liegt die **Piazza dei Signori** mit dem angrenzenden Hof des **Mercato Vecchio**. In dem prachtvollen Gebäudekomplex mit Loggia und Treppe spielte sich einst das öffentliche Leben ab. Der **Palazzo della Ragione** aus dem 12. Jahrhundert verbindet die Piazza delle Erbe mit der Piazza dei Signori, die von der 1172 begonnenen und 1464 fertiggestellten **Torre dei Lamberti** beherrscht wird. Am Ostrand der Piazza befinden sich die Skaligergräber. Die gotischen Grabmäler wurden für Mitglieder der Scaligeri-Dynastie errichtet, die im Mittelalter über Verona herrschte. Weiter nördlich erheben sich der **Duomo (Kathedrale)** und **Sant'Anastasia**, Veronas größte, zwischen 1290 und 1481 erbaute Kirche. Nicht weit von hier spannt sich der wieder aufgebaute römische **Ponte della Pietra**, über den Adige. Die Brücke, die während des Zweiten Weltkriegs massiv bombardiert wurde, führt zu den Ruinen des römischen Theaters, in dem während der Sommermonate Theater- und Ballettaufführungen sowie Konzerte stattfinden.

Der viel fotografierte Balkon des Juliahauses

DIE OPER IN VERONA

Veronas Arena bildet die perfekte Kulisse für die Opernfestspiele, die alljährlich Ende Juni bis Ende August stattfinden. Von Opernkennern häufig als reine Touristenveranstaltung kritisiert, sind Inszenierung, Musiker und Schauspieler stets von Weltrang. Tickets sollten Sie lange im Voraus buchen. Am besten gehen Sie persönlich vorbei oder rufen an. Der Vorverkaufsschalter befindet sich in der Via dietro Anfiteatro 6/B (Tel. 045/800 51 51) und ist Mo–Fr 9–12 und 15.15–17.45 Uhr, Sa 9–12 Uhr sowie im Juli und August an Vorstellungstagen 10–21 Uhr, an den übrigen Tagen 10–17.45 Uhr geöffnet. Website: www.arena.it

Den Fluss entlang kommen Sie zum **Castelvecchio**, der mittelalterlichen Festung der Skaliger. Sie beherbergt das Civico Museo d'Arte (Städtisches Kunstmuseum) und ist mit ihren Wehrgängen und Treppen, die sich um den grasbewachsenen Innenhof gruppieren und schöne Blicke auf den Fluss freigeben, sehr eindrucksvoll. Ebenso lohnt ein Spaziergang zur Kirche **San Zeno Maggiore**. Die romanische Basilika, die ab 1117 entstand, gilt als eine der schönsten Norditaliens. Basreliefs aus Marmor rahmen das kostbare Bronzeportal ein. darüber prangt eine als Glücksrad gestaltete Fensterrose. Das Triptychon über dem Hauptaltar zeigt Andrea Mantegnas (1431–1506) *Madonna im Kreise der Heiligen*

Touristeninformation
✉ Via degli Alpini 9, (Piazza Brà) ☎ 045/806 86 80 und 045/800 08 61; www.tourism.verona.it 🕓 Juni–Sept. tgl. 8–20 Uhr; Okt.–Mai Mo–Sa 9–18, So 9–13 Uhr

Arena
✉ Piazza Brà ☎ 045/800 3204 🕓 Während der Festspielzeit (Juli–Aug.) Mo 13.30–19.30, Di–So 8.30–19.30 Uhr, sonst 9–15.30 Uhr ✋ mittel

Casa di Giulietta
✉ Via Cappello 23 ☎ 045/803 43 03 🕓 Di–So 8.30–19.30, Mo 13–19.30 Uhr ✋ mittel

Torre dei Lamberti
✉ Piazza dei Signori, Cortile Mercato Vecchio ☎ 045/ 803 27 26 🕓 Di–So 9.30–19.30, Mo 13.30–19.30 Uhr ✋ preiswert

Duomo
✉ Piazza del Duomo 🕓 Mo–Sa 10–17.30, So 13–17.30 Uhr ✋ preiswert

Sant'Anastasia
✉ Corso Sant'Anastasia 🕓 Mo–Sa 9–18, So 13–18 Uhr ✋ preiswert

Castelvecchio und Civico Museo d'Arte
✉ Corso Castelvecchio 2 ☎ 045/592 985 🕓 Mo 13.30–19.30, Di–So 8.30–19.30 Uhr ✋ mittel

San Zeno Maggiore
✉ Piazza San Zeno 🕓 Mo–Sa 8.30–18, So 13–18 Uhr ✋ preiswert

Im Sommer wird die Arena für Opernaufführungen genutzt

VERONA: INSIDER-INFO

Anreise: Fahren Sie mit dem **Intercity** von Venedig nach Verona (Fahrzeit ca. 1,5 h). Die Züge verkehren tagsüber meistens im Stundentakt.

■ **Busse zum Stadtzentrum** fahren vor dem Bahnhof Veronas ab. Das Ticket müssen Sie vor der Abfahrt im Bahnhof kaufen und im Bus entwerten.

Top-Tipp: Die **VeronaCard** gilt einen oder drei Tage und ermöglicht den Eintritt in Museen, Kirchen und Baudenkmäler. Sie ist in der Touristeninformation erhältlich.

Vicenza

Sehenswerte Bauten, Grünflächen und eine entspannte Atmosphäre kennzeichnen Vicenza. Die wohlhabende Stadt hat sich im Laufe der Jahre herausgeputzt, ohne ihren historischen Charme einzubüßen.

Eine Mischung aus gotischer und Renaissancearchitektur bestimmt das Zentrum der Stadt, die einst zu den Besitzungen Venedigs gehörte. Den Mittelpunkt des *Centro storico* bildet die Piazza dei Signori mit Palladios eindrucksvoller **Basilica**, seinem ersten großen Bauwerk, und der ebenfalls von ihm errichteten **Loggia del Capitaniato**. Die eleganten zweistöckigen Arkaden der Basilika umschließen den alten Palazzo della Ragione, der bis zu Palladios Eingriff abzusacken drohte. Gleich dahinter findet bereits seit dem Mittelalter auf der Piazza delle Erbe ein Markt statt. Vicenzas wichtigste Museen, das **Museo Civico** mit Arbeiten von Tiepolo und Tintoretto und die **Gallerie di Palazzo Leoni Montanari** mit Genrebildern von Longhi, lohnen den Besuch. Die meisten Touristen besichtigen jedoch zuerst das **Teatro Olimpico (Olympisches Theater)**. Der Entwurf für dieses älteste geschlossene Theatergebäude Europas, das 1585 eingeweiht wurde, stammt von Palladio. Er starb vor der Vollendung seines Bauwerks, doch die eindrucksvolle Perspektivbühne mit der *trompe l'œil*-Kulisse der antiken Stadt Theben geht auf seine Zeichnungen zurück. Diese ist nur 15 Meter tief und zwei Meter hoch und wirkt doch unglaublich tief. Von Palladio erbaute Villen liegen am Rand der Stadt. Die berühmte Villa Capra (auch **La Rotonda**) ist leicht zu erreichen.

Anreise

Vom Bahnhof Santa Lucia fahren stündlich Züge nach Vicenza (Dauer 55 min). Mit Bussen gelangen Sie ins Stadtzentrum.

Der schlanke, hohe Glockenturm des Torre di Piazza ragt über die Loggia del Capitaniato

PALLADIO

Nur wenige Architekten beeinflussten die Nachwelt so stark wie Andrea Palladio, der 1508 in Padua zur Welt kam. Der Sohn eines Steinmetzes erhielt zunächst eine Ausbildung zum Bildhauer. 1524 zog er nach Vicenza, wo er den Grafen Trissino kennenlernte. Dieser gehörte einer Gruppe von Humansten an, die die klassische Kultur neu beleben wollten. Trissino schickte den jungen Mann nach Rom, wo er die klassischen Altertümer studieren und sich mit den Schriften des großen römischen Architekten Vitruv vertraut machen sollte. 1546 erhielt Palladio den Auftrag, das Rathaus Vicenzas neu zu bauen. Seine kühnen Entwürfe verhalfen ihm zum Durchbruch. Zugleich verfasste er sein Hauptwerk, die *Quattro Libri dell'Architettura (Vier Bücher zur Architektur)*. Als Palladio 1580 starb, hatte er die europäische Architektur grundlegend geprägt. Die Landhäuser und Kirchen, die im 18. Jahrhundert in Großbritannien nach seinem Vorbild entstanden, beeinflussten ihrerseits die Baukunst in den Vereinigten Staaten.

Touristeninformation
✉ Piazza Matteotti 12 ☎ 0444/320 854; www.vicenzanews.it
🕓 Mo–Sa 9–13, 14.30–18 Uhr
✉ Piazza dei Signori 8 ☎ 0444/544 122

Basilica
✉ Piazza dei Signori ☎ 0444/323 681 🕓 Jan.–Juni, Sept.–Dez. Di–So 9–17 Uhr; Juli–Aug. Di–So 10–19 Uhr ✋ mittel

Museo Civico
✉ Piazza Matteotti ☎ 0444/321 348 🕓 Juni–Aug. Di–So 9–19 Uhr; Sept.–Mai Di–So 9–17 Uhr ✋ mittel

Gallerie di Palazzo Leoni Montanari
✉ Contra' Santa Corona 25 ☎ 800/578 875 🕓 Fr–So 10–18 Uhr ✋ mittel

Teatro Olimpico
✉ Piazza Matteotti 11 ☎ 0444/222 800; www.olimpico.vicenza.it
🕓 Juni–Aug. Di–So 10–19 Uhr; Sept.–Mai 9–17 Uhr ✋ mittel

La Rotonda, Villa Capra
✉ Via Rotonda 29 ☎ 0444/321 793 🕓 Draußen: März–Nov. Di–Do 10–12, 15–18 Uhr. Drinnen: März–Nov. Mi 10–12, 15–18 Uhr
🚌 8 ✋ mittel

Palladios Villa Capra (La Rotonda) in Vicenza inspirierte die Baukunst in aller Welt

Seite 167:
Ein vergoldeter Kerzenleuchter in San Moisè

Spaziergänge und Touren

1 RUND UM SAN MARCO

Spaziergang

LÄNGE: 2,5 Kilometer
DAUER: 1,5 Stunden
START: Piazza San Marco ✚ 199 F3
ZIEL: Ponte dell'Accademia ✚ 198 A2

Auf diesem Spaziergang durch die Straßen von San Marco lernen Sie Plätze und Straßen, Kirchen und Kanäle kennen.

1–2
Lassen Sie auf der **Piazza San Marco** (➤ 48–49) die **Basilica di San Marco** (➤ 50–51) rechts liegen, und gehen Sie unter der **Torre dell'Orologio** (➤ 60) hin durch zu den **Mercerie** (➤ 60–61). Folgen Sie den Mercerie bis zur Kreuzung mit der Via 2 Aprile. Links steht die **San Salvador** Diese hübsche venezianische Renaissancekirche, die in der Mitte des 16. Jahrhunderts gebaut wurde, birgt zwei prachtvolle Gemälde von Tizian, eine *Verkündigung* und eine *Verklärung Christi* sowie schöne Skulpturen und das große Grabmal von Caterina Cornaro, der Königin von Zypern.

2–3
Biegen Sie hinter dem nächsten Kanal links ab in die Calle dei Fabbri. An der dritten Kreuzung biegen Sie rechts in die Calle del Magazen, und

dort wieder rechts zum Campo San Luca. Jenseits des Platzes führt die Salizzada San Luca zum Campo Manin. Biegen Sie links ab, und folgen Sie den Schildern zur **Scala del Bòvolo**, einer prächtigen Wendeltreppe, die sich an einer Ecke des Palazzo Contarini emporwindet. Sie wurde 1499 erbaut und mit dem venezianischen Dialektwort für »Schnecke « benannt.

3–4
Gehen Sie die Calle delle Locande hinunter, biegen Sie rechts in die Calle dei Fusèri und

Kunstwerke zieren San Salvador

überqueren Sie die Brücke. Sie befinden sich nun in der eleganten Frezzeria, in der einst (*Frezze*) (Pfeile) hergestellt wurden. Folgen Sie der Straße bis zur Salizzada San Moisè, die von San Marco zur Accademia führt. Biegen Sie rechts ab und laufen Sie weiter bis zu einer der üppigsten Barockkirchen der Stadt: **San Moisè.**

4–5
Überqueren Sie den Kanal und gehen Sie die Calle XXII Marzo hinunter. Die dritte Straße nach rechts mit dem Hinweisschild »La Fenice« führt Sie zum Campo San Fantin. Hier steht **La Fenice** (Der Phönix), eins der schönsten Opernhäuser Europas. Das heutige Gebäude ist eine gelungene Rekonstruktion des Originals, das im Januar1996 abbrannte. Der nächstgelegene Kanal lag gerade trocken, als das Feuer ausbrach, und so stand kein Wasser zum Löschen bereit. Für die Saison 2004/05 wurde die Oper schließlich wiedereröffnet. Das neue Gebäude bietet modernste Ausstattung, ist aber dem einstigen Glanz originalgetreu

Detail einer Engelsfigur,
San Moisè

6–7

Gehen Sie zurück zum Campo San Benedetto, biegen Sie rechts ab und überqueren Sie die Brücke. Gehen Sie nach links durch die Calle degli Avvocati zum **Campo Sant'Angelo**, einem großen, nach der lange schon zerstörten Kirche benannten Platz.

7–8

Überqueren Sie den Platz und die große Brücke dahinter. Folgen Sie der Calle dei Frati zum **Campo Santo Stefano** (▶ 61).

8–9

Am anderen Ende des Campo Santo Stefano verengt sich der Platz und führt nach rechts. Von hier aus schauen Sie auf die Accademiabrücke.

nachempfunden (Audioguides; dt. Führungen ab zehn Personen, teuer, Reservierung erforderlich, Tel. 041/24 24).

5–6

Überqueren Sie den Campo San Fantin und folgen der Calle della Verona. Biegen Sie hinter der Brücke in die dritte Straße links und dann die erste rechts ab. Wenden Sie sich an der nächsten T-Kreuzung nach rechts zum Campo San Benedetto. Auf der gegenüberliegenden Seite des Platzes beginnt die **Calle del Traghetto**, eine Sackgasse, an deren Ende früher ein *traghetto*, eine Fähre, den Kanal überquerte.

2 FAHRT AUF DEM CANAL GRANDE

Tour

LÄNGE: ca. 3,8 Kilometer
DAUER: etwa 40 Minuten
START: Piazzale Roma ✛ 190 C1 oder Ferrovia Santa Lucia ✛ 191 D2
ZIEL: San Marco ✛ 199 E2 oder San Zaccaria ✛ 200 B3

Die Fahrt mit dem *vaporetto* der Linie 1 auf dem Canal Grande gehört als absolutes Muss zu jeder Venedigreise, denn schneller und preisgünstiger können Sie die Stadt kaum von ihrer besten Seite kennenlernen. Prachtvolle Palazzi säumen das Ufer der Hauptverkehrsader Venedigs, und die zahlreichen Haltestellen bieten Gelegenheit, die Gebäude vom Boot aus in Ruhe zu betrachten. Außerdem können Sie die Venezianer beobachten, die ihre Alltagsgeschäfte mit dem Vaporetto erledigen.

1–2

Steigen Sie am Piazzale Roma oder etwas weiter abwärts auf der gegenüberliegenden Seite an der Stazione Santa Lucia ein. Bereits seit 1846 befindet sich hier eine *vaporetto*-Haltestelle, die heutige stammt aus den Fünfzigerjahren. Gleich neben dem Anleger liegt der Ponte degli Scalzi (1934), eine der

Pescaria-Fischmarkt nahe der Rialto-Brücke

vier Brücken über den Canal Grande. Am gegenüberliegenden Ufer erhebt sich die Kuppelkirche **San Simeon Piccolo**, die 1738 nach dem Vorbild des römischen Pantheons erbaut wurde. Auf der linken Seite sehen Sie die Kirche **San Geremia**, welche die Reliquien der Hl. Lucia birgt. Hinter San Geremia zweigt der

Canale di Cannaregio (► 86) ab, der vor dem Bau des Eisenbahndamms den wichtigsten Zugang zur Stadt bildete.

2–3

Das Boot hält wenig später bei **San Marcuola**, einer Kirche aus dem 18. Jahrhundert, deren Name sich aus denen der beiden eher unbekannten Heiligen Hermagor und Fortunatus zusammensetzt. Da beim Bau das Geld ausging, blieb die Fassade unvollendet. Am rechten Ufer liegt der venezianisch-byzantinische **Fondaco dei Turchi**, der im 19. Jahrhundert leider unsachgemäß restauriert wurde. Zur Zeit der Repubblica diente er den türkischen Kaufleuten als Hauptsitz. Gleich daneben stehen die **Depositi del Megio** ein flaches, zinnengekröntes Gebäude mit einem prächtigen Markuslöwen über dem Hauptportal. Im 15. Jahrhundert lagerte man hier Getreide. Am linken Ufer erhebt sich der **Palazzo Vendramin-Calergi**, ein Renaissancebau von Mauro Coducci, der im Winter das städtische Kasino beherbergt. In diesem Haus starb 1883 der Komponist Richard Wagner. Gegenüber ragen die beiden Obelisken auf dem Dach des **Palazzo Belloni Battagia**, in den Himmel. Longhena baute ihn 1650 für die neureiche Familie Belloni, die sich damit Zugang zur höheren Gesellschaft verschaffte. Wenig später folgt die *vaporetto*-Haltestelle **San Stae**, an der 1709 im Barockstil erbauten gleichnamigen Kirche.

3–4

Am rechten Ufer taucht nun die **Ca' Pesaro** (➤ 116) auf, Longhenas 1652 erbautes Meisterwerk, links erhebt sich wenig später die **Ca' d'Oro** (➤ 90f), Venedigs berühmtester gotischer Palazzo. Hinter der Haltestelle Ca' d'Oro erstreckt sich zur rechten Seite die **Pescarìa** (➤ 111), der Fischmarkt, am anderen Ufer. Daran schließen sich die lang gezogenen **Fabbriche Nuove** an, die Sansovino 1554–56 als Markthallen entwarf. Auf der linken Seite sehen Sie den **Fondaco dei Tedeschi**, der ehemalige Hauptsitz der deutschen Kaufleute mit Lagerräumen und Unterkünften (heute Hauptpost). Kurz vor der **Ponte di Rialto** (➤ 108f) legt das Boot am linken Ufer an.

Entlang des Canal Grande, auf Höhe der großartigen Barockkirche Santa Maria della Salute

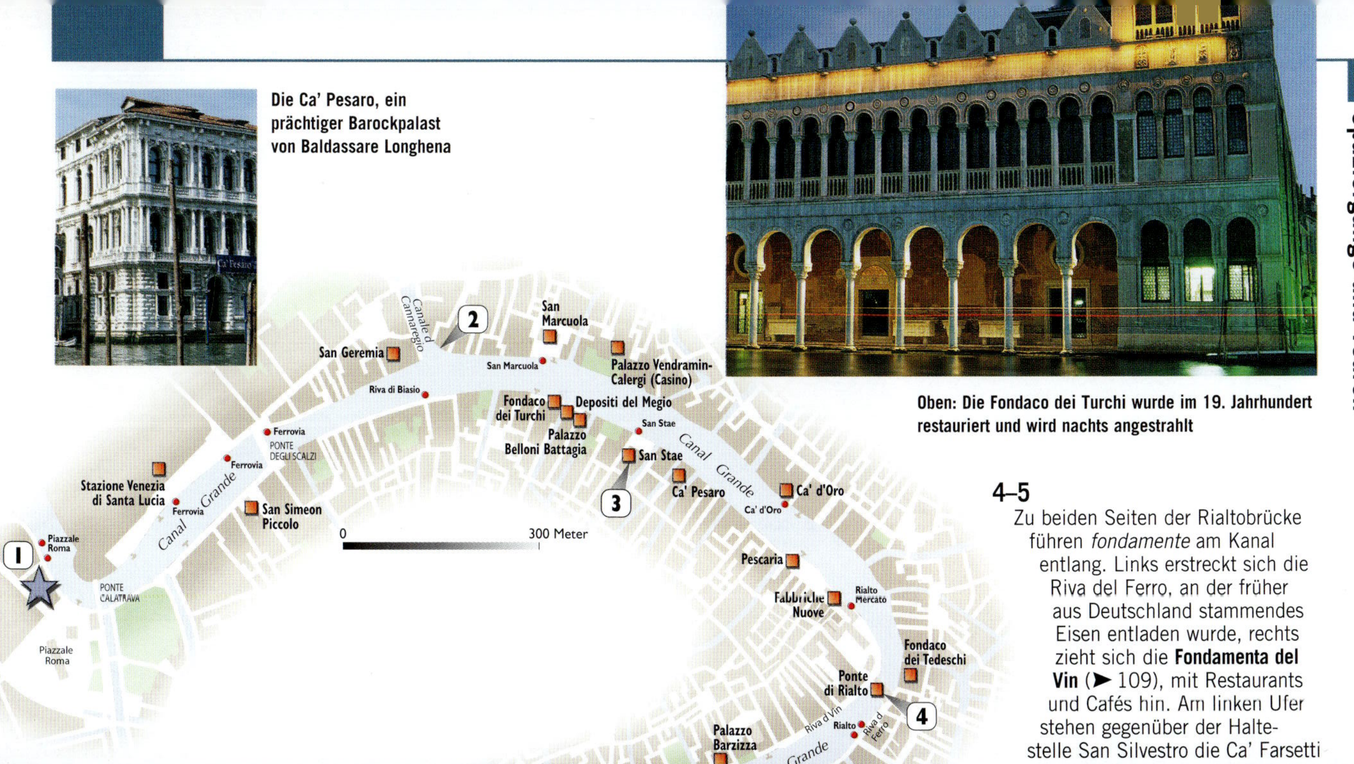

Oben: Die Fondaco dei Turchi wurde im 19. Jahrhundert restauriert und wird nachts angestrahlt

4–5

Zu beiden Seiten der Rialtobrücke führen *fondamente* am Kanal entlang. Links erstreckt sich die Riva del Ferro, an der früher aus Deutschland stammendes Eisen entladen wurde, rechts zieht sich die **Fondamenta del Vin** (➤ 109), mit Restaurants und Cafés hin. Am linken Ufer stehen gegenüber der Haltestelle San Silvestro die Ca' Farsetti

und der Palazzo Loredan, zwei im 13. Jahrhundert erbaute Häuser, in denen heute die Stadtverwaltung sitzt. Oft sind hier Diplomaten- und Polizeiboote vertäut. Übersehen Sie nicht den **Palazzo Barzizza** an der Haltestelle San Silvestro, der als einer der wenigen Palazzi am

Kanal seine Fassade aus dem 13. Jahrhundert behielt. Hinter Sant'Angelo pendelt bei San Tomà einer der ältesten und meistgenutzten *traghetti* (Gondelfähren) Venedigs.

5–6

Bei San Tomà steigen sehr viele Passagiere ein und aus, sodass Sie zwischenzeitlich in aller

Gestreifte Bootspfosten säumen den Kanal

Ruhe den **Palazzo Mocenigo** auf der linken Seite bewundern können, in dem einst Lord Byron mit seiner ungebärdigen Geliebten Margherita Cogni wohnte. Der Canal Grande beschreibt nun einen großen Bogen, La Volta genannt. Rechts grenzt die Ca' Foscari an den imposanten **Palazzo Giustinian**, in dem Wagner 1858 den zweiten Akt von *Tristan und Isolde* komponierte. Ein wenig dahinter blickt die barocke **Ca' Rezzonico** (➤ 130-131) auf den **Palazzo Grassi**, Venedigs überragendstes Beispiel für die klassische Architektur des 18. Jahrhunderts.

6–7

Hinter der Haltestelle Ca' Rezzonico sehen Sie am rechten Ufer die gotischen Fassaden des **Palazzo Loredan dell'Ambasciatore** und des

Deckengemälde (Ausschnitt) im Palazzo Mocenigo

Kleine Pause
Der Rialto ist die beste Gelegenheit für eine Pause, doch ergattern Sie wohl keinen der vorderen Sitzplätze, wenn Sie wieder einsteigen.

Wann?
Jederzeit! Am besten öfter, um den Kanal zu verschiedenen Tageszeiten kennenzulernen.

Palazzo Querini, in dem das britische Konsulat untergebracht war. Das Boot hält an der **Accademia** (► 126f) und der gleichnamigen Brücke. Die Venezianer hängen an der 1932 erstmals erbauten Holzbrücke und ersetzten sie, als sie 1984 baufällig geworden war, durch eine Kopie.

7–8
Gleich hinter der Brücke liegt der **Campo San Vio**, einer der wenigen Plätze direkt am Canal Grande. Die Fassade des **Palazzo Barbarigo** erkennt man unschwer an den nicht übermäßig geschmackvollen Mosaiken aus dem 19. Jahrhundert. Es folgt der flache Palazzo Venier dei Leoni mit der **Collezione**

Peggy Guggenheim (► 132f). Am linken Ufer ragt der mächtige **Palazzo Corner della Ca' Grande** empor, den Sansovino 1533 für die schwerreiche Familie Cornaro erbaute. Der gotische **Palazzo Dario** am gegenüberliegenden Ufer, den Sie von der Haltestelle Santa Maria del Giglio ausgiebig betrachten können, wirkt trotz seiner abenteuerlichen, mit Mord, Bankrott und Selbstmord verknüpften Geschichte anmutig. Auf der linken Seite säumen Luxushotels wie der **Palazzo Pisani-Gritti** und das **Europa e Regina** den Kanal, rechts wacht die große Pestkirche **Santa Maria della Salute** (► 134f) über die Einfahrt zum Markus-Becken.

8–9
Unterhalb der Kirche befindet sich die Spitze Dorsoduros mit der **Dogana da Mar**, dem Zollamt der Republik. Das heutige Gebäude stammt aus dem Jahre 1677 und ist leicht an der Wetterfahne in Gestalt der Fortuna zu erkennen. Zwischen den Haltestellen Salute und Vallaresso überquert das Boot den Kanal. Beim Landungssteg liegt **Harry's Bar** (► 61f). Auf der linken Seite folgen die unter Napoleon angelegten **Giardini ex Reali**, danach geht es weiter zur **Piazzetta San Marco** (► 60) und der Basilica di **San Marco** (► 48f).

3 VON DER FRARI ZU DEN ZATTERE

Spaziergang

LÄNGE: 3,5 Kilometer
DAUER: 2,5 Stunden
START: Santa Maria Gloriosa dei Frari ✚ 197 F5
ZIEL: Fondamenta delle Zattere ai Gesuati ✚ 197 F1

Erkunden Sie versteckte Winkel in Dorsoduro und lernen Sie die Wohngebiete in einem der ältesten Viertel Venedigs kennen. Der Weg führt durch das Herz des *sestiere* zu den Zattere, einer langen Uferpromenade mit Blick auf die Insel Giudecca.

1–2

Vom Seiteneingang der **Frari** (▶ 112f) wenden Sie sich nach rechts und gehen über den Campo San Rocco zur **Scuola Grande di San Rocco** (▶ 114f), wo Sie nach links in die Calle della Scuola abbiegen und die Brücke überqueren. Halten Sie sich an der T-Gabelung rechts, überqueren Sie auch hier die Brücke, und setzen Sie den Weg durch die Calle Vinanti fort, bis Sie zur Linken einen Kanal sehen. Gehen Sie über die zweite Brücke auf der linken Seite und dann weiter durch die Calle della Misericordia bis zu einer weiteren Brücke.

Sonnenlicht erhellt Stein und Wasser in Dorsoduro

Folgen Sie dem Kanal so weit wie möglich und überqueren Sie dabei eine Brücke. Auf dem Campo dell'Oratorio gehen Sie rechts in die Calle dell'Oratorio und weiter bis zur **San Nicolò dei Mendicoli** (Tel. 041/ 275 03 82, geöffnet Mo–Sa 10–12 und 16–18, So 16–18 Uhr). San Nicolò, eine der ältesten und stimmungsvollsten Kirchen Venedigs, wurde bereits im 7. Jahrhundert gegründet und bewahrte bis heute ihre venezianisch-byzantinische Form und die Fassadenloggia aus dem 13. Jahrhundert. Kompakte Säulen bilden im Innern zu beiden Seiten der Apsis eine Kolonnade. Der Name der Kirche bezieht sich vermutlich auf die *mendicoli* (Bettler), die sich hier einst zahlreich aufhielten. Filmliebhaber kennen die Kirche vielleicht aus Nicolas Roegs Streifen *Wenn die Gondeln Trauer tragen* (1970). Als auch hier Bahnschienen verlegt wurden, hielt die Industrie Einzug. Hauptarbeitgeber war damals die gegenüberliegende Baumwollspinnerei, deren Gebäude heute zur Universität gehört.

2–3

Das Arbeiterviertel, in dem Sie sich nun befinden, wurde als eines der ersten Gebiete der Lagune besiedelt. In diesem Viertel wohnen viele Hafenarbeiter, denn die Stazione Maríttima, an der griechische Fähren und schnittige Passagierdampfer anlegen, ist nur einen Steinwurf entfernt. Gehen Sie am Kanal entlang zurück bis zur nächsten Brücke, überqueren Sie sie und wenden Sie sich nach links zur Kirche **Angelo Raffaele** (Tel. 041/522 85 48, tägl. 9–12 und 15–17 Uhr) mit Tafelbildern von Guardi an der Orgelbalustrade. Gehen Sie rechts um die Kirche herum und über den angrenzenden Platz zur Kirche **San Sebastiano** (Tel. 041/ 275 04 62, Mo–Sa 10–17 Uhr). 1555 bis 1565 gestaltete Veronese, der hier auch beigesetzt wurde, die Innenausstattung der Kirche.

3–4

Überqueren Sie die Brücke vor der Kirche, und gehen Sie links an der Fondamenta San Sebastiano entlang. Biegen Sie an der dritten Brücke rechts auf den Campo dei Carmini ab, an dem die Kirche **Santa Maria dei Carmini** (▶ 134) und die benachbarte **Scuola Grande** (▶ 134) stehen. Tiepolo sollten hier verweilen.

4–5

Hinter der Scuola verbreitert sich die Straße zum **Campo Santa Margherita** (▶ 133).

5–6

Verlassen Sie den Campo Santa Margherita rechts über den Rio Terrà Sant'Aponal und abermals rechts über den Rio Terrà. Dahinter spannt sich neben der Gemüsebarke der **Ponte dei Pugni** (Brücke der Fäuste) über den Kanal.

Links: fahrende Gemüsehändler in Dorsoduro

Kleine Pause

Am Campo Santa Margherita bieten sich zahlreiche Bars und Cafés mit Tischen im Freien für eine Pause an.

Wann?

Beginnen Sie den Rundgang um 15.30 Uhr, wenn Venedig aus der Siesta erwacht. Die Kirchen und Läden sind dann geöffnet, die Straßen belebt, und an den Zattere können Sie den Aperitif einnehmen, während Sie den schönen Ausblick genießen.

Es gibt mehrere Brücken dieses Namens; sie wurden so benannt, weil sich hier bis ins 18. Jahrhundert hinein regelmäßig rivalisierende Gangs der Arbeiterklasse trafen und sich prügelten. Biegen Sie hinter der Brücke links zum **Campo San Barnaba** ab.

6–7

Die Fassade von San Barnaba diente als Kulisse für den Film *Indiana Jones und der letzte Kreuzzug* (1989). Gehen Sie unter dem *sottoportego* auf der gegenüberliegenden Seite des Kanals durch, und folgen Sie der belebten Straße über eine Brücke und an der Calle

An der breiten Fondamenta Zattere macht ein Spaziergang besonders Spaß

anderen Ufer steht die Kirche **San Trovàso**, deren Name sich im Dialekt aus denen der Heiligen San Protasio und San Gervasio zusammensetzt. Rasten Sie am **Squero di San Trovàso** (➤ 132), einer der letzten Gondelwerften der Stadt. Wenig später erreichen Sie die Zattere mit ihrem herrlichen Ausblick auf den Canale della

della Toletta entlang. Bald stehen Sie am Rio di San Trovàso.

7–8
Überqueren Sie die Brücke, und gehen Sie nach rechts an der *fondamenta* entlang. Am

Giudecca. Von hier aus können Sie bis zur **Dogana da Mar** (➤ 174) laufen oder links an der **Gesuati-Kirche** (➤ 135) vorbei zur **Accademia** (➤ 126ff) zurückkehren.

4 DURCH CASTELLO ZUR BIENNALE

Spaziergang

LÄNGE: 3,8 Kilometer
DAUER: 2 Stunden, mit Pausen länger
START: *vaporetto*-Haltestelle Arsenale ✚ 201 D2
ZIEL: Riva dei Sette Martiri ✚ 201 F2

Dieser Spaziergang führt durch den Osten Castellos, ein freundliches, ruhiges Wohngebiet mit historischen Kirchen, Parks, Bootswerften und Läden. Das dicht besiedelte Arbeiterviertel wirkt völlig anders als das Hochglanz-Venedig der Touristen.

1–2

Biegen Sie am *pontile* des Arsenale rechts ab, gehen Sie am Ufer entlang und über den Rio dell'Arsenale zum Campo San Biagio. Von der Brücke aus blickt man den Kanal hinunter auf die Tore des **Arsenale** (▶

78f) aus dem 15. Jahrhundert. Die enge Verbindung zur Schifffahrt ist noch an vielen Stellen zu erkennen: **San Biagio** etwa, einst die Pfarrkirche der griechischen Gemeinde, dient heute als Seefahrerkirche. Auch das **Museo Storico Navale** (▶ 79) befindet sich hier. Wenn Sie weiter am Kanal bleiben, kommen Sie zu einer zweiten Brücke. Am anderen Ufer beginnt die Via Giuseppe Garibaldi.

2–3

Folgen Sie der Via Giuseppe Garibaldi, der breitesten Straße Venedigs, die 1808 durch Aufschüttung eines Kanals entstand. Viele

alimentari (Lebensmittelläden), Marktbuden, preisgünstige Bars und Restaurants säumen die Hauptgeschäftsstraße Castellos. Im ersten Haus auf der rechten Seite lebten im späten 15. und beginnenden 16. Jahrhundert die italienischen Entdecker Giovanni und Sebastiano Caboto. Kurz dahinter liegt der Eingang zu den **Giardini Pubblici** (▶ 79), erkennbar an einer Statue Garibaldis, des Vorkämpfers der italienischen Einheit im 19. Jahrhundert. Am Ende der Via Giuseppe Garibaldi beginnt der Rio di Sant'Anna; die dort vertäute Gemüsebarke bietet besonders gute und frische Ware.

3–4

Wenden Sie sich nach rechts, und folgen Sie dem Rio Sant'Anna, überqueren Sie die letzte Brücke,

Willkommenheißendes Grün der Giardini Pubblici

und gehen Sie anschließend durch die Calle Crocera zum Campo di Ruga. Auf der anderen Seite des Platzes beginnt die Salizzada Stretta. Die zweite Seitenstraße rechts führt zum Canale di San Pietro. Von der dortigen Brücke aus können Sie die Bootswerften am Kanal beobachten und dann weiter zur **Isola di San Pietro** laufen, die zum ältesten Teil Venedigs gehört und einst ihr geistliches Zentrum war.

4–5

Der Name »Castello« bezieht sich auf die Festung, die einst auf der Insel stand. **San Pietro** (Tel. 041/ 275 0462, geöffnet Mo–Sa 10–17) wurde schon sehr früh besiedelt und im 8. Jahrhundert wurde ein Bistum gegründet. 1451 setzte man hier den ersten Patriarchen (Bischof) von Venedig ein. San Pietro blieb die Kathedrale der Stadt, bis 1807 San Marco diese Funktion übernahm. Die heutige Kirche wurde 1557 geweiht, erinnert jedoch nur entfernt an Palladios großartigen Entwurf. Im Innern steht im rechten Seitenschiff die Hauptsehenswürdigkeit, der Marmorthron des Hl. Petrus, der in Antiochia aus einem arabischen, mit Koranversen verzierten Grabstein gehauen wurde. Draußen erhebt sich der frei stehende, schiefe Glockenturm, um den herum Ende Juni das Patronatsfest stattfindet. Sie können auch den Kreuzgang des leer stehenden **Bischofspalast (Ex Palazzo Patriarcale)** besichtigen, in dem heute Wäsche und Netze zum Trocknen hängen.

5–6

Hinter dem Turm links folgen Sie der Fondamenta Quintavalle bis zur gleichnamigen Brücke. Gehen Sie darüber und dann an der ehemaligen Kirche Sant'Anna vorbei die Fondamenta Sant'Anna hinunter. Weiter nach links in die Calle Tiepolo und über die Secco Marina.

6–7

Über den Corte del Magazen gelangen Sie zur Fondamenta San Giuseppe. Biegen Sie rechts ab, überqueren Sie den Kanal und passieren Sie die Kirche San Giuseppe. Gehen Sie über den Platz und dann links, recht und links zur Paludo Sant' Antonio. Überqueren Sie den Rio dei Giardini, und gehen Sie rechts in den Viale IV Novembre.

7–8

Nun befinden Sie sich auf der Insel mit dem **Quartiere Sant'Elena**, das während der österreichischen Besatzung als Truppenübungsplatz diente. An diese Zeit erinnert nur noch der **Parco delle Rimembranze**. Folgen Sie dem *viale* durch die Gärten, biegen Sie links in die Calle Buccari und dann rechts zum Rio di Sant'Elena.

8–9

Am gegenüberliegenden Ufer des Kanals steht die gotische Kirche **Sant'Elena** (13. Jahrhundert), die für die sterblichen Überreste der Hl. Helena, der Mutter Konstantins des Großen erbaut wurde. Auch den **Campo Sportivo**, in dem Venedigs Fußballmannschaft trainiert, sehen Sie von hier aus.

Verdi-Statue in den Giardini Pubblici

9–10

Biegen Sie rechts ab, und gehen Sie zum Ufer, dann rechts durch den Parco delle Rimembranze bis zum Rio dei Giardini und weiter in die **Giardini Pubblici**. Den größten Teil nehmen die Pavillons der Biennale Internazionale d'Arte (➤ 42) ein. Die Biennale findet seit 1895 jährlich statt und gilt als eines der bedeutendsten Kunstforen der Welt. Hinter dem *vaporetto-Anleger* liegt, ausgestreckt auf den Stufen, die Skulptur der **Donna Partigiana (Partisanin)**, ein Mahnmal zur Erinnerung an die Frauen, die während des Zweiten Weltkriegs im Widerstand ums Leben kamen.

Kleine Pause

In der Via Giuseppe Garibaldi gibt es viele Bars und Cafés. Unweit des Fußballstadions serviert die **Osteria Al Pampo** echte venezianische Hausmannskost (Sant'Elena, via Generale Chinotto 24, Tel. 041/520 84 19).

Wann?

Wählen Sie einen Wochentag, dann ist in Castello am meisten los.

Praktisches

REISEVORBEREITUNG

WICHTIGE PAPIERE

	Deutschland	Österreich	Schweiz
● Erforderlich ○ Empfohlen ▲ Nicht erforderlicher Bei einigen Ländern muss der Pass über das Einreisedatum hinaus noch eine bestimmte Zeit gültig sein (i.d.R. mind. 6 Monate). Prüfen Sie Ihren Pass.			
Pass/Personalausweis	●	●	●
Visum (Bestimmungen können sich ändern – vor Abreise prüfen)	▲	▲	▲
Weiter- oder Rückflugticket	▲	▲	▲
Impfungen (Tetanus und Polio)	▲	▲	▲
Krankenversicherung (► 186, Gesundheit)	○	○	○
Reiseversicherung	○	○	○
Führerschein (national)	●	●	●
Kfz-Haftpflichtversicherung	●	●	●
Fahrzeugschein	●	●	●

REISEZEIT

Venedig

Hauptsaison   Nebensaison

JAN	FEB	MÄRZ	APRIL	MAI	JUNI	JULI	AUG	SEPT	OKT	NOV	DEZ
6°C	6°C	10°C	15°C	20°C	22°C	28°C	26°C	23°C	18°C	13°C	7°C

Sonnig   Bedeckt   Regnerisch   Wechselhaft   Verregnet

Die Tabelle zeigt die **monatlichen Durchschnittstemperaturen**.
Venedig ist – wie auch das übrige Norditalien – keineswegs so sonnenverwöhnt, wie manche behaupten. Das Klima richtet sich nach den jeweils relativ klar abgegrenzten Jahreszeiten; feucht kann es aufgrund der Lage der Stadt das ganze Jahr über sein. Januar und Februar sind oftmals kalt mit eisigen Winden aus den Alpen, März und April dagegen warm und sonnig mit heftigen Regenschauern. Im Mai und Juni herrschen ideale Temperaturen bei viel Sonne, Mitte Juni klettert das Thermometer oft auf über 30 °C. Im Juli und August wird es heiß, und der Schirokko, ein nordafrikanischer Wind, bringt dann zuweilen Regen und Gewitter. Auf den meist schönen September folgen drei Monate voll Regen, Wind, Nebel und mit einigen klaren, kalten Tagen.

INFORMATIONEN VORAB

Websites
www.tourismovenezia.it
www.comune.venezia.it
www.veniceguide.net
www.venezia.net
www.hellovenezia.com

In Italien
Palazzina dei Santi
Calle della Sagrestia
San Marco
☎ 041/529 8711

ANREISE

Mit dem Flugzeug: Der venezianische Flughafen **Marco Polo** liegt auf dem Festland, am Nordrand der Lagune. Hier landen Linienmaschinen, während Charterflüge in der Regel den Flughafen **Treviso** weiter im Norden ansteuern.
Direktflüge verbinden alle großen europäischen Flughäfen mit Venedig. Passagiere aus nichteuropäischen Ländern müssen gegebenenfalls in Rom oder Mailand umsteigen.
Flugdauer: Von Hamburg, Frankfurt und Berlin circa 1,5 bis 2 Stunden, von München knapp 1 Stunde.
Die **Ticketpreise** sind zwischen Oktober und März (Ausnahmen Weihnachten und Ostern) niedriger als im übrigen Jahr. Preisgünstige Angebote können Sie in Reisebüros oder über das Internet erfragen. Kaufen Sie Ihr Ticket möglichst frühzeitig, um von guten Tiefpreisangeboten zu profitieren.

Mit dem Zug: Venedig ist gut an das europäische Eisenbahnnetz angeschlossen, auch wenn hier keine Hochgeschwindigkeitszüge halten. Aus den Nachbarländern können Sie mit Umsteigen in Mailand, Bozen oder Bologna bequem nach Venedig gelangen.

Mit dem Auto: Ein Damm verbindet die Stadt mit den italienischen Autobahnen. Sie kommen also gut mit dem Auto nach Venedig, sollten aber bedenken, dass Sie eine hohe Summe für die Parkplätze vor den Toren der Stadt einplanen müssen.

ZEIT

Zwischen Venedig und Städten in Deutschland, Österreich und der Schweiz gibt es keine Zeitverschiebung. Im März wird die Uhr um eine Stunde auf Sommerzeit vorgestellt, im Oktober wird sie dann wieder zurückgestellt.

WÄHRUNG

Währung: Seit 1. Januar 2002 ist der Euro in Italien das offizielle Zahlungsmittel.

Reiseschecks: Banken und Wechselstuben (*cambio*) tauschen Reiseschecks ein.

Kreditkarten: Die meisten internationalen Kreditkarten (Mastercard, Visa, American Express) werden von Banken, Hotels, Restaurants und vielen Einzelhandelsgeschäften akzeptiert. Im Allgemeinen kann man aber auch fast überall mit EC-Karte bezahlen.

Umtausch: Die Gebühren, die die einzelnen Banken für den Umtausch verlangen, sind sehr unterschiedlich, aber günstiger als in den Wechselstuben. In der Regel fahren Sie am besten, wenn Sie Ihr Geld mit der EC-Karte am Geldautomaten (*bancomat*) abheben. In italienischen Banken herrschen sehr scharfe Sicherheitskontrollen. Für Besucher aus Deutschland oder Österreich ist ein Umtausch nun allerdings nicht mehr erforderlich.

In Deutschland	In Österreich	In der Schweiz
Italienische Zentrale für Tourismus ENIT	Italienische Zentrale für Tourismus ENIT	Staatliches Italienisches Fremdenverkehrsamt ENIT
Neue Mainzer Str. 26	Kärntner Ring 4	Uraniastr. 32
60311 Frankfurt/Main	A-1010 Wien	CH-8001 Zürich
☎ (0 69) 23 74 34	☎ +43 (0) 1 505 16 39	☎ +41 (0) 43 466 40 40
Fax (0 69) 23 28 94	Fax +43 (0) 1 505 02 48	Fax +41 (0) 43 466 40 41

DAS WICHTIGSTE VOR ORT

KONFEKTIONSGRÖSSEN

Italien	Deutschland	
46	44	
48	46	
50	48	Anzüge
52	50	
54	52	
56	54	
41	41	
42	42	
43	43	Schuhe
44	44	
45	45	
46	46	
37	37	
38	38	
39/40	39/40	Hemden
41	41	
42	42	
43	43	
34	30	
36	32	
38	34	Kleider
40	36	
42	38	
44	40	
37	37	
38	38	
39	39	Schuhe
40	40	
41	41	

FEIERTAGE

1. Jan.	Neujahr
6. Jan.	Heilige Drei Könige
März/April	Ostern
25. April	Tag der Befreiung
1. Mai	Tag der Arbeit
29. Juni	St. Peter und Paul
15. Aug.	Mariä Himmelfahrt
1. Nov.	Allerheiligen
8. Dez.	Mariä Empfängnis
25. Dez.	1. Weihnachtsfeiertag
26. Dez.	2. Weihnachtsfeiertag (Santo Stefano)

ÖFFNUNGSZEITEN

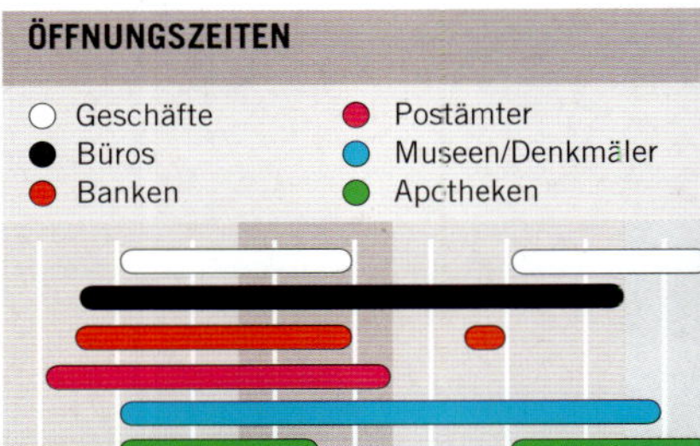

Geschäfte: Viele Läden sind montagmorgens geschlossen, Lebensmittelgeschäfte außerdem häufig mittwochnachmittags. Geschäfte mit Tourismusartikeln öffnen meist länger und auch am Sonntag

Banken: Banken sind Mo–Fr 8.30–13 und 14.35 bis 15.35 Uhr geöffnet; einige auch am Samstag.

Museen/Denkmäler: Museen haben sehr unterschiedliche Öffnungszeiten, viele bleiben montags geschlossen.

Apotheken: Viele Apotheken sind samstagnachmittags geschlossen. Es existiert jedoch ein Notdienst an Wochenenden, Feiertagen und nachts. An jeder Apotheke finden Sie einen entsprechenden Aushang.

ZEITUNTERSCHIED

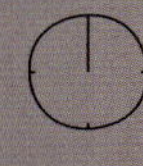
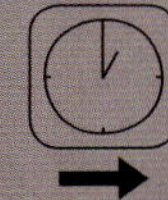
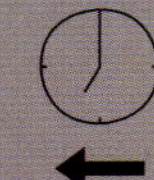

GMT	Venedig	New York	Berlin	Wien	Zürich
12 Uhr	13 Uhr	7 Uhr	13 Uhr	13 Uhr	13 Uhr

SICHERHEIT

Venedig ist eine relativ sichere Stadt für Urlauber. Beherzigen Sie trotzdem einige Vorsichtsmaßnahmen:
- Tragen Sie keine größeren Mengen Bargeld bei sich.
- Lassen Sie Gepäck an öffentlichen Plätzen und in Menschenmengen, besonders am Rialto und bei San Marco, nicht unbeaufsichtigt.
- Benutzen Sie nachts die größeren Straßen, damit Sie sich bei Dunkelheit nicht im Gewirr der kleinen Gässchen verlaufen.
- Frauen sollten den Parkplatz Tronchetto bei Dunkelheit meiden.

Polizeiruf:
☎ **113 von jedem Telefon**

TELEFONIEREN

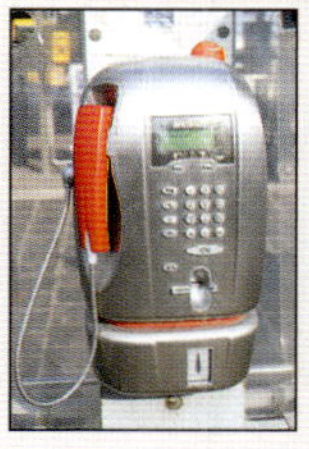

Die meisten Telefonzellen funktionieren nur mit Telefonkarten (*carta telefonica*), die Sie in Bars, Postämtern, *tabacchi* und an Zeitungskiosken erhalten. Vor dem ersten Benutzen müssen Sie die markierte Ecke abtrennen. Um ins Ausland zu telefonieren, müssen Sie die unten angegebene Ländervorwahl und anschließend die Rufnummer (ohne die Null der Vorwahl) wählen. Innerhalb Italiens gehören die Vorwahlen zwingend zur Telefonnummer und müssen dementsprechend auch bei Ortsgesprächen immer mitgewählt werden.

Internationale Vorwahlen
Deutschland: 0049
Österreich: 0043
Schweiz: 0041

POST

Die Hauptpost Venedigs (San Marco 5554, Salizzada del Fontego dei Tedeschi) ist Mo–Sa 8.10–19 Uhr geöffnet. Hier können Sie postlagernde Sendungen abholen und rund um die Uhr Telegramme und Faxe aufgeben. Briefmarken bekommen Sie in allen *Tabacchi*.

ELEKTRIZITÄT

In Italien herrscht 220-Volt-Wechselstrom, die Steckdosen unterscheiden sich jedoch häufig von den in Deutschland üblichen. Packen Sie einen Adapter ein (beim ADAC, im Haushaltwarengeschäft und Baumarkt erhältlich).

TRINKGELD

Sie müssen nicht überall Trinkgeld geben, und es werden keine hohen Summen erwartet. In etwa gilt: Restaurant (exkl. Service) 10–15 %

Barkeeper	10–25 Cents
Stadtführer	nach Ermessen
Taxi	auf 50 Cent aufrunden
Zimmermädchen	2,50 € pro Tag

Die Tarife für den Gepäckträger sind einheitlich. Sie liegen bei 10 Euro für ein Gepäckstück, 15 Euro für zwei und 20 Euro für drei bis vier Gepäckstücke.

NOTRUF 113

POLIZEI 113 (Polizia di Stato) oder 112 (Carabinieri)

FEUERWEHR 115

KRANKENWAGEN 041/523 0000 (Rettungsboot) oder 118

GESUNDHEIT

Krankenversicherung: EU-Bürger mit einer europäischen Krankenversicherungskarte bezahlen nichts für einen Arztbesuch. Notfälle werden kostenlos in den Unfallambulanzen (*pronto soccorso*) der Krankenhäuser behandelt; eine private Reiseversichung wird dennoch empfohlen.

Zahnarzt: Teuer, die Krankenkasse übernimmt die Kosten nur, wenn es sich um einen echten Notfall handelt. Suchen Sie in diesem Fall den Ambulatorio Odontostomalogico im Ospedale Civile auf (Castello 6777, Campo Santi Giovanni e Paolo, Tel. 041/529 41 11).

Wetter: Hohe Temperaturen und Luftfeuchtigkeit sind in den Sommermonaten an der Tagesordnung. Tragen Sie entsprechende Kleidung, verwenden Sie Sonnenschutzmittel, und trinken Sie genug (1,5–2 Liter pro Tag).

Medikamente: Rezeptpflichtige und rezeptfreie Medikamente sowie Ratschläge bei kleineren Gesundheitsproblemen erhalten Sie in Apotheken. Eine Apotheke im Stadtgebiet ist immer rund um die Uhr geöffnet. Wenn Sie ein bestimmtes Medikament benötigen, sollten Sie Ihren Hausarzt vor der Abreise um den wissenschaftlichen Namen bitten, da es in Italien eventuell anders heißt.

Trinkwasser: Wasser aus dem Hahn ist Trinkwasser. Brunnen ohne Trinkwasserqualität tragen die Aufschrift »*Acqua Non Potabile*«.

ERMÄSSIGUNGEN

Studenten: Venedigreisende im Alter von 14 bis 19 Jahren können sich einen *Rolling-Venice*-Pass, besorgen, der Ermäßigungen in Hotels, Restaurants, Geschäften und Museen gewährt. Er kostet 3 Euro und ist bei Vela oder im APT-Büros gegen Vorlage des Passes und zweier Fotos erhältlich (Tel. 041/524 02 32, geöffnet Mo–Fr 9–12.45 und 15–18 Uhr).

Senioren: Gegen Vorlage des Personalausweises gewähren einige Museen reduzierte Eintrittspreise.

REISEN MIT BEHINDERUNG

Gehbehinderte und Rollstuhlfahrer stoßen in Venedig wegen der vielen Brücken und ungesicherten Kanäle auf erhebliche Probleme. Die Gegend um die Piazza San Marco, einige *campi* und Abschnitte der Zattere sind relativ gut zugänglich. Fragen Sie nach den kostenlosen Stadtplänen mit Routen für Rollstuhlfahrer. *vaporetti* und *motonavi* sind behindertengerecht. Einige Brücken haben Rampen, einen Schlüssel bekommen Sie im APT-Büro. Bei der Hotelbuchung sollten Sie erfragen, ob sich zwischen *vaporetto*-Anleger (v. a. Linie 1) und dem Hotel Brücken befinden.

KINDER

Die Infrastruktur Venedigs ist nicht sehr kinderfreundlich und für Kinderwagen kaum geeignet. Im Allgemeinen mögen die Italiener Kinder jedoch gern. Damit Kinder sich nicht langweilen, muss man sich etwas einfallen lassen, aber die meisten sind fasziniert von der Stadt.

TOILETTEN

Saubere Toiletten finden Sie vor allem in Museen, Bars und Galerien, die eine kleine Gebühr verlangen. Öffentliche Toiletten sind in der Stadt mit grünen und blauen Zeichen ausgewiesen.

KONSULATE und BOTSCHAFTEN

Deutschland
☎ 041/
523 76 75

Schweiz
☎ 041/
522 59 96

Österreich
☎ 041/
524 05 56

IMMER ZU GEBRAUCHEN

Ja/nein **Sì/non**
Guten Tag **Buongiorno**
Guten Abend **Buona sera**
Bitte **Per favore**
Danke you **Grazie**
Nichts zu danken **Di niente/prego**
Entschuldigung **Mi dispiace**
Auf Wiedersehen **Arrivederci**
Wie geht es Ihnen? **Come sta?**
Wie viel kostet das? **Quanto costa?**
Ich möchte gerne … **Vorrei …**
Geöffnet **aperto**
Geschlossen **chiuso**
Heute **oggi**
Morgen **domani**
Montag **lunedì**
Dienstag **martedì**
Mittwoch **mercoledì**
Donnerstag **giovedì**
Freitag **venerdì**
Samstag **sabato**
Sonntag **domenica**

NACH DEM WEG FRAGEN

Ich habe mich verirrt **Mi sono perso/a**
Wo ist …? **Dove si trova…?**
    der Bahnhof **la stazione**
    ein Telefon **il telefono**
    die nächste Bootsanlegestelle **il vaporetto più vicino**
    die Bank **la banca**
    die Toilette **il gabinetto/il bagno**
Biegen Sie links ab **Volti a sinistra**
Biegen Sie rechts ab **Volti a destra**
Gehen Sie geradeaus **Vada diritto**
An der Ecke **All'angolo**
Die Straße **la strada**
Das Gebäude **il palazzo**
Der Platz **la piazza, il campo**
Die Kreuzung **l'incrocio**
Wegweiser nach … **le indicazioni per …**

IM NOTFALL

Hilfe! **Aiuto!**
Könnten Sie mir bitte helfen?
    Mi potrebbe aiutare?
Sprechen Sie Deutsch? **Parla tedesco?**
Ich verstehe nicht **Non capisco**
Bitte rufen Sie rasch einen Arzt! **Mi chiami presto un medico, per favore?**

RESTAURANT

Ich möchte einen Tisch reservieren
    Vorrei prenotare un tavolo
Einen Tisch für zwei Personen, bitte
    Un tavolo per due, per favore
Bringen Sie bitte die Speisekarte
    Ci porta la lista, per favore?
Was ist das? **Cosa è questo?**
Eine Flasche/ein Glas …
    Una bottiglia di/un bicchiere di …
Die Rechnung, bitte!
    Il conto, per favore

ÜBERNACHTEN

Haben Sie ein Einzel-/Doppelzimmer?
    Ha una camera singola/doppia?
Mit Doppelbett/zwei Betten
    con letto matrimoniale/due letti
Mit/ohne Bad/Toilette/Dusche
    con/senza vasca/gabinetto/doccia
Ist das Frühstück inklusive?
    E' inclusa la prima colazione?
Ist das Abendessen inklusive?
    E' inclusa la cena?
Gibt es einen Zimmerservice?
    C'è il servizio in camera?
Kann ich das Zimmer sehen?
    E' possibile vedere la camera?
Ich nehme dieses Zimmer **Prendo questa**
Ich habe reserviert
    Ho fatto una prenotazione

ZAHLEN

0	**zero**	12	**dodici**	50	**cinquanta**	500	**cinquecento**
1	**uno**	13	**tredici**	60	**sessanta**	600	**seicento**
2	**due**	14	**quattordici**	70	**settanta**	700	**settecento**
3	**tre**	15	**quindici**	80	**ottanta**	800	**ottocento**
4	**quattro**	16	**sedici**	90	**novanta**	900	**novecento**
5	**cinque**	17	**diciassette**	100	**cento**	1 000	**mille**
6	**sei**	18	**diciotto**	101	**centouno**	2 000	**duemila**
7	**sette**	19	**diciannove**	110	**centodieci**	10 000	**diecimila**
8	**otto**	20	**venti**	120	**centoventi**		
9	**nove**	21	**ventuno**	200	**duecento**		
10	**dieci**	30	**trenta**	300	**trecento**		
11	**undici**	40	**quaranta**	400	**quattrocento**		

SPEISEKARTE

acciuga/alici
Anchovis
acqua Wasser
affumicato
geräuchert
aglio Knoblauch
agnello Lamm
al forno im Ofen
gebacken
alla griglia
gegrillt
antipasti
Vorspeisen
aragosta
Hummer
arrosto Braten
asparagi Spargel
baccalà
Stockfisch
birra Bier
bollito
Kochfleisch
branzino
Seebarsch
brodo Brühe
burro Butter
cacciagione
Wild
caffè corretto/
macchiato
Kaffee mit
Schnaps oder
wenig Milch
caffè freddo
Eiskaffee
caffè lungo
dünner Kaffee
caffè ristretto
starker Kaffee
caffelatte
Milchkaffee
calamaro
Tintenfisch
canestrelli Ja-
kobsmuscheln
cappero Kaper
carciofo
Artischocke
carne Fleisch
carota Karotte
casalingha
hausgemacht
cassata
Eiscreme mit
Früchten
cavolfiore
Blumenkohl

cavolo Kohl
ceci Kicher-
erbsen
cena Abend
essen
cetriolino
Gewürzgurke
cetriolo Gurke
cicoria Chicorée
cioccolata
Schokolade
cipolla Zwiebel
coniglio Hase
contorni
Beilagen/
Gemüse
coperto
Gedeck
cotoletta Kotelett
cozze Mies
muscheln
crema Pudding
crudo roh
digestivo
Digestif/Liquör
dolci Kuchen/
Nachtisch
dorate Brasse
erbe Kräuter
fagioli beans
fagiolini grüne
Bohnen
fegato Leber
finocchio Fenchel
formaggio Käse
fragole
Erdbeeren
frittata Omelett
fritto gebraten/
fritiert
fritto misto
gemischter
Bratfisch
frizzante mit
Kohlensäure
frullato verquirlt
frutta Obst
frutti di mare
Meeresfrüchte
funghi Pilze
gamberetti
Garnelen
gelato Eiscreme
ghiaccio ice
granseola
Seespinne
insalata Salat
insalata di
pomodoro
Tomatensalat

insalata mista ge-
mischter Salat
insalata verde
grüner Salat
IVA MWSt.
latte Milch
liquore Schnaps
macedonia
Obstsalat
maiale Schwein
manzo Rind
melone Melone
merluzzo
Kabeljau
miele Honig
minestra Suppe
molluschi
Schalentiere
olio Öl
oliva Olive
ostrica Auster
pancetta
Bauchspeck
pane Brot
panna Sahne
parmigiano
Parmesan
passata passiert/
geschäumt
pasta sfoglia
Blätterteig
pastasciutta
Nudelgericht
patate
Kartoffeln
patate fritte
Pommes frites
peperoncino
Peperoni
peperone
Paprikaschote
pera Birne
pesca Pfirsich
pesca noce
Nektarine
pesce Fisch
pesce spada
Schwertfisch
petto Brust
piselli Erbsen
polenta Maisbrei
pollame Geflügel
pollo Hühnchen
polpetta
Frikadelle
pomodori
Tomaten
porto Portwein
pranzo
Mittagessen

prezzemolo
Petersilie
primo piatto
erster Gang
prosciutto cotto
Kochschinken
prosciutto crudo
roher Schinken
prosciutto
Schinken
ragù
Fleischsauce
ripieno gefüllt
riso Reis
salsa Sauce
salsiccia Wurst
sarde Sardinen
secco trocken
secondo piatto
Hauptgang
senape Senf
seppie
Tintenfisch
servizio compreso
Service
inklusive
sogliola
Seezunge
specialità
Spezialität
spinaci Spinat
spuntini Snacks
succo di frutta
Fruchtsaft
sugo Sauce
tonno Thunfisch
torta Torte
triglia Seebarbe
trota Forelle
uovo al tegame/
fritto Spiegelei
uve Trauben
verdure
Gemüse
verdure cotte
gekochtes
Gemüse
vino bianco
Weißwein
vino rosato
Rosé
vino rosso
Rotwein
vitello Kalb
vongole Venus-
muscheln
zucchero Zucker
zucchine
Zucchini
zuppa Suppe

Kapiteleinteilung: siehe Übersichtskarte auf der Umschlaginnenklappe

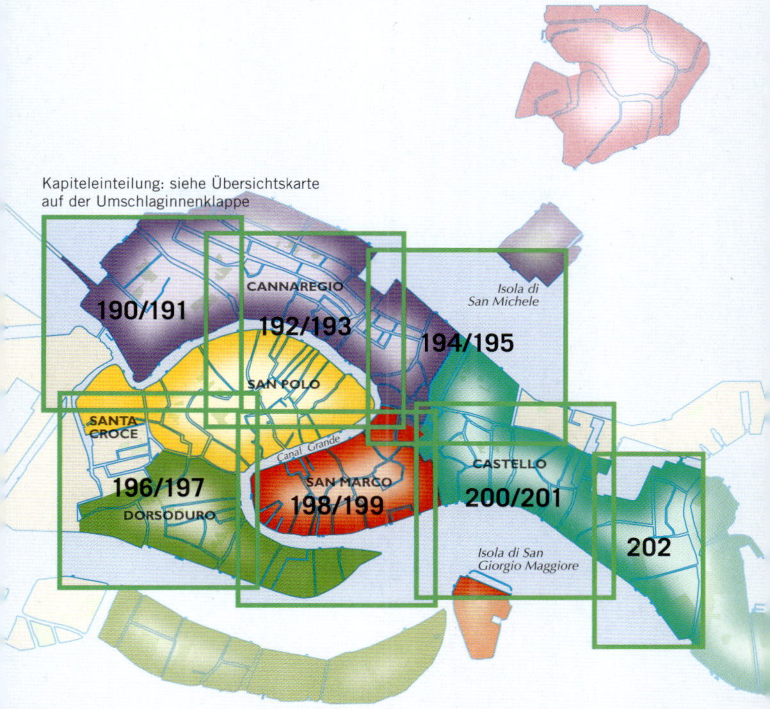

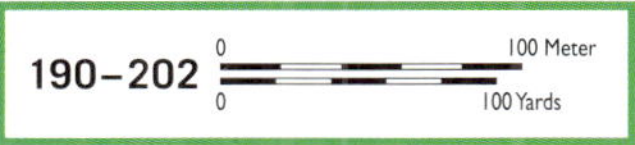

Legende

- Hauptstraße
- Nebenstraße
- Bahnlinie
- Wichtiges Gebäude
- Park/Grünanlage/Friedhof
- Sehenswürdigkeit im Text
- Kirche
- Vaporetto-Anlegestelle
- Information

190–202: 0 – 100 Meter; 0 – 100 Yards

Cityplan

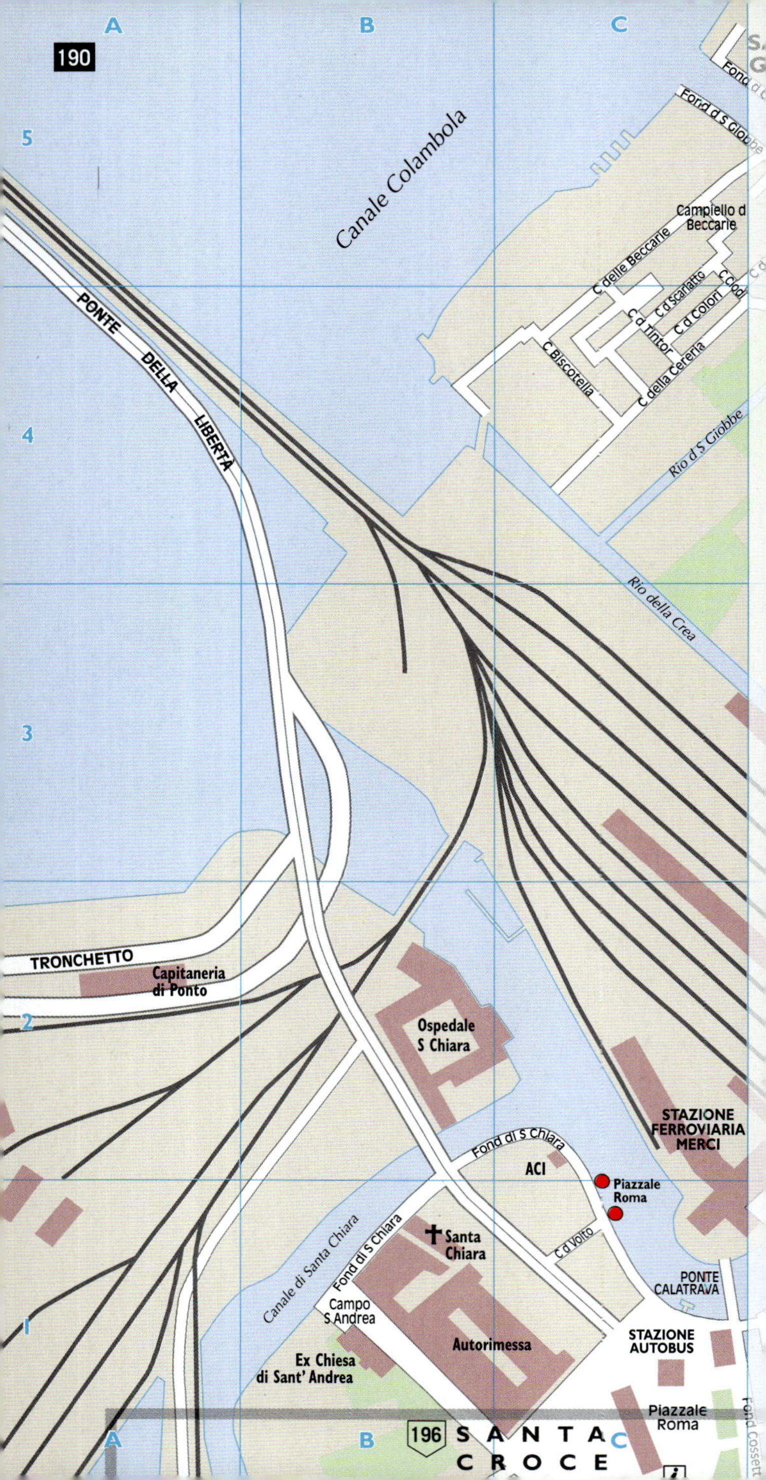

190
5
4
3
2
1
A
B
C
Canale Colambola
Campiello d Beccarie
C delle Beccarie
C d Scarlatto
C Tintor
C d Colori
C Codi
C della Cereria
C Biscotella
Fond d S Giobbe
Fond di S Giobbe
Rio d S Giobbe
Rio della Crea
PONTE DELLA LIBERTA
TRONCHETTO
Capitaneria di Ponto
Ospedale S Chiara
STAZIONE FERROVIARIA MERCI
Fond di S Chiara
ACI
Piazzale Roma
Santa Chiara
C d Volto
PONTE CALATRAVA
Canale di Santa Chiara
Fond di S Chiara
Campo S Andrea
Autorimessa
STAZIONE AUTOBUS
Ex Chiesa di Sant' Andrea
Piazzale Roma
Fond cossett
196
SANTA CROCE

SACCA DI S GIROLAMO
191
D
E
F
C d Cannaregio
C Feraù
C d Forner
Fond Case Nuove
Fond C Coletti
Rio d San Girolamo
Fond d Cappuccine
C Cappuccine
R S Girolamo
5
Le Cappuccine
C d Magazzen
C d Canne
C d Cooperativa
Tre Archi
C Tintoria
C d Corpora
C d Battello
Fond S Girolamo
C L Chiovere d S Girolamo
C d Squero
Palazzo Grimani Mayer
PONTE DEI TRE ARCHI
Palazzo Surian Bellotto
C d Madonna
C d Sottoportico Sauro
Rio d Battello
Fond d Battello
Corte d Vitelli
S Girolamo
Fond d S Giobbe
Campo S Giobbe
San Giobbe
Fond d Cannaregio
Sott co d Vitelli
C d S Giovanni
C A
IL GHETTO
Campiello d Pazienza
Rio Terrà d Crea
Canale d Cannaregio
Fond Savorgnàn
C Bosello
C d Cendon
C d Chioverette
Palazzo Nani
C d Forno
C d Ghetto Vecchio
4
Corte Cendon
C 2 delle due Corti
C Riello
Fond Savorgnàn
Palazzo Savorgnan
Guglie
C d Misericordia
C Pesaro
Palazzo Venier
salizz S Geremia
PONTE D GUGLI
Parco di Savorgnan
C vergola
C d Procuratie
192
Palazzo Labia
Fond Labia
C Priuli al Cavaletti
C d Gioacchina
Palazzo Zeno
C d Procuratie
Campo S Geremia
3
San Geremia e Lucia
C Carmelitani
Rio Terrà Lista d Spagna
Rio Terrà d Sabbioni
C d Spezier
Palazzo Flangini
Riva di Biasio
STAZIONE VENEZIA DI SANTA LUCIA
Chiesa degli Scalzi
Palazzo Calbo-Crotta
Fond Crotta
Riva di Biasio
Palazzo Corner
Palazzo Donà-Balbi
C d Ramu
Ferrovia
PONTE DEGLI SCALZI
Palazzo Gritti
C d Pistor
Ca Gallion
R 3
R 4
C Orsetti
i
Fond d Scalzi
Ferrovia
Case Contarini
Palazzo Foscari
Campo S Simeon Grande
Salizz d Chiesa
C Pisani
Lista di Bari
C Sporca
2
Fond S Lucia
Ferrovia
S Simeon Piccolo
Palazzo Adoldo
C lunga Chioverette
Campo S Simeon Profeta
S Simeon Grande
C Gallion
Fond S Simeon Piccolo
Campiello d Comare
C d S Simeon
C Nuova
Palazzo Gradenigo
Campo N Sauro
C Ru
Canal Grande
C d Tragnetto
S Lucia
Ramo Chioverette
Rio Marin
C d Croce
Palazzo Soranzo Cappello
Rio Marin d Garzotti
C Gradisca
C Venzato
Can d Stra
Palazzo Emo-Diedo
C Bergamaschi
Campiello d Muneghe
Corte Canal
C Visciga
C Larga Contarina
Campiello d Cristo
I
Palazzo Papadopoli
Corte Casa Nuove
Campo d Lana
C Dario
Rio d S Zuane
Sott Lacca
C S Zuane
Scuola Grande di San Giovanni Evangelista
Rio
Giardino Papadopoli
Fond Papadopoli
Fond d Tolentini
Rio d Tolentini
Fond Monastero
C de Ca' Amai
197
C Mezzo
Campazzo
R Campazzo
C d Saccheri
Fond d Saccheri
C Fondeg
C Vitalba
San Giovanni Evangelista
Fond Cosset
D
E
F

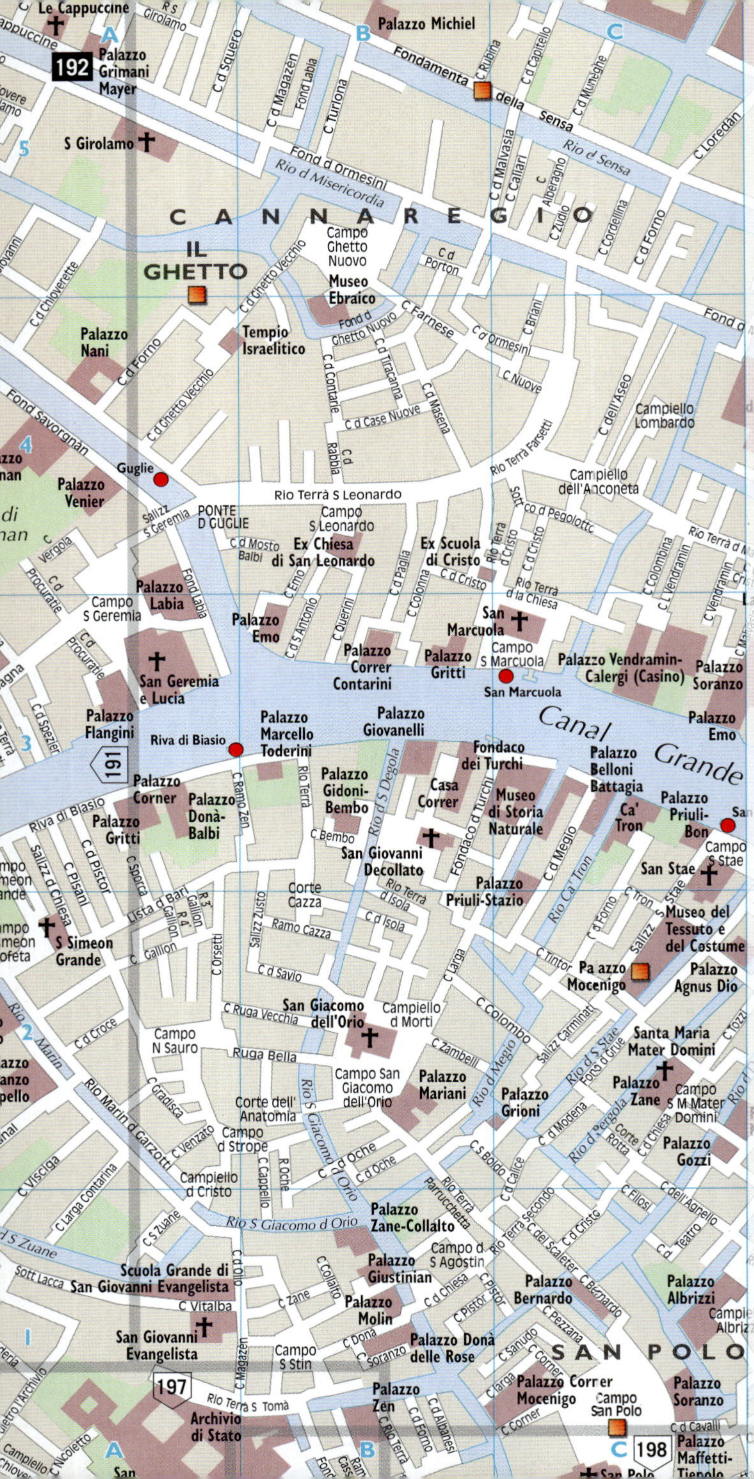

192
Le Cappuccine
Palazzo Grimani Mayer
Palazzo Michiel
Fondamenta della Sensa
Rio d'Sensa
S Girolamo
CANNAREGIO
Fond d Ormesini
Rio d Misericordia
Campo Ghetto Nuovo
IL GHETTO
Museo Ebraico
Campiello Lombardo
Palazzo Nani
Tempio Israelitico
Campiello dell'Anconeta
Fond Savorgnan
Guglie
Rio Terrà S Leonardo
Palazzo Venier
PONTE D GUGLIE
Campo S Leonardo
Ex Chiesa di San Leonardo
Ex Scuola di Cristo
Campo S Geremia
Palazzo Labia
Palazzo Emo
San Marcuola
Palazzo Vendramin-Calergi (Casino)
Palazzo Soranzo
San Geremia e Lucia
Palazzo Correr Contarini
Palazzo Gritti
Campo S Marcuola
San Marcuola
Canal Grande
Palazzo Emo
Palazzo Flangini
Riva di Biasio
Palazzo Marcello Toderini
Palazzo Giovanelli
Fondaco dei Turchi
Palazzo Belloni Battagia
Palazzo Priuli-Bon
191
Riva di Biasio
Palazzo Corner
Palazzo Donà-Balbi
Palazzo Gidoni-Bembo
Casa Correr
Museo di Storia Naturale
Ca' Tron
Campo S Stae
Palazzo Gritti
San Giovanni Decollato
San Stae
Museo del Tessuto e del Costume
S Simeon Grande
Corte Cazza
Palazzo Priuli-Stazio
Palazzo Agnus Dio
S Simeon Profeta
Palazzo Mocenigo
San Giacomo dell'Orio
Campiello d Morti
Santa Maria Mater Domini
Campo N Sauro
Ruga Bella
Campo San Giacomo dell'Orio
Palazzo Mariani
Palazzo Grioni
Palazzo Zane
Campo S M Mater Domini
Corte dell' Anatomia
Campo d Strope
Palazzo Gozzi
Campiello d Cristo
Rio S Giacomo d Orio
Palazzo Zane-Collalto
Scuola Grande di San Giovanni Evangelista
Campo d S Agostin
Palazzo Giustinian
Palazzo Bernardo
Palazzo Albrizzi
Campiello Albrizzi
San Giovanni Evangelista
Palazzo Molin
Palazzo Donà delle Rose
SAN POLO
197
Rio Terrà S Tomà
Palazzo Zen
Palazzo Correr Mocenigo
Campo San Polo
Palazzo Soranzo
Archivio di Stato
198
Palazzo Maffetti-Tiepolo

193
D
E
F
5
4
3
194
2
1
199
Campiello Piave
Corte Cavallo
C Grad
QUARTIERE GRIMANI
Madonna dell'Orto
Casin degli Spiriti
Scuola dei Mercanti
Fond Madonna dell'Orto
C larga Piave
Rio Madonna dell'Orto
C Arrigoni
C Brazzo
Fond d Mori
C Gregolina
Palazzo Mastelli
Palazzo Minelli Spada
Campo dei Mori
Fond Gasparo Contarini
Palazzo Contarini dal Zaffo
Casa Tintoretto
C Tintoretto
C d Due Corti
Sacca della Misericordia
Palazzo Longo
C Longo
C d Calderer
C larga
C Groppi
Fond Misericordia
R d Muti
C d Muti
Corte Vecchia
Ex Convento dei Servi di Maria
C d Pignate
Corte Nuova
Cappella del Volto Santo
Fond Canal
Fond Moro
C d Zoccolo
C d Trevisan
Rio d Sensa
Fond dell'Abbazia
Corte Nuova
Scuola Vecchia della Misericordia
S Maria Valverde
C Boldù
C d Masena
Palazzo Diedo
Fond Diedo
C Zancan
S Marziale
Campo S Marziale
C larga Lezze
Palazzo Lezze
Scuola Nuova della Misericordia
Fond d Misericordia
Canale d Misericordia
C Lunga S Caterina
Ex Chiesa di Santa Caterina
La Maddalena
C d Pisto
C d Maddalena
Via V Emanuele
Fond Vendramin
Palazzo Vendramin
Campiello Chiesa
Fond Forner
Palazzo Molin
Palazzo Papafava
Fond S Caterina
Rio d Santa
Corte Squero Vecchio
Campo S Antonio
For Caterina
Palazzo Correr Contarini
C Correr
S Fosca
C d Racchetta
Rio d Racchetta
C Zanardi
Palazzo Molin
C d Olio
Strada Nova
Palazzo Giovanelli
C Salamon
Fond S Felice
C d Forno
Rio d San
Rio Corrente
R Albanesi
Fond S Andrea
San Andrea
Fond S Andrea
Rio d Sartor
Fond di Sa
Palazzo Barbarigo
Corte Barbaro
Fond Stua
C d Stua
C larga Doge Priuli
C d Forno
C Correr
R Albanesi
Ruga due Pozzi
Rio d Squero
Fond d Sa
Palazzo Zulian
S Felice
Sofia
Padiglioni
Rio Terra
Palazzo Gussoni-Grimani della Vida
San Stae
Fond Felzi
C Becher
Campo S Felice
C larga Felice
C d Zotti
C d Vele
Campiello Priuli
C d Tagliapietra
Palazzo Foscarini-Giovanelli
Palazzo Boldù
C d Traghetto
Campiello d Testori
C d Pistor
Strada Nova
Campiello Priuli
Corte d Cristo
Rio Terra d Franceschi
Ca' Pesaro
Palazzo Fontana
Ca' d'Oro
C d Priuli
S Sofia
C d Forno
Corte d Cristo
C larga d Proverbi
Santi Apostoli
C Pesaro
Fond Pesaro
Palazzo Donà
Casa Favretto
Ca' d'Oro
C Ca d'oro
Palazzo Sagredo
Campo S Sofia
C d Pegola
C d Duca
C Verde
C d Oca
C d Madonna
C Dragan
Salizz d Pistor
Rio Terra SS Apostoli
Palazzo Corner della Regina
C d Rosa
Palazzo Brandolin
Fondamenta dell'Olio
Palazzo Foscari
Palazzo Michiel delle Colonne
Scuola dell' Angelo Custode
Campo Santi Apostoli
C Dragan
Salizzada
R d Ravano
C Corner
R d S Cassiano
C Miani
Corte Nuova
Pescheria
Ca' da Mosto
Campiello Selvatico
Rio d Santa Aposto
Rio d S C C
C d Due Torri
C d Regina
C d Morti
Rio d S Cassiano
C d Campanile
Corte Nuova
Campo d Pescaria
Ca' da Mosto
Campiello Corner
Salizzada
Palazzo Moro
San Cassiano
C Crist
C d Borteri
Campo d Pescaria
C d Beccarie
Mercato di Rialto
Rialto Mercato
Palazzo Lion-Morosini
C d Magazen
San Giovanni Crisostomo
Palazzo Muti-Baglioni
Campo S Cassiano
C d Muti
C d Botta
Ruga d Spezial
C d Donzella
Fabbriche Nuove
Fabbriche Vecchie
C Modena
Salizada S Crisostomo
Palazzo Civran
Ma Cor Milit
Rio Terra Rampani
C Salvati
C d Sole
C d Sanson
Campo Beccarie
Ruga d Speziali
C d Donzella
Gobbo di Rialto
S Giacomo di Rialto
C Aseo
C Morosini
Palazzo Molin-Cappella
R d Scoazzera
Campiello Curnis
R d Terra
Ruga V S Giovanni
Ruga d Madonna
San Giovanni Elemosinario
Ruga d Orefici
Erberia
Fondaco dei Tedeschi
S F d
C F d Tedeschi
Campiello Meloni
R Terra Rampani
C d Perdon
Sant' Aponal
Campo S Aponal
C d Mezzo
R Ravano
C d Toscana
C d Madonna
Campo Rialto Nuovo
Palazzo Dieci Savi
S Pio X
Sal Pio X
C Bissa
Rio d Ferro
Campo S Silvestro
S Silvestro
Riva d Vin
Rialto
Ponte di Rialto
Riva d Vin
Rialto
San Bartolomeo
C Spla

194
A B C
5
Sacca della Misericordia
Canale d Misericordia
Canale delle
chia cordia
cordia
Palazzo Molin
4
C Lunga S Caterina
C Boldù
Masena
C d
Fondamenta Nuove
C d Cadene
C d Legnami
C S Botteri
C d Crociferi
M Foscarini
Ex Chiesa di Santa Caterina
Fond S Caterina
Rio d Santa
Corte Squero Vecchio
Campo S Antonio
Oratorio dei Crociferi
Palazzo Zen
Fond Zen
Campo dei Gesuiti
Gesuiti
Salizz d specchieri
Corte d Candele
Palazzo Donà
Fondamente Nove
Canale delle
R Donà
C d Croci
C d Colombina
C d Vida
Rio d Racchetta
Rio d
Fond S Andrea
San Andrea
C Corrente
C Albanesi
C Zanardi
Caterina
Corte Nuova
Ex Convento
Salizz Seriman
C d Volti
C Venier
Calle larga del Botteri
C d Magazen
C d Pietà
C d Proverni
C d Buranelli
C Ruzzini
sofia
193
Ruga due Pozzi
C d Squero
Salizz
Padiglioni
L Borgato
C d Remer
Corte Remer
Palazzo Seriman
Campiello d Pietà
Corte Carità
Calle del Cordoni
Calle del Fumo
Corte Samens
C larga Berlendis
Corte Bere
3
C d Forno
Corte d Cristo
Corte Verde
C d Madonna
Rio d Tagliapietra
Rio Terrà Barba Fruttarol
C d Remer
C del Volti
C d Mora
Calle Stella
Calle del Squero
Rio della Panada
Rio dei Mendicanti
C Duca
C Dragan
C d Oca
Salizz d Pistor
Rio Terrà d Franceschi
C larga d Proverbi
Rio Terrà SS Apostoli
C d Forno
C d Posta
Calle Varisco
Campiello Widman
Corte Cortese Corte Nuova
Corte d Paludo
Fondamente dei Mendicanti
Santi Apostoli
C d Traghetto
C Malvasia
Palazzo Widman
Rio Terrà dei Biri
Corte Meloni
C Gabriella
Scuola dl' Angelo Custode
Campo Santi Apostoli
Rio d Santa Apostoli
C Mocetti
C Comello
C Widman
C d' Angelo
Calle della Testa
Ca' da Mosto
Campiello Selvatico
Rio Terrà Bagatin
Campo San Canciano
Cpl S Crosette
San Canciano
C d Scuole
C Nuova
Scuola Grande di San Marco
2
Campiello Corner
C d Magazen
San Canciano
Campo S Maria Nova
C larga Giacinto Gallina
Campo Santi Giovanni e Paolo
Palazzo Lion-Morosini
riche nie iacomo alto
C Modena
San Giovanni Crisostomo
Palazzo Bembo e Boldù
C Maggioni
Santa Maria dei Miracoli
Palazzo Sanudo
Monumento di Bartolomeo Colleoni
Salizz SS Giovanni e Paolo
Santi Giovanni e Paolo
Palazzo Civran
C Aseo
C Morosini
Teatro Malibran
Corte Milion
C Castelli
C de la Erbe
Erberia
Fondaco dei Tedeschi
Rio d S G Crisostomo
Salizz S G Crisostomo
Rio d S Lio
Palazzo Bragadin Carabba
Palazzo Dolfin
Palazzo Pisani
Rio d San Marina
C d Verrocchio
C Bressana
C d Madonna
C Venetia
1
Riva d Ferro
S F d Tedeschi
C F d Tedeschi
Sal Pio X
C Scaletta
C Dose
C Pindemonte
Campo di S Marina
Palazzo Marcello
Palazzo Donà
C Pinelli
nte lto
C Bissa
C d
Spezier
San Lio
C Dose
Plombo
C d Dose
C Borgoloco
C Trevisan
C Schiavoncina
C d Console
San Bartolomeo
Zocco
Campo S Lio
C Jeie
C Nave
Salizz San Lio
C Volto
C d Fruttarol
Palazzo Priuli
200
Palazzo Grimani
C Mazzini
Via 2 Aprile
C d Stagneri
Rio d Fava
199
C Fava
C Paradiso
Sott Venier
Campo Santa Maria Formosa
C Lunga S M Formosa
C d Orbi
Scuola Grande di San Teodoro
Merceria S Salvatore
Santa Maria della Fava
Ramo Malvasia
C Antonio
C M Nuovo
Santa Maria Formosa
Palazzo Grimani
San Salvador
Palazzo Faccanon
Palazzo
C d Bande
Ruga

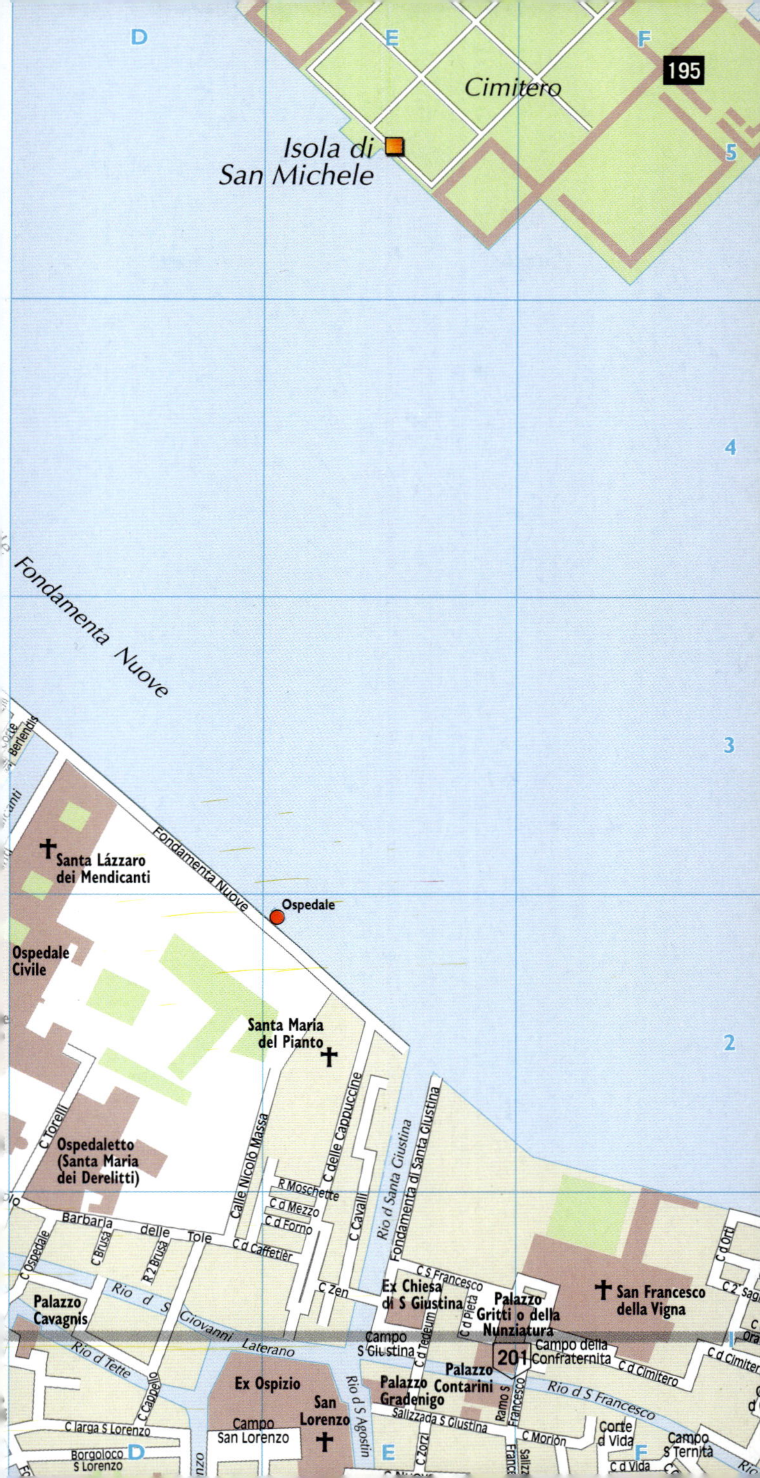

D
E
F
195
5
4
3
2
1
Cimitero
Isola di
San Michele
Fondamenta Nuove
Fondamenta Nuove
Santa Lázzaro
dei Mendicanti
Ospedale
Ospedale
Civile
Santa Maria
del Pianto
C Torelli
Ospedaletto
(Santa Maria
dei Derelitti)
Calle Nicolò Massa
C delle Cappuccine
Rio di Santa Giustina
Fondamenta di Santa Giustina
R Moschette
C d Mezzo
C d Forno
Barbaria   delle   Tole
C Brusa
R 2 Brusa
C d Caffetièr
C Ospedale
C Zen
C Cavalli
C S Francesco
Ex Chiesa
di S Giustina
C d Pietà
Palazzo
Gritti o della
Nunziatura
San Francesco
della Vigna
C 2 sagi
C d Orti
Palazzo
Cavagnis
Rio d S Giovanni   Laterano
Rio d Tette
Campo
S Giustina
C d Tedeum
201
Campo della
Confraternita
C d Cimitero
C d Cimiter
C d Ora
Ex Ospizio
Rio d S Agostin
Palazzo Contarini
Gradenigo
Palazzo
Salizzada S Giustina
Ramo S
Francesco
Rio d S Francesco
Corte
d Vida
C d Vida
Campo
S Ternita
C larga S Lorenzo
C Cappello
Campo
San Lorenzo
San
Lorenzo
C Morion
Borgoloco
S Lorenzo
D
E
F

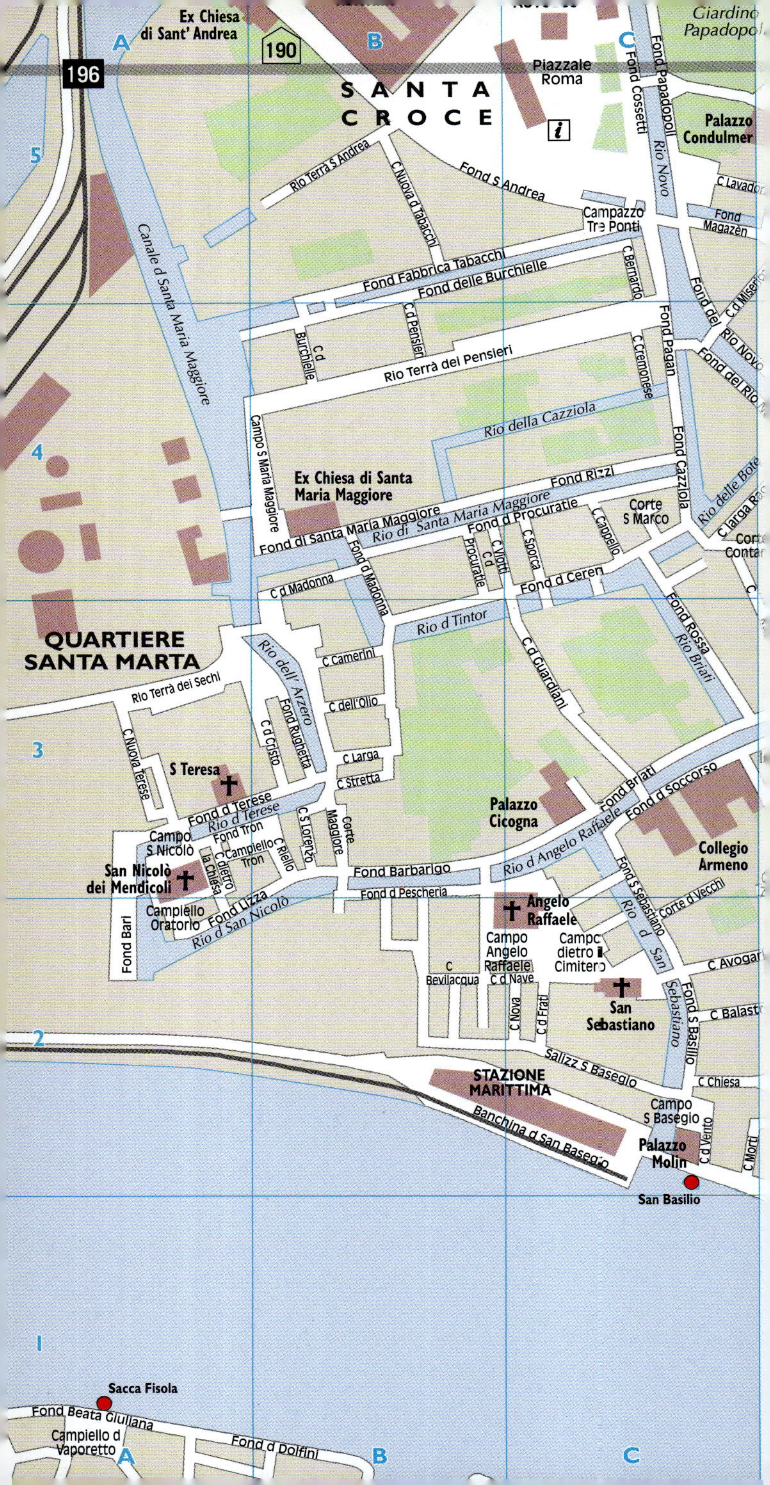

Ex Chiesa di Sant' Andrea
190
196
SANTA CROCE
Piazzale Roma
Giardino Papadopoli
Palazzo Condulmer
Canale d Santa Maria Maggiore
Rio Terrà S Andrea
C Nuova d Tabacchi
Fond S Andrea
Fond Papadopoli
Fond Cossetti
Rio Novo
C Lavador
Campazzo Tre Ponti
Fond Magazèn
C Bernardo
Fond Fabbrica Tabacchi
Fond delle Burchielle
C d Burchielle
C d Pensieri
Rio Terrà dei Pensieri
C Cremonese
Fond Pagan
Fond del Rio Novo
C d Miseri
Rio della Cazziola
Fond Cazziola
Rio delle Bote
Campo S Maria Maggiore
Ex Chiesa di Santa Maria Maggiore
Fond di Santa Maria Maggiore
Rio di Santa Maria Maggiore
Fond S Maria Maggiore
Fond Rizzi
Fond d Procuratie
C Cappello
Corte S Marco
C Larga Contar
Corte Contar
C Viotti
C d Procuratie
C Sporca
Fond d Ceren
Fond Rossa
Rio Briati
C d Madonna
Fond d Madonna
Rio d Tintor
C Camerini
C d Guardiani
QUARTIERE SANTA MARTA
Rio dell' Arzere
C dell'Olio
Rio Terrà dei Sechi
C Nuova Teresa
C d Cristo
Fond Rughetta
C Larga
C Stretta
S Teresa
Fond d Terese
Rio d Terese
Fond Tron
Campo S Nicolò
C d dietro la Chiesa
C S Lorenzo
Corte Maggiore
C Riello
Palazzo Cicogna
Rio d Angelo Raffaele
Fond Briati
Fond d Soccorso
Collegio Armeno
San Nicolò dei Mendicoli
Fond Lizza
Rio d San Nicolò
Fond Barbarigo
Fond d Pescheria
Angelo Raffaele
Fond S Sebastiano
Corte de Vecchi
Campiello Oratorio
Fond Bari
Campiello Tron
Campo Angelo Raffaele
Campo dietro il Cimitero
Rio d San Sebastiano
C Avogar
C Bevilacqua
C d Nave
C Nova
C d Frati
San Sebastiano
Fond S Basilio
C Balast
STAZIONE MARITTIMA
Salizz S Basegio
C Chiesa
Banchina d San Basegio
Campo S Basegio
C d Vento
C Morti
Palazzo Molin
San Basilio
Sacca Fisola
Fond Beata Giuliana
Campiello d Vaporetto
Fond d Dolfini

D
191
E
Sott Lacca
Scuola Grande di San Giovanni Evangelista
F
197
C Collalto
C de Ca' Amal
C d Sacchere
Campazzo
C d Mezzo
C Campazzo
C d Fonderia
C d'Archivio
San Giovanni Evangelista
192
C Vitalba
C d'Olio
C Magazen
Pal Mo
C Dona
Campo S Stin
5
Campo d Tolentini
San Nicolò da Tolentino
C de Ca' Amal
Ramo Cimesin
C Nicoletto
Rio Terra S Tomà
Archivio di Stato
Ramo Cassetti
C d Frati
Fond d Conduimer
C d Clero
Corte Spiriti
Rio d Muneghette
Campiello Chiovere
C Tintoretto
San Rocco
Santa Maria Gloriosa dei Frari
Campo dei Frari
Corte Badoer
Palazzo Marcello
C d Clero
Fond d Caffaro
Fond Minotto
Salizz S Pantalon
C Faller
C Bezzo
C d Forno
C Molin
Corte Nuova
C dietro Castelforte
Campo S Rocco
Salizz S Rocco
C larga Prima
C d Passion
Concordia
C Spirti
C Sbiacca
Palazzo Gabrieli Dolfin
Corte Gallo
Corte Basego
Fond del Rio Novo
Corte Barbo
C Vinanti
Campiello Mosca
C Scuola
C Scaleter
C Albanesi
C larga Seconda
C Cozzi
C d Cristo
Scuola Grande di San Rocco
Museo Cas
Rio Novo
Fond del Rio Novo
Rio d Malcanton
Rio S Pantalon
San Pantalon
C d Preti Crosera
Rio d Ca' Foscari
Fond d Forner Frescada
Campo S Tomà
4
Raguseï
C Nova
Fond Foscarini d Carozze
C Reniero
C d Caffettier
Pistor
C Chiesa
Santa Margherita
Campo S Pantalon
Palazzo Signolo Loredan
C de la Saoneria
C larga Foscari
C Marcona
Corte Marconi
Palazzo Civran-Grimani
San Tomà
Palazzo Balbi
Corte Barbo
C d Forno
Palazzo Foscarini
Fond Foscarini d S Margherita
Rio d S Margherita
Corte d Calderer
Campo Santa Margherita
C Saoneri
C del Aseo
C d Vida
Ca' Foscari
Palazzo Giustinian
Palazzo Conta delle Fi
Palazzo Da Lezze
Institutio Superiore d'Arte Applicata
Campo d Carmini
Scuola Grande dei Carmini
Scuola dei Varotari
Rio Terrà d Scoazzera
Rio Terrà Canal
C Madonna
C Cappeller
C Bernardo
Palazzo Nani
Palazzo Morolin
Palazzo Grassi
3
Santa Maria dei Carmini
C d Pazienza
Rio Terra Scoazzera
Fond d squero
Rio d S Barnaba
PONTE DEI PUGNI
Fond Bottegne
Fond Rezzonico
Ca' Rezzonico
Palazzo Contarini-Michiel
Ca' Rezzonico
San Sam
San Samuele
Car S Sa
198
Corte Zappa
Fond Gherardini
Campo San Barnaba
San Barnaba
C d Traghetto
Palazzo Stern
Ca' del Duca
Palazzo Falier
C Lunga S Barnaba
C Nicolosi
C d Putti
Rio Malpaga
Fond Lombardo
C d Casin
C d Lotto
Rio Malpaga
C d Cerchieri
Rio d Toletta
Palazzo Moro
Palazzo Loredan
Pa Giust
D O R S O D U R O
C Degolin
Rio Terrà
C Eremite
C Forno
Fond Toletta
R Cerchieri
Campiello Malipiero
Palazzo Contarini degli Scrigni
Pala Que
2
Ospedale G B Giustinian
Ognissanti
Fond Ognissanti
Corte Bonfadina
Rio d Eremite
Fond d Eremite
Fond d Borgo
C Occhialera
C d Chiesa
Palazzo Brandolin
C d Toletta
Fond Priuli
Palazzo Giustiniàn-Recanati
Ca' d
Gallerie Accade
C d Masena
C d Cartellotti
Corte Canal
Rio Ognissanti
Campo Ognissanti
C Bontini
San Trovaso
C larga Nani
STAZIONE MARITTIMA
C Trevisan
Fond Bontini
Campo S Trovaso
Squero di San Trovaso
C d Magazen
Rio S Trovaso
Fond Nani
Palazzo Nani
Rio Terra Cartis
Rio Terra Anton
Fond Zattere al Ponte Lungo
Zattere
Zattere
S Maria d Visitazione
Fond Zattere ai Gesuati
Gesuati
S Agnese
Campo S Agnese
I
Zattere
Sott Trevisan
D
E
Zattere
Isola della Giudecca
F

198
192
197
A
B
C
Palazzo Zen
C d'Alcanesi
C d'Forno
Ramo d Cletto
C d Corner
Palazzo Corner Mocenigo
Campo San Polo
C d Cavalli
Palazzo Soranzo
Campo S Aponal
Campo S Tomà
Campo dei Frari
Cd Passion
Fond Frari
Ramo d Frari
Corte Badoer
C2 Saoneri
C Moro
Rio Terra d Nomboli
Saliz S Polo
San Polo
Palazzo Maffetti-Tiepolo
C d Cavalli
Campiello Meloni
C d Person
C d Mezzo
Campo S Silvestro
San Silvestro
C larga
Museo Casa Carlo Goldoni
Palazzo Corner
Palazzo Pisani-Moretta
Palazzo Barbarigo
Palazzo Grimani
C Spezier
C Priuli
Rio d San Polo
Palazzo Donà della Madonnetta
C d Madonnetta
Rio d Madonnetta
C d Meloni
Palazzo Donà
Palazzo Bernardo
Palazzo Papadopoli
San Silvestro
Palazzo Barzizza
Palazzo Ravà
Palazzo Corner Martinengo
Palazzo Grimani
Campo S Tomà
C d traghetto
Santa Tomà
C d Traghetto Vecchio
Palazzo Tiepolo
Palazzo Persico
Palazzo Dolfin
Palazzo Cappello-Layard
Sant' Angelo
Palazzo Corner-Spinelli
Palazzo Benzon
Palazzo Curti
C Contarini e Benzon
Palazzo Contarini dei Cavalli
San Benedetto
Campo S Benedetto
Canal Grande
Rio d S Luca
C d Forner
C d Campaniel
Palazzo Civran-Grimani
Palazzo Marcello dei Leoni
San Tomà
Ramo d Teatro
Rio Ca Garzoni
C Traghetto Garzoni
Campiello d Teatro
C d Albero
C Pesaro
Mu seo Fortuny
Saliz Teatro Mandola
Rio Terra Mandola
C S Paternian
Palazzo Balbi
Palazzo Contarini delle Figure
Palazzo Mocenigo
Casa Nuova
C Mocenigo
Rio d S Angelo
Corte Vecchia
C Pizzochere
C d Pestrin
Oratio dell'Annunziata
C Avvocati
C Camol
C Mandola
C S Paternian
Palazzo Da Lezze
C Lezze
Morolin
R Grassi
Saliz S Samuele
Saliz S Samuele
C Crosera
C Botteghe
C S Stefano
Campo S Angelo
C Spezier
C Madonna
Rio d Verona
Palazzo Morolin
Palazzo Grassi
C d Carrozze
Saliz Malipiero
C d Orbi
C d Zotti
C d Muneghe
Santo Stefano
C Caotorta
C Fenice
Teatro La Fenice
San Samuele
Campo S Samuele
C d Teatro
Puntolaguna
Campiello Caleghieri
Campo S Samuele
Ca' Rezzonico
Palazzo Stern
San Samuele
Palazzo Malipiero
Corte Duca
Campo Santo Stefano
C d Spezier
San Maurizio
Campo S Maurizio
C Zaguri
Campiello Fenice
Fond Fenice
Rio
Ca' del Duca
C Vitturi
C Frutarol
Palazzo Morosini
Palazzo Bellavite
Sarta Maria del Giglio
C d Piovan
Palazzo Falier
San Vidal
Campo Pisani
Palazzo Zaguri
C Ostreghe
Palazzo Giustinian Lolin
Campo San Vidal
Fond Barbaro
Palazzo Pisani
C d Santissimo
Campo S Maria del Giglio
Palazzo Pisani Gritti
Pala Flan
Palazzo Contarini degli Scrigni
Palazzo Querini
Accademia
Palazzo Franchetti
Palazzo Barbaro
C d Dose d Ponte
Palazzo Corner (Ca' Grande)
C Gritti
S Maria del Giglio
C Contarini
Campo d Carità
PONTE DELL'ACCADEMIA
Canal Grande
Palazzo Giustiniàn-Recanati
Rio Terrà Carità
Gallerie dell' Accademia
Palazzo Contarini-dal Zaffo
Palazzo Loredàn
Collezione Peggy Guggenheim
Palazzo Dario
Palazzo Salviati
Ex Abbazia di San Gregorio
Palazzo Cini
Palazzo Barbarigo
Palazzo Genovese
C Abbazia
C larga Pisani
C Nuova S Agnese
Piscina Fornèr
Campo S Vio
Palazzo da Mula
C S Cristoforo
Campiello Barbaro
C Mezzo
C Morti
Ex Chiesa di San Gregorio
C Pompea Venier
C d Chiesa
Fond Venièr
C Bastion
C Lanza
Rio Terrà d Catecumen
S Agnese
Piscina S Agnese
Fond Venier
Rio d S Vio
C S Giovanni
C Franchi
C d Mende
Corte d Forno
C Nuova
Fond d Ca' Bala
Rio Soranzo dette Fornace
Ex Ospizio
Campo S Agnese
C Mezzo
Fond Bragadin
C d Forno
C Navaro
Rio Terrà San Vio
Corte dette Fornace
Corte d Abate
Gesuati
Sott Trevisan
C d Ponte
C S Domenico
Campiello Incurabili
C dietro gli incurabili
Corte del Sablon
C Molin
Fond d Fornace
C Santi
C Querini
Rio Terrà ai Saloni
Ramo dietro all'Incurabili
Ospedale degli Incurabili
Ex Convento
Spirito Santo
C d Monastero
C d Crea
C d Zucchero
Fond Zattere allo spirito santo
Scuola
Fond Zattere ai Saloni
Canale della Giudecca
A
B
C

D 193
Ponte di Rialto
199
San Lio
194 Campo S Lio
5
Rialto
Palazzo Dolfin-Manin
San Bartolomeo
Santa Maria della Fava
Palazzo Dandolo
Scuola Grande di San Teodoro
Mercerie S Salvatore
Palazzo Faccanon
Palazzo Tasca-Papafava
Palazzo Farsetti
Corte Teatro
Teatro Goldoni
San Salvador
Mercerie S Salvatore
Palazzo Loredan
C Bembo
S Luca
Salizz S Luca
Campo San Luca
Mercerie
Mercerie
Mercerie S Zulian
San Zulian
Mercerie de Orologio
Palazzo Soranzo
Teatro Rossini
Campo Manin
Salizz S Paternian
Mercerie
Palazzo Contarini del Bovolo
SAN MARCO
Torre dell' Orologio
P tta d Leoni
Palazzo Patriarcale
Areneo Veneto
San Gallo
Procuratie Vecchie
Basilica di San Marco
S Fantin
Piscina d Frezzaria
Caffè Quadri
Piazza San Marco
Campanile
DEI S
Campo San Fantin
C dietro la Chiesa
Museo Correr
Caffè Florian
Museo Archeologico
Piazzetta San Marco
Palazzo Ducal
Ramo 2 Corte Contarina
Ramo 1 Corte Contarina
Procuratie Nuove
Palazzo Reale
Libreria Sansoviniana
Leone d San Mar
San Moisè
Campo S Moisè
Giardini ex Reali
Zecca
S Teodoro
3
C larga 22 Marzo
Capitaneria di Porto
200
Ridotto
Harry's Bar
San Marco
Palazzo Giustinian
San Marco (Vallaresso)
Corte Barozzi
Palazzo Tiepolo
Palazzo Treves Bonfili
Palazzo Contarini Fasan
Salute
2
Campo d Salute
Fond Dogana alla Salute
Punta della Dogana
Santa Maria della Salute
Dogana di Mare
Seminario Patriarcale
Fond Zattere ai Saloni
1
D
E
F

Campo di S Marina
San Marina
C d Mezzo
C d Forno
C Caval
200
Palazzo Marcello
Barbaria
delle
Tole
C Caffetier
C Zen
Pindemonte
Piombo
C d Dose
C d Borgoloco
Palazzo Donà
194
Rio d S Giovanni
195
Laterano
Palazzo Priuli
C d Console
C Pinelli
Palazzo Cavagnis
Rio d S Agostin
C S Gius
5
C Volto
C d Fruttarol
C Paradiso
C T Trevisana
Rio d Tette
Campo Santa Maria Formosa
C Lunga S M Formosa
C San Lo
Sott venier
C M Nuovo
C d Orbi
Palazzo Grimani
Ex Ospizio
Campo San Lorenzo
San Lorenzo
Rio d S Giorgio
Antonio
Santa Maria Formosa
Ruga Giuffa
Rio d S Severo
C larga S Lorenzo
C S Lorenzo
C d Bande
Borgoloco S Lorenzo
Fond di San Lorenzo
Rio di San Lorenzo
E
Palazzo Tasca-Papafava
Fondazione Querini Stampalia
Corte d Paradiso
C d Arco
Questura
C S Lorenzo
Fond d S Schiavoni
C Casselleria
C Querini
Fond di Rimedio
Corte Pozzo Roverso
Palazzo Zorzi
C d Preti
Scuola di San Giorgio degli Schiavoni
S Zulian
Palazzo Soranzo
C d dietro Magazen
Salizz Zorzi
C d Lion
Palazzo Zorzi
C Rimedio
4
C Angelo
S Giovanni in Oleo
C d Corona
Palazzo Priuli
Fond Osmarin
C d Madonna
C d Magazen
S Marco
C Figher
C Sagrestia
C Rotta
Fond dell'Osmarin
Museo di Dipinti Sacri Bizantini
Palazzo Trevisan
Campo S S Filippo e Giacomo
C d Mercanti
San Giorgio dei Greci
Ruga Giuffa
Campo S Provolo
C Que Inti
C Bosello
C Bosello
Corte Bollani
Rio d Pietà
P tta d Leoni
C Canonica
Salizz S Provolo
Fond d Vin
Campo San Zaccaria
San Zaccaria
Rio d Greci
C dietro la Pietà
C Terraze
Palazzo Patriarcale
Museo Diocesano d'Arte Sacra
C d Albanesi
C Nuovo
C d Pietà
3
ca di Marco
Palazzo Prigioni
C d Rasse
Hotel Danieli (Palazzo Dandolo)
C d Vin
Convento
Palazzo Navagero
hile
PONTE DEI SOSPIRI
Palazzo Ducale
Palazzo Prigioni
Santa Maria delle Visitazione- La Pietà
C d Pietà
Piazzetta San Marco
3
PONTE DEL VIN
PONTE DELLA PAGLIA
Riva degli Schiavoni
199
Leone di San Marco
San Zaccaria (Piazza San Marco)
San Marco (MVE)
Riva degli
S Teodoro
2
I
Campo S Giorgio
San Giorgio Maggiore
Bacino
A
B
C
San Giorgio

201
D
E
F
5
4
3
2
1
C
202
Celestia
Ex Chiesa di S Giustina
Palazzo Gritti o della Nunziatura
San Francesco della Vigna
C S Francesco
C d Pietà
C d Tadeum
Campo Giustina
C d Orti
C 2 Sagredo
C Assisi
Case Nuove
C d Oratorio
C d Cimitero
Corte del Muneghe
Campo della Confraternita
C d Cimitero
Campo d'Celestia
Palazzo Contarini Gradenigo
Palazzo
Rio d S Francesco
C Zorzi
Salizzada S Giustina
Ramo S Francesco
Salizz Francesco
C Morion
Corte d Vida
C d Vida
Campo S Ternità
C Caffettieri
Rio d Celestia
C Nuova
Ex Convento
S Giovanni dei Cavalieri di Malta
C dell'Olio
Salizz d Gatte
C d Drazzi
C Maatina
C Dona
C Celsi
Campo d Gatte
C Magno
C d Angelo
Palazzo Magno
C d Furlani
C d Scudi
Campiello due Pozzi
Corte d Angelo
Fond d Furlani
S Antonino
Corte Soranzo
C d Munegnette
C d Corne
Rio d S Ternità
Salizz S Antonin
C d Arco
Piscina S Martin
C Venier
Corte Venier
Rio d Corne
Rio d S Martino
Salizz d Pignater
Darsena Arsenale Vecchio
Canale delle Galeazze
Arsenale
Campo Bandiera e Moro
C Crosera
C d Pestrin
C Gritti
San Martino
Fond d Fronte
Torri dell'Arsenale
C Dose
C d Forno
C dietro Erizzo
C Erizzo
C grandiben
Campo Arsenale
San Giovanni in Bragora
Campiello Piovan
C d Cagnoletto
C Morosina
C d Pegola
C larga
Fond d Madonna
li Schiavoni
C d Pegola
C Manasia Vecchia
C d Tagliapietra
Ca' di Dio
C dei Forni
C d Vida
Campo della Tana
C
Arsenale
Riva Ca' di Dio
Ex Forni
Rio dell'Arsenale
Fondamenta dell'Arsenale
Museo Storico Navale
Palazzetto dello Sport
Fond della Tana
Campo S Biagio
Riva S Biagio
San Biagio
Corte Formenti
C Grimana
C d Forno
C d Squero
Via Giuseppe Garibaldi
Riva dei Sette Martiri
C Pedrocchi
C d Santi
C d Pistor
Canale di San Marco

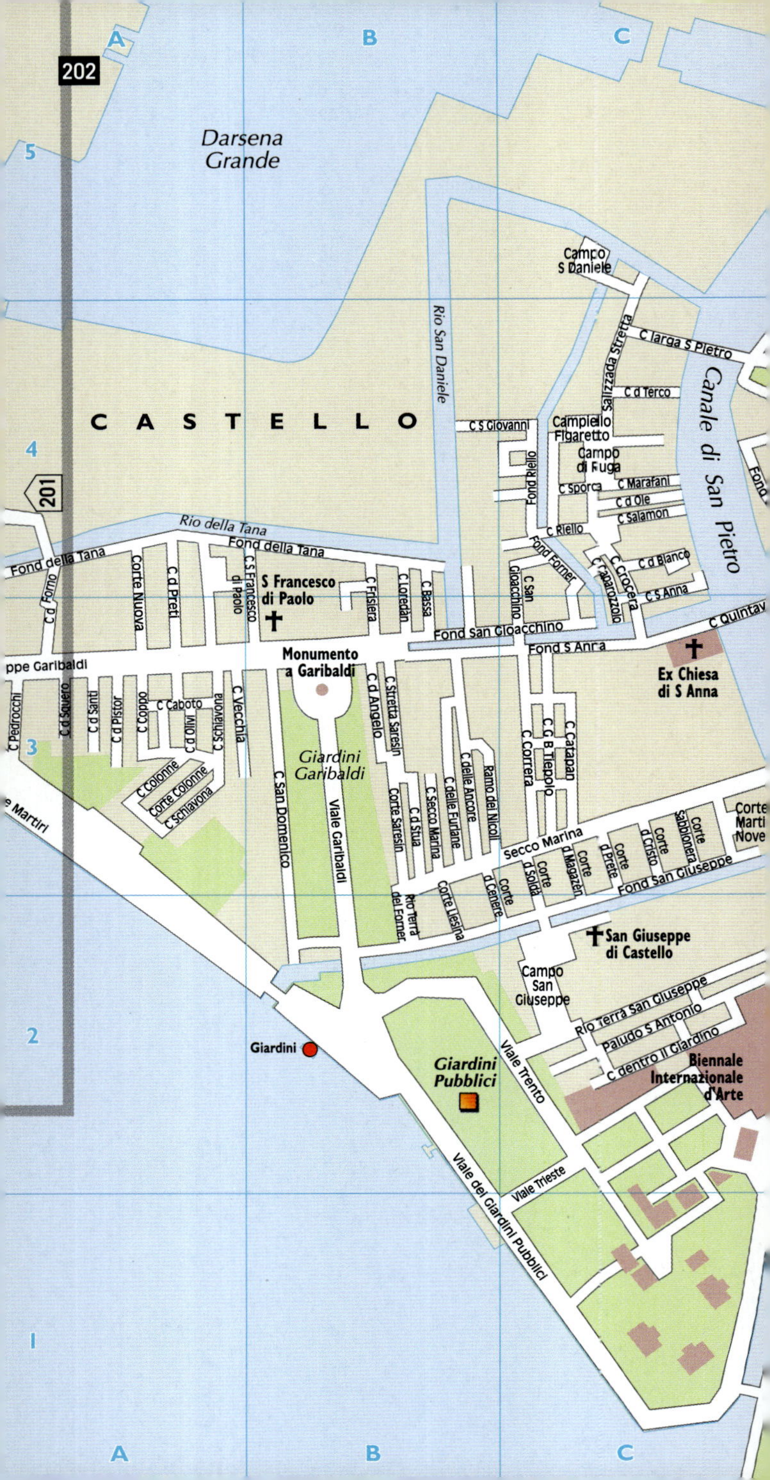

202
201
Darsena Grande
CASTELLO
Rio San Daniele
Campo S Daniele
Salizzada Stretta
C larga S Pietro
C d Terco
Canale di San Pietro
C S Giovanni
Campiello Figaretto
Campo di Fuga
Fond
Fond Rielio
C Sporca
C Marafani
C d Ole
C Salamon
C Riello
Fond Forner
Rio della Tana
Fond della Tana
Fond San Gioacchino
C San Gioacchino
C d Blanco
C Crocera
C Cararozzolo
C S Anna
Fond della Tana
Corte Nuova
C d Preti
C S.Francesco di Paolo
C Loredan
C Bassa
C Frislera
S Francesco di Paolo
C d Forno
C d Squero
Fond S Anra
C Quintay
Ex Chiesa di S Anna
Monumento a Garibaldi
ppe Garibaldi
C Pedrocchi
C d Squero
C Sesti
C Pistor
C Plsta
C Codd
C Olivi D
C Caboto
Schiavona
C Vecchia
C d Angelo
C Stretta Saresin
C delle Ancore
Ramo del Nicol
C Correra
C Catapan
C d B.Tiepolo
Giardini Garibaldi
C San Domenico
Viale Garibaldi
Corte Saresin
C d Stua
C Secco Marina
C delle Furlane
Corte Martiri
C Colonne
Corte Colonne
C Schiavona
e Martiri
Secco Marina
Corte d Solda
Corte d Magazen
Corte d Prete
Corte d Cristo
Corte Sabbionera
Corte Marti Nove
Rio Terra del Forner
Corte Llesina
Corte d Cenere
Fond San Giuseppe
San Giuseppe di Castello
Campo San Giuseppe
Rio Terra San Giuseppe
Paludo S Antonio
C dentro Il Giardino
Biennale Internazionale d'Arte
Giardini
Viale Trento
Giardini Pubblici
Viale Trieste
Viale del Giardini Pubblici

Abbildungsnachweis

Die Automobile Association dankt den nachfolgend genannten Fotografen und Bildagenturen für ihre Unterstützung bei der Herstellung dieses Buchs.

Für die Bildnachweise gelten folgende Abkürzungen: (o) oben, (u) unten, (m) Mitte, (l) links (r) rechts, (AA) AA World Travel Library.

Umschlag: (o) AA Photo Library/Dario Miterdiri; (u) AA Photo Library/Clive Sawyer; 2(i) AA/C Sawyer; 2(ii) AA/A Mockford & N Bonetti; 2(iii) AA/S McBride; 2(iv) AA/A Mockford & N Bonetti; 2(v) AA/A Mockford & N Bonetti; 3(i) AA/A Mockford & N Bonetti; 3(ii) AA/S McBride; 3(iii) AA/C Sawyer; 3(iv) AA/A Mockford & N Bonetti; 3(v) AA/A Mockford & N Bonetti; 5l AA/C Sawyer; 5m AA/D Miterdiri; 5r AA/A Mockford & N Bonetti; 6 AA/A Mockford & N Bonetti; 7 AA/C Sawyer; 9 AA/D Miterdiri; 10 AA/S McBride; 11 AA/A Mockford & N Bonetti; 12/13 AA/D Miterdiri; 14l National Gallery, London/The Bridgeman Art Library; 14r AA/C Sawyer; 16 Photolibrary Group; 17 AA/D Miterdiri; 18 Photolibrary Group; 19 Photolibrary Group; 20/21 AA/A Mockford & N Bonetti; 23 AA/A Mockford & N Bonetti; 24 AA/D Miterdiri; 25 Photolibrary Group; 27 AA/A Mockford & N Bonetti; 28/29 AA/A Mockford & N Bonetti; 30 AA/S McBride; 31l AA/A Mockford & N Bonetti; 37m AA/A Mockford & N Bonetti; 37r AA/A Mockford & N Bonetti; 43l AA/S McBride; 43m AA/A Mockford & N Bonetti; 43r AA/A Mockford & N Bonetti; 44 AA/S McBride; 45 AA/S McBride; 46o AA/C Sawyer; 46u AA/C Sawyer; 47 AA/A Mockford & N Bonetti; 48 AA/S McBride; 49 AA/A Mockford & N Bonetti; 50 AA/A Mockford & N Bonetti; 51 AA/S McBride; 52 AA/D Miterdiri; 53 AA/A Mockford & N Bonetti; 54/55 AA/C Sawyer; 55 Kästchen AA/A Mockford & N Bonetti; 57 AA/S McBride; 58 AA/S McBride; 59 AA/D Miterdiri; 60 AA/A Mockford & N Bonetti; 61 AA/C Sawyer; 62l AA/S McBride; 62r AA/A Mockford & N Bonetti; 67l AA/A Mockford & N Bonetti; 67m AA/R Newton; 67r AA/A Mockford & N Bonetti; 68 AA/S McBride; 69 AA/S McBride; 70o AA/S McBride; 70u AA/S McBride; 71 AA/S McBride; 72/73 AA/S McBride; 74 AA/A Mockford & N Bonetti; 75 AA/A Mockford & N Bonetti; 76 AA/S McBride; 77 AA/S McBride; 78 AA/A Mockford & N Bonetti; 79 AA/C Sawyer; 80 AA/D Miterdiri; 81 AA/D Miterdiri; 85l AA/A Mockford & N Bonetti; 85m AA/S McBride; 85r AA/A Mockford & N Bonetti; 86 AA/S McBride; 87 AA/S McBride; 88o AA/A Mockford & N Bonetti; 88u AA/S McBride; 89o AA/S McBride; 89u AA/A Mockford & N Bonetti; 90 AA/A Mockford & N Bonetti; 91l AA/A Mockford & N Bonetti; 91r AA/A Mockford & N Bonetti; 92 AA/S McBride; 93 AA/D Miterdiri; 94 AA/S McBride; 94/95 AA/D Miterdiri; 96 AA/A Mockford & N Bonetti; 98 AA/A Mockford & N Bonetti;103l AA/A Mockford & N Bonetti;103m AA/A Mockford & N Bonetti; 103r AA/S McBride; 105l AA/S McBride; 105r AA/S McBride; 106o AA/A Mockford & N Bonetti; 106u AA/A Mockford & N Bonetti; 107 AA/S McBride; 108 AA/A Mockford & N Bonetti; 109 AA/A Mockford & N Bonetti; 110o AA/A Mockford & N Bonetti; 110u AA/A Mockford & N Bonetti; 111 AA/C Sawyer; 112 AA/C Sawyer; 113 Santa Maria Gloriosa dei Frari, Venice, Giraudon/The Bridgeman Art Library; 114 AA/C Sawyer; 115o AA/D Miterdiri; 115u AA/D Miterdiri; 116 AA/A Mockford & N Bonetti; 117o AA/S McBride; 117u AA/A Mockford & N Bonetti; 121l AA/S McBride; 121m AA/A Mockford & N Bonetti; 121u AA/A Mockford & N Bonetti; 122 AA/S McBride; 123 AA/A Mockford & N Bonetti; 124 AA/S McBride; 125o AA/C Sawyer; 125u AA/A Mockford & N Bonetti; 126 AA/A Mockford & N Bonetti; 127 AA/A Mockford & N Bonetti; 128 AA/A Mockford & N Bonetti; 130 AA/C Sawyer; 131 AA/C Sawyer; 132 AA/S McBride; 133 AA/A Mockford & N Bonetti; 135o AA/A Mockford & N Bonetti; 135u AA/A Mockford & N Bonetti; 139l AA/C Sawyer; 139m AA/C Sawyer; 139r AA/A Mockford & N Bonetti; 140 AA/C Sawyer; 141 AA/C Sawyer; 142 AA/C Sawyer; 143o AA/A Mockford & N Bonetti; 143u AA/A Mockford & N Bonetti; 144 AA/S McBride; 145 AA/C Sawyer; 146 AA/C Sawyer; 147 AA/S McBride; 148 AA/A Mockford & N Bonetti; 149 AA/A Mockford & N Bonetti; 150 AA/A Mockford & N Bonetti; 151 AA/D Miterdiri; 152 AA/A Mockford & N Bonetti; 157l AA/A Mockford & N Bonetti; 157m AA/A Mockford & N Bonetti; 157r AA/A Mockford & N Bonetti; 158/159 Fototeca ENIT; 160 Photolibrary Group; 161 Photolibrary Group; 162 AA/A Mockford & N Bonetti; 163 AA/A Mockford & N Bonetti; 164 AA/A Mockford & N Bonetti; 165 Photolibrary Group; 166 Photolibrary Group; 167l AA/A Mockford & N Bonetti; 167m AA/A Mockford & N Bonetti; 167r AA/A Mockford & N Bonetti; 168 AA/A Mockford & N Bonetti; 169 AA/A Mockford & N Bonetti; 170 AA/A Mockford & N Bonetti; 171 AA/S McBride; 172l AA/A Mockford & N Bonetti; 172r AA/A Mockford & N Bonetti; 173 AA/C Sawyer; 174 AA/A Mockford & N Bonetti; 175 AA/A Mockford & N Bonetti; 176 AA/A Mockford & N Bonetti; 177 AA/S McBride; 179 AA/S McBride; 180 AA/A Mockford & N Bonetti; 181l AA/C Sawyer; 181m AA/A Mockford & N Bonetti; 181r AA/A Mockford & N Bonetti; 185l AA/S McBride; 185or AA/A Mockford & N Bonetti; 185mr AA/A Mockford & N Bonetti

Es wurden alle Anstrengungen unternommen, um die Inhaber der Bilderrechte ausfindig zu machen. Dennoch möchten wir uns im Voraus entschuldigen, falls hierbei Fehler unterlaufen sein sollten. Gern nehmen wir die Änderungen in die nächste Ausgabe dieser Publikation auf.

Leserbefragung

Ihre Ratschläge, Urteile und Empfehlungen sind für uns sehr wichtig. Wir bemühen uns, unsere Reiseführer ständig zu verbessern. Wenn Sie sich ein paar Minuten Zeit nehmen, diesen kleinen Fragebogen auszufüllen, könnten Sie uns sehr dabei helfen.

Wenn Sie diese Seite nicht herausreißen möchten, können Sie uns auch eine Kopie schicken, oder Sie notieren Ihre Hinweise einfach auf einem separaten Blatt.

Bitte senden Sie Ihre Antwort an:
NATIONAL GEOGRAPHIC SPIRALLO-REISEFÜHRER, MAIRDUMONT GmbH & Co. KG,
Postfach 31 51, D-73751 Ostfildern
E-Mail: spirallo@nationalgeographic.de

Über dieses Buch ...
NATIONAL GEOGRAPHIC SPIRALLO-REISEFÜHRER NEW YORK

Wo haben Sie das Buch gekauft? _______________________________________

Wann? Monat / Jahr

Warum haben Sie sich für einen Titel dieser Reihe entschieden?_____________

____

____

____

____

____

____

Wie fanden Sie das Buch?

Hervorragend ☐   Genau richtig ☐   Weitgehend gelungen ☐   Enttäuschend ☐

Können Sie uns Gründe angeben?

____

____

____

____

____

Bitte umblättern ...

Hat Ihnen etwas an diesem Führer ganz besonders gut gefallen?

____

____

____

____

____

Was hätten wir besser machen können?

____

____

____

____

____

Persönliche Angaben

Name _______________________________________

Adresse _____________________________________

____

Zu welcher Altersgruppe gehören Sie?

Unter 25 ☐   25–34 ☐   35–44 ☐   45–54 ☐   55–64 ☐   Über 65 ☐

Wie oft im Jahr fahren Sie in Urlaub?

Seltener als einmal ☐   Einmal ☐   Zweimal ☐   Dreimal oder öfter ☐

Wie sind Sie verreist?

Allein ☐   Mit Partner ☐   Mit Freunden ☐   Mit Familie ☐

Wie alt sind Ihre Kinder? ____

Über Ihre Reise ...

Wann haben Sie die Reise gebucht? Monat/Jahr

Wann sind Sie verreist? Monat / Jahr

Wie lange waren Sie verreist? ________________

War es eine Urlaubsreise oder ein beruflicher Aufenthalt? ________

Haben Sie noch weitere Reiseführer gekauft? ☐ Ja ☐ Nein

Wenn ja, welche? ____________________________

Herzlichen Dank dafür, dass Sie sich die Zeit genommen haben, diesen Fragebogen auszufüllen.

☐